U0452402

孩子：挑战

［美］鲁道夫·德雷克斯 著

鲁梦珏 译

陕西新华出版
太白文艺出版社·西安

果麦文化 出品

目 录

引　言　1
第一章　我们当前的困境　3
第二章　了解孩子　12
第三章　鼓　励　39
第四章　孩子的错误目标　62
第五章　惩罚与奖赏的谬误　73
第六章　利用自然后果和逻辑后果　82
第七章　坚定而不专横　93
第八章　尊重孩子　99
第九章　引导孩子尊重秩序　105
第十章　引导孩子尊重他人权利　113
第十一章　不做批评　少提错误　116
第十二章　维护日常规范　128
第十三章　花点时间训练孩子　134
第十四章　赢得合作　140
第十五章　避免过度关注　153

第十六章　避免权力之争　159

第十七章　从冲突中撤离　170

第十八章　去行动！多说无益　179

第十九章　不要赶苍蝇　190

第二十章　取悦孩子须谨慎：
　　　　　要有说"不"的勇气　193

第二十一章　克制第一冲动：
　　　　　　要出其不意　200

第二十二章　避免过度保护　207

第二十三章　激发孩子的独立性　213

第二十四章　远离孩子的争端　222

第二十五章　不要被孩子的恐惧打动　238

第二十六章　管好自己的事　248

第二十七章　不要为孩子感到难过　261

第二十八章　提要求要合理　不要太频繁　275

第二十九章　坚持到底——始终如一　280

第三十章　将他们置于同一条船上　286

第三十一章　去倾听　292

第三十二章　注意你的语气　297

第三十三章　放轻松　300

第三十四章　别把"坏"习惯看得太严重　307

第三十五章　和孩子一起欢闹吧　314

第三十六章　直面电视的挑战　319

第三十七章　明智地利用宗教信仰　324

第三十八章　和孩子交谈　不要发号施令　328

第三十九章　家庭会议　335

育儿新原则　341

附录　运用你学到的新技能　343

引 言

孩子为我们带来的问题，无论在频率上还是强度上都在不断增加，许多父母不知该如何应对。他们意识到不能再像过去那样对待孩子，但又不知道该怎么做……他们甚至不知道，有新的处理儿童问题的方法存在并已经过测试。扑面而来的各种自相矛盾的建议，否定了任何一种特定方法的正确性，非但没有为父母们指明方向，反倒使他们更为迷茫。那么，为什么我们的方法就是可信的呢？在与父母和孩子一起工作了四十年之后，我清楚地意识到，我们为解决家庭冲突所建议的方法是切实有效的，这些方法也经过了我们家庭咨询中心实验室的测试。许多父母稀里糊涂地发现了一种能够触达孩子内心，并与之合作的方法。然而，他们不知道自己为何这样做，也不知道自己是如何成功的。我们的建议，根植于阿尔弗雷德·阿德勒和他的同事提出的一种特定的人生哲学，以及独特的对人的看法。心理学的大趋势似乎正朝着我们的方向发展。我们不建议父母纵容孩子，或惩罚孩子。作为父母，必须学会如何与孩子成为平等的伙伴，并以明智的方式理解他们、引导他们，既要避免失控，又要避免扼杀孩子的天性。

在此前的论文和书籍中，我概述了一些处理儿童问题的基本原则。父母和孩子们也提出了许多新的想法，一些我们这些专业人士根本没想到的有效方法。在解决孩子给整个成人社会带来的共同问题之中，我们仍在相互学习。

我已建议维奇·索尔兹夫人用她自己的方式来陈述我们这套理论的运作原则。她是我们几个学习小组的负责人，这些小组让妈妈们了解了一些基本原则，而不是直接给她们具体的答案和建议。我们就每一个重点进行了详尽的探讨，随后由她以妈妈的身份用自己的语言来一一呈现。毕竟，我们不是在教父母学习心理学，而是试图为他们提供一个新的方向，向他们展示一些能够实操的步骤。

我相信，我们的共同努力将帮助我们完成这项任务——为父母们提供帮助。然而，再高明的技巧也不能将困难和错误消除殆尽。我们所希望的，仅仅是让父母们在育儿这件事上尽可能感到胸有成竹，尽管他们有时不见得愿意照我们的方法来做。问题总会出现，且将持续存在。

我们完全能够理解且同情那些希望履行自己的责任，却在一些意外的挑战面前茫然无措的父母。孩子需要训练，父母也需要训练。训练自己面对孩子的挑衅做出新的反应，或许会带来全然不同的反馈，为和谐的亲子关系开辟新的途径。

鲁道夫·德雷克斯

第一章
我们当前的困境

普赖斯太太给邻居奥尔巴尼太太倒了一杯咖啡,然后坐下来同她聊天。七岁的马克冲进厨房,后面跟着五岁的弟弟汤姆。马克熟练地爬上厨房台面,打开了橱柜顶部的门。汤姆同样熟练地跟着马克爬上了台面。妈妈喊道:"从那儿下来。我没开玩笑!下来!"

"我们想要棉花糖。"马克冲她尖叫。

"现在不能吃棉花糖。马上就该吃午餐了。马上给我下来。"

马克抓起那袋棉花糖从厨房台面上跳了下来,汤姆也跟着跳了下来。汤姆从马克手里抢过袋子,两个男孩冲出厨房。普赖斯太太大喊道:"快回来。我说过现在不能吃棉花糖!"话音未落,纱门"砰"的一声关上了。

普赖斯太太叹了口气,对她的客人说:"唉!孩子啊!我真不知道该拿他们怎么办。他们总是野蛮地横冲直撞,一刻也停不下来。"

我们常常不知该如何对待我们的孩子。在每一个地方，在每一次聚会上，孩子们总是冒冒失失，令人厌烦。家家户户都去游乐园，似乎很少有人能玩得开心。兴奋过度或把自己累得够呛的孩子们尖叫着要求再玩一圈。心烦意乱的父母生气地拒绝，随后便很快在孩子的尖叫声下屈服了。父亲被烦得掏空了自己的口袋，花了比预期更多的钱。一些孩子在众目睽睽之下被打屁股。最后，母亲不耐烦地拽着孩子们扭来扭去的胳膊把他们弄回家，后悔一开始就不该去游乐场。

在餐馆里，孩子们经常做一些讨骂的恶劣行径。他们暴躁任性，大叫着引人注意，不停地跑来跑去，打扰别人用餐，不少孩子甚至不哄就不吃饭。

在超市里，孩子们经常乱玩十字转门和安全护栏，在过道上跑来跑去，要求买这买那，被拒绝后便大哭大闹。

在所有类似的公共场合，我们都能听到孩子们气急败坏的索取和暴雨般的尖叫，以及父母们疲惫不堪、气愤而绝望的回应。

在家里，孩子们也是一副完全无法合作的姿态。许多孩子拒绝承担任何做家务的责任。他们吵吵闹闹，不顾他人感受，一点就炸，毫无礼貌，有时对父母或其他成年人表现出极大的不尊重。他们时常冒犯我们，而我们只能接受。

孩子们目中无人，而我们却束手无策。我们低声下气，好说歹说，惩罚，哄骗，用尽各种招数，试图让孩子们遵守某种秩序。一位祖母绝望地说："孩子们已经无法无天了！"这种不守规矩、目中无人的行为已经变得如此普遍，以至于被认为是正常的。"孩子就是这样。"

在学校里，许多孩子拒绝承担学习的责任。老师要求父母确保学生完成作业，却说不出该如何心平气和地做到这一点。

新闻头条常常报道一些惹麻烦的孩子。出现潜在不良行为的孩子年龄也越来越小。法官要求父母确保孩子晚上不要上街，但也没有指出该如何做到这一点。在美国，对青少年犯罪的研究发表了大量的论文，但几乎没有什么可行的解决方案。

许多父母变得越来越沮丧和困惑。他们希望能培养出快乐、乖巧、对自己定位清晰的孩子。可事实却恰恰相反，他们眼看着自己的孩子变得郁郁寡欢，无所事事，目中无人，看什么都不顺眼。美国的儿科医生和精神科医生纷纷报告，患有严重精神障碍的儿童数量正以惊人的速度增长。

为了或多或少地改变这种情况，家长们报名儿童研究课程，参加小组讨论，出席学校的家长会，阅读不计其数的书籍、册子，以及报纸。而这规模庞大的家庭教育的真正重要性却鲜被认可。如今，家长养育孩子的能力似乎已经消失了，而前辈们在此事上却从不需要指导。到底发生了什么？从前，整个社会都深信一套育儿传统，每个家庭都遵从一个普遍范式。只有在我们的时代，开发出一个广泛应用的家庭教育课程成为必需，这究竟是为什么呢？

经常有人说，我们如今的窘况是由成年人的不安全感、情绪的不稳定性或不成熟所导致的。更有甚者，说这是由于缺乏道德感、正确的社会价值观或宗教信仰导致的。诚然，我们目睹了道德价值观上的变化，但我们的道德标准与往年相比甚至是更高的，对"社会丑恶现象"与日俱增的担忧已经证实了这一点。至于不安全感，每一代人都能找到时代专属的压力源泉，无论是第一次世界大战、大萧条，还是第二次世界大战，甚至如今的原子弹和氢弹危机，都能拿来怪罪。

我们还时常听到指责年轻父母和他们的孩子"不够成熟"的论调。"成熟"本就是个模糊的字眼，常用来指代"不像孩子"的状态。用在这个语境中，似乎暗示着童年的状态也有高低之分。举着"良好教养"和"适应社会"这两面大旗，我们似乎倾向用一种看似圆滑的方式来掩盖真实的情感。事实上，成熟意味着完全地成长与个人发展——也就是一个人的潜能得到充分实现。这种幸福的状态只有少数个体能够达到。完全地成长与个人发展需要花上一辈子的时间，怎么能要求人在青少年或刚成人时就达到呢？

成年人从未给儿童树立过好榜样。以前，一个孩子压根儿不被允许去做和成年人一样的事情。"照我说的做，不要学我！"至于宗教信仰，神职人员和笃信宗教的父母们与他们那些不太虔诚的邻居一样，在孩子的问题上也遇到相同的困境。主日学校通常是由一群无法控制的孩子所组成的疯人院。每一位主日学校的负责人都能担保他的孩子们出现行为问题是常规现象，甚至还有一些非常严重的特例。一些深层次的东西出问题了。归根结底，这一切都是因为我们不知道该如何对待我们的孩子，传统的育儿方法不再有效，而我们还没有学会能够取而代之的新方法。

每一种文化和文明都会演化出一套固定的育儿范式。对原始社会的比较研究为理解传统的意义提供了一个极好的机会。每个部落都有自己的传统，都以不同的方式抚养孩子。因此，每个部落都会发展出独一无二的行为模式、性格特征，以及个性。每种文化都有各自处理生活问题与处境的方法。而且无论男人、女人还是孩子都清楚地知道自己会成为什么样的人。一切的行为都源自传统。西方文化比原始社会更为复杂，但仍然有其传统的育儿模式。每个家庭都遵循一些原则，比如"孩子只能被看见，不能被听见"。孩子的行为标准自始至终都是一致的。然而，我们对民主的意义及其对人际关系影响的认知日益加深，认知的加深极大地改变了这样的西方文化。自国王和农奴时代起，到《大宪章》的签署，再到法国与美国的革命与内战，直至今日，人类逐渐认识到，人人生而平等，不仅在法律面前平等，在同胞面前也是平等的。这种变化意味着民主不仅仅是一种政治理想，也成为一种生活方式。整个世界经历着飞速的变化，却很少有人能意识到这种变化的本质。民主的影响在很大程度上改变了我们的社会氛围，使传统的育儿方法过时了。如今，专制社会中盛行的统治者不复存在。在一个平等的社会中，没有人能去统治他人。平等意味着每个人都是自己的主宰。在专制社会中，统治者凌驾于臣服者之上。每个家庭中的父亲也统治着其他家庭成员，包括妻子在内，无论他在世界上的地位如何。如今这已不再是事实。女性宣称她们与男性平等。当丈夫失去了对妻子的掌控时，父母双方也都失去了对孩子的掌控。一场普遍的社会动荡自此开始，人们大多能感觉到它的发生，却少有人能真正理解其意义。我们社会结构中的其他领域也同样受到影响。劳资双方逐渐趋近一种更为密切的平等关系。由于人们对民主含义的理解日益加深，废除黑人种族隔离成为一个紧迫的社会问题。相较于女性与儿童索求平等所带来的微妙变化，社会结构中的这些重大变化是更容易被察觉的。

成年人通常一想到孩子在社会地位上与他们平等就深感不安。他们愤怒地否认这种可能性。"别傻了，我懂得比我的孩子多，他怎么可能和我平等。"不，你们当然不是平等的。在知识、经验和技能上你们显然不可能平等。但平等也并非基于这些条件——即便在成年人中也是如此。平等并不等同于一致！平等意味着，无论个体差异或能力高低，每个人都应拥有平等的尊严与尊重。我们认为成年人比孩子优越的信念源自我们的文化传统：人们根据出身、财富、性别、肤色、年龄与智慧而有高低贵贱之分。而事实上，任何个人的能力或特质都不是其优越感或支配地位的保证。

我们认为，自己必须比孩子优越可能还有另外一个原因，即我们或许对自己的价值有一种隐隐的怀疑，内心深处认为自己无法成为理想中的样子。这时一个孩子出现了，他幼小无助，一个多么完美的参照物，衬得我们如此伟大！但这只是一个错觉罢了。事实上，孩子往往比我们更有能力，在很多情况下甚至比我们聪明得多。平等的概念在我们的文化中不断发展，尽管我们还没有意识到这一点，也没有准备好去理解它。

儿童对社会风气尤为敏感。他们很快就理解了这样一种观念，即他们享有与任何人平等的权利。他们意识到自己与成年人是平等的，不再容忍专制的主从关系。家长们也模糊地意识到，他们的孩子已经成为与他们平等的个体，且多少弱化了"你照我说的做"的育儿方式。与此同时，他们缺乏以民主原则为基础的新方法来指导和教育他们的子女进入民主的社会生活。因此，我们遇到了当前的困境。

我们的教育工作者已经认识到，社会氛围已经从专制的上下级关系以及支配与服从关系转变为平等的民主关系。他们真诚地想要民主。然而，对于民主原则的应用却存在着普遍的困惑。结果就是，我们经常误把特权当成了自由，把混乱无序当成了民主。对许多人来说，民主意味着想做什么就做什么。我们的孩子已经到了无视任何规则的地步，因为他们认为自己有权为所欲为。这是特权，不是自由。如果每个家庭成员都在家里为所欲为，就会出现一屋子的暴君，从而导致混乱无序。当每个人都随心所欲时，结果必然是出现不断的摩擦。而摩擦会扰乱人际关系，从而加剧冲突。在这种不断冲突、充满压力、剑拔弩张的氛围中，会源源不断地滋生出矛盾、愤怒、紧张与暴躁的情绪，社会生活的所有消极力量都从中生发。自由是民主的一部分，然而，只有尊重他人的自由，我们才能真正地拥有自由，这一点却很少被人认识到。除非你的邻居拥有自由，否则你也无法享受自由。为了让每个人都拥有自由，我们必须建立秩序，而秩序必然包含一定的限制与义务。

自由也意味着责任。我有驾车的自由，但如果我觉得自己也有在南向道路上朝北逆行的自由的话，我将会很快失去这份自由。

拥有驾车的自由意味着我接受了相应的限制，遵守能够让每个人都安全的规则。我们唯有遵守秩序才能获得真正的自由。这种秩序不是由专制的权威为其自身的利益而强加于我们的，而是为了每个人的利益，由所有人共同维护的。

让孩子拥有为所欲为的自由，这种流行的做法使得孩子成为家里的暴君，而父母则沦为奴隶。自由由孩子享受，责任全由父母承担！这很难说是民主。父母承担起孩子拥有过度自由产生的灾难性后果，为他们擦屁股，为他们接受惩罚，忍受他们的侮辱，满足他们无止境的要求，从而逐渐失去了对孩子的影响力。而孩子们尽管不清楚到底是什么在困扰着自己，也感觉到某种秩序的丧失，因为没有规则来为他们指引前路。他们变得越来越以自我为中心，不愿去学习群体生活所必需的原则和限制。这就导致孩子心中一直存在的对社会、对他人的兴趣无法得到充分的发展。这进一步导致了一种混乱感，令孩子更加无法适应社会环境。定义明确的限制在社会结构中给人一种安全感和行事的确定性。如果没有这些，孩子便会感到完全不知所措。他们会变着法子去"寻找自己"，而这往往是充满破坏性的，我们在许多闷闷不乐、目中无人的孩子身上都能看到这一点。自由意味着秩序。没有秩序，就没有自由。

因此，为了帮助我们的孩子，必须摒弃那种早已过时的、随时要求服从的专制做法，而应建立一种基于自由与责任原则的新秩序。我们再也不能强迫孩子们服从命令，而应激励或鼓励他们自愿地承担起一部分维持秩序的责任。我们需要新的育儿原则来取代过时的传统。

接下来的章节，将介绍我们多年来在与父母和孩子的工作中逐渐形成的原则。我们的儿童指导中心也是人类关系实验室，在那里我们得以测试这些方法的有效性。首先，我们觉得有必要阐明作为平等的个体在家庭中生活的一些基本要求。要将这些基本原则根深蒂固地植入传统当中，需要花费大量的时间和持续的努力。但如果不这样做的话，当前成年人在处理其子女问题时感到的迷茫与无措将无法得到改变。

第二章
了解孩子

六岁的鲍比坐在桌边用蜡笔涂色,他的妈妈正在计划本周的菜单。他开始用脚轻踢地板。"别闹了,鲍比。"妈妈生气地说。鲍比停了下来,微微耸了耸肩。但他很快又开始了。"鲍比,我说过不要再吵了。"妈妈又一次责备他。鲍比又停了下来。但又过了一会儿,他再次开始踢地板。妈妈放下笔,伸手打了鲍比一巴掌,喊道:"我叫你停下!你为什么总要干些烦人的事?就不能安静地坐着吗?"

鲍比不知道自己为什么一直在踢地板。他也无法回答妈妈的问题。但这是有原因的。我们有方法可以处理这种情况,而不会让妈妈和鲍比陷入一场对他们两个人来说都十分痛苦的冲突。

然而,为了明确如何激励儿童以一种有益且合作的方式来行事,我们必须先了解一些相关的心理机制。

正如我们所见,所有的人类行为都有目的,都是朝着一个特定目标前进的过程。有时我们知道某个行为的目的是什么，有时我们不知道。我们每个人应该都曾对自己说过类似的话吧："我到底为什么这么做？"这种困惑是不无道理的。其实，我们的行为背后总有一个隐秘的理由，是隐藏在意识觉知之下的。孩子也是如此。如果我们想帮助一个孩子改变行事的方向，我们必须了解是什么促使他这么做。除非我们意识到他行为背后的原因，否则我们几乎没有机会去改变它。我们只能通过改变孩子的动机来改变他的行为。有时我们可以通过观察孩子所获得的结果来发现他行为的真正目的。在上面的例子中，鲍比持续踢地板的结果就是——妈妈生气了。鲍比想惹妈妈生气——当然不是有意的。但他想这么做其实有一个隐秘的原因。妈妈对鲍比大喊大叫，打他耳光，对他来说这其实是一次胜利，因为他得到了妈妈的全部关注。那他为什么要停止呢？看看这了不起的成果！他能让他的妈妈围着自己转了。其实，鲍比的秘密和隐藏的目标都是有迹可循的。鲍比自己并不知道他想要引起妈妈的注意，但他每天都按照这个目标行动数百次。当妈妈做出以上回应时，她就屈服于鲍比的要求，从而强化了他隐藏的目的。如果他知道他再也不会获得自己想要的结果了——如果踢地板不能再让妈妈生气了，那这样做还有什么意义呢？他很快就会放弃的。如果他安安静静地玩一些有益的游戏，能让妈妈给他一个温暖的微笑，一个愉快的拥抱，或者一句表扬，他就不太可能需要通过烦人的行为引起妈妈的注意了。如果妈妈让鲍比在惹恼她这件事情上获得满足，或为了让他停下来却又无计可施，最终做出打他一巴掌这种认输的行为，就只会让鲍比惹恼她或打败她的动机得到强化。鲍比其实是在用踢地板表达自己的情感——"看看我吧！跟我说点什么吧，别埋头写字了！"如果妈妈能看到这一点，她就知道他的动机是什么了。他试图通过引起妈妈的注意来找到自己的位置。一旦具备这种认知，妈妈就更有可能处理好这种情况。被孩子牵着鼻子走将是一个严重的错误，他只会继续惹妈妈生气。接下来我们会发现妈妈可以用很多方法来拒绝鲍比的要求。

对归属感的渴望

由于孩子也是一个社会性的存在，他们最强烈的行事动机就是对归属感的渴望。一个孩子是否具有安全感取决于他在群体中的归属感，这是他的基本需求。他所做的一切都是为了找到自己的位置。从婴儿期开始，他就忙于探索成为家中一分子的各种方式。他从观察与成功案例中得出一些结论——尽管无法诉诸语言，却是十分明确的——"啊！这样做能使我产生归属感。这样做能让我显得很重要。"他选择某种方法，希望能借此达到自己的基本目标。这种方法就成了他的直接目标，并构成了他行为的基准，抑或是，他的动机。获取归属感的欲望是他的基本目标，而他为达到基本目标所采取的方法则成了他的直接目标。因此，我们可以说他的行为是目标导向的。孩子永远不会意识到自己行为背后的真正动机。当被问到为什么要踢地板时，鲍比会诚实地回答"不知道"。为了找到自己的位置，他唯一能做的就是摸索，这并不是他有意识思考的结果。他的行为完全出自某种内在的动机。他在不断地尝试和犯错中学习行事法则。他会重复那些让自己产生归属感的行为，而放弃那些让自己感到被冷落的行为。这就是我们引导孩子走上正确方向的基本原则。然而，如果我们不了解孩子眼中那些能让他们获得归属感的方式，就会落入许多陷阱之中。

在讨论各种方法以及孩子为了获取最重要的归属感而产生的错误目标之前，我们首先需要了解一个孩子的全貌：他的观察，他的环境，他在家庭中的位置。

孩子的观察

孩子们是观察专家，但他们在诠释自己的观察时会犯许多错误。在寻找自己的位置时他们常常得出错误的结论，选择错误的方式。

> 三岁的贝丝是一个快乐、可爱的孩子，她的成长如此迅速，令她的父母十分欣喜。她一岁前就会走路，十八个月时就完全学会了如厕。到了两岁，她就能用完整的句子说话了，且吐字清晰。她非常善于用她可爱的方式和做事的能力赢得成年人的认可。可突然之间，她开始哭哭啼啼地要这要那，甚至不停地拉裤子、尿裤子。

在这种看似倒退的行为发生的两个月前，小弟弟出生了。在最初的三个星期里，贝丝对小宝宝非常感兴趣。她专心地看着妈妈给他洗澡、换衣服、喂奶。每当贝丝提出帮忙时，妈妈都坚决而亲切地拒绝了。从那以后贝丝似乎渐渐对小宝宝失去了兴趣，再也不去育儿室了。此后不久，她开始做出以上令人不安的行为。

贝丝把她的小弟弟受到的所有关注都看在眼里。她突然意识到，这个备受期待的弟弟把妈妈从她身边夺走了。妈妈现在把很多的注意力放在了婴儿身上，而不是她的身上。贝丝的观察是正确的。妈妈确实把许多时间花在了没有自理能力的婴儿身上。但贝丝把这错误地理解为自己失去了在家中的位置，甚至认为弄脏裤子和哭哭啼啼会让自己变得重要。在她的想象中，把自己变回婴儿就能重新获得失去的位置。她没有认识到自己相较于婴儿来说有诸多优势。（我们稍后再来讨论贝丝问题的解决方案。）

五岁的杰瑞和他的妈妈一直吵个不停。杰瑞对妈妈让他做的每件事都有意见。不管妈妈要他做什么，杰瑞都不肯做。他脾气暴躁，经常打碎玩具、盘子或家具。他善于逃避妈妈为他安排的家务，不闹到被强迫或惩罚的地步就绝不去做。他的妈妈十分困惑，她明明为孩子树立了一个先履行职责后享乐的好榜样啊。杰瑞很快就发现，妈妈的话对爸爸来说就是法律。妈妈只要一发脾气，爸爸就会以一种息事宁人的姿态屈服。爸爸最讨厌的就是争吵。每次妈妈想对杰瑞严厉一点，爸爸总会想方设法替他求情。

杰瑞把妈妈的权力看在眼里，深感钦佩。在他的印象中，只要一个人拥有权力，就能获得至高无上的地位。因此，他也想获得同样的地位。他模仿妈妈，用愤怒作为获得权力的手段。妈妈实际上完全没法控制他。他能感觉到这一点，她却不能。她以为当自己惩罚孩子时，自己就占了上风，但她没有意识到的是，孩子的下一轮捣蛋行为其实是报复，是他们之间又一轮的权力较量。杰瑞实际上在这场斗争中处于领先地位。既然他通过展示权力获得地位的方法如此成功，那么他错在哪儿呢？杰瑞可以算得上是一个快乐的孩子吗？杰瑞能在这种强制的给予与索取中学会如何与他人合作吗？杰瑞能通过发脾气来处理生活中的所有问题吗？他能永远立于不败之地吗？他将如何与女孩们相处，将来又会如何与他的妻子相处呢？他会如何看待一个男人在这个世界上的位置呢？

孩子的环境

孩子时刻观察着周围发生的一切。他们根据自己的所见得出自己的结论，并为自己的行为寻找指导方针。在幼儿时期，一个孩子必须一边学习如何掌控自己的内部环境和外部环境，一边调整策略。孩子的遗传天赋就是他的"内部"环境。婴儿在出生第一年的大部分时间都在实验和学习如何控制自己的身体，学着如何协调地调动自己的肢体，从而改变位置，抓住他想要的东西。他学着如何让自己的身体按照自己的意愿运行，学着观察与理解自己所看到的：去听，去触摸，去嗅闻，去品尝，去消化。随着时间的推移，他学会了如何运用自己的智能来完成自己所面对的挑战。随着一次又一次的挑战成功，他逐渐学会了如何掌控自己的内部环境，逐渐发现了自己的能力与缺陷。一旦遇到困难或发现自身存在某种残疾，孩子有可能放弃，也有可能做出补偿行为。有时当面对自身的弱点时，孩子甚至会创造出一种特殊的技能（这一过程被称为过度补偿）。

伊迪丝天生没有右臂，而她的双胞胎姐姐伊莱恩则很正常。伊迪丝没有被这种严重的残疾吓倒，她用一条胳膊和一只手完成了她的姐姐用两条胳膊和两只手所能完成的一切。在爬行阶段，她用脚后跟和屁股一起用力，一扭一扭地跟上姐姐的步伐。她学会了自己穿衣服、扣扣子、系鞋带、整理头发和洗澡——全都用唯一的左手完成。她擅长做家务，甚至还会缝纫。现在她结了婚，能够利索地操持家务，很少需要他人的帮助。

艾伦五岁时得了小儿麻痹症，这导致他右腿肌肉无力。他的妈妈帮助他，鼓励他练习。医生大力推荐艾伦去游泳，艾伦也从中发现了极大的乐趣。到十六岁时，他已经完全克服了自己的弱点，成为中学游泳队的明星。

四岁的米琪是四个孩子中最小的一个，出生时就有严重的视觉障碍，但并不是完全失明。四岁时，她还完全无法自理。家人帮她穿衣服、喂饭，她只会在有人牵着手的时候走几步路，除此之外什么也不会做。家里的每个人都侍候着她，尽量逗她开心。面对这种残疾，米琪完全放弃了自己，什么都交给别人去做。

读到这里，读者可能会对我们简化事实的行为提出抗议。我们闭口不提他人对这些残疾儿童的影响，这是有意为之。我们已经指出的是，每个孩子都能决定自己将如何面对残疾。每个孩子对周围人的影响都远比人们认识到的要大得多。伊迪丝很早就下定决心要赶上姐姐，这赢得了妈妈的赞赏，也让妈妈更容易去鼓励她。艾伦帮助自己摆脱困境的意愿强化了妈妈帮助他游泳的决心。米琪对自主能力的全然放弃也赢得了周围所有人的同情和服务。每个孩子在人生之初的不同决定，或许就导致了每个人不同的人生走向与结局。

孩子在学习处理内部环境的同时，也在接触外部环境。婴儿的第一次微笑就是他第一次与社会接触。他对周围人的鼓励做出回应，并以自己的微笑回报他人。第一个动态的人际关系就是这样建立起来的。他能感受到微笑所带来的快乐。随着对内部环境的掌控力逐渐发展起来，他与外部环境的接触也在随之增长。在这个方面，一旦遇到障碍，同样地，他有可能放弃，也可能做出补偿行为。

孩子的外部环境中有三个因素会影响他的个性发展。第一个就是家庭氛围。在与父母的关系中，孩子能体验到自己与整个社会的关系。父母建立起一个明确的家庭氛围，孩子从中体验到经济、种族、宗教和社会对其环境的影响。他吸收家庭的价值观、道德观和习惯，并努力适应父母设定的模式或标准。他对于物质优势的看法反映了家庭的经济取向。他对不同种族的态度与他父母的态度一致。如果家庭氛围是崇尚宽容的，孩子就可能会接受宽容作为一种理想的价值观。如果父母看不起与他们不同的人，孩子就可能会利用这一点，在种族和社会关系中寻求优势。早期宗教训练的重要性也是公认的，尽管孩子们对此的反应可能会大相径庭。孩子也能很快观察到父母是如何对待彼此的。

父母之间的关系为家庭中的所有关系设定了范式。如果父母是热情、友好、合作的，同样的关系就可能会在孩子与父母之间，以及孩子们之间发展。合作可能成为一种家庭标准。如果父母之间存在敌意，并总在竞争主导权，那么同样的模式通常会在孩子们之间发展。如果父亲强势而笃定，而母亲温顺且宽容，"阳刚之气"可能会成为一种主要模式，尤其是对男孩来说。然而，在性别高度平等的今天，女孩也可能会遵循"男性化"的路线。父母之间的关系给孩子提供了一个指导方针，他们可能会选择其一来发展自己的个人角色。如果母亲是主导人物，孩子们可能会试图通过模仿她来获得类似的主导地位。父母之间激烈的竞争可能使竞争成为家庭标准。一个家庭的所有孩子所具有的任何共同特征都是父母所建立的家庭氛围的表现。然而，一个家庭的孩子并不都是一样的，且通常大不相同。这是为什么呢？

孩子在家庭中的位置

外部环境中的第二个因素就是家庭星座。这个术语表明了家庭中每个成员之间的特殊关系，就像一颗星体与其他星体之间的关系构成了大熊座一样。每个家庭都有自己独特的结构。在相互反馈、相互影响的关系之中，不同的个性显现出来。个人在星座中的位置——他所扮演的角色——将在某种程度上影响整个家庭的模式以及每一个兄弟姐妹的个性。

一个家庭初始于妈妈、爸爸和宝宝。妈妈的角色不同于妻子的角色。爸爸的角色也不同于丈夫的角色。宝宝的出现为夫妻关系带来了新的维度。宝宝是他们唯一的孩子，但从宝宝的视角来看，他的位置略有不同。他是受到关注的一方。作为独生子女的父母，妈妈和爸爸是给予关注的一方。而由于妈妈的母职使然，她所提供的关注往往是最多的。在这三者之间，一种明确的给予和索取的模式——互动模式——应运而生。甚至有可能父母中的一方站在孩子这边，反对另一方。这种对立通常是由孩子挑起的，并通过他的行为强加给父母。

当第二个宝宝出生时，最初的三名成员的位置都发生了变化。"国王宝宝"突然被罢免了。他现在必须对自己位置的变化、对"篡位者"的出现、对不知何故允许这种情况发生的父母表明自己的立场。由于星座的变化，新的元素进入所有的相互关系之中。新生儿成了宝宝，第一个孩子觉得有必要重新确立自己的位置——两个孩子中较大的那个。与此同时，新生儿发现自己处于家庭中"宝宝"的位置。但这个位置对第二个孩子的意义不同于第一个孩子，因为第二个孩子还有一个哥哥或姐姐。

当第三个孩子到来时，每个孩子在整个星座中所处位置的意义又发生了变化。爸爸、妈妈现在成了三个孩子的父母。老大最先被推下王座，现在轮到了老二。他发现自己处于中间的位置——夹在老大和宝宝之间。随着每一个孩子的出生，家庭星座屡屡呈现出新的结构，家庭成员的相互关系与各自位置的意义也在发生新的变化。这就是为什么我们会发现，尽管拥有相同的父母，但一个家庭中的孩子们并非都是一样的。相较于同一家庭的老大与老二，我们更容易在两个来自不同家庭的老大身上发现相似之处。

随着星座的演变，每个孩子都以自己的方式找到了自己的位置。通常，就像篱笆另一边的草一样，另一个人的位置总是看起来更好一些。老二对老大构成威胁。正如他对自己内部环境的调整一样，老大要么放弃，要么通过保持领先来进行心理补偿，至少在某些领域保持领先。在老二眼中，自己与老大的关系也是如此。他通常会怨恨老大的进步，要么想方设法超过他，要么放弃。

出生顺序的重要性完全取决于每个孩子自己的解读——他是如何理解这件事情的。并非所有的头胎孩子都会自动争先。在每个家庭成员的理解中,每个家庭的星座都是独一无二的。这些早期的推论会形成延续终身的印象。由于大多数家庭都十分热衷于竞争,老大和老二之间的竞争通常也非常激烈,刺激着他们各自朝相反的方向发展。如果父母错误地认为让两个孩子相互竞争的伎俩能激励孩子们做出更大的努力,这种情况的严重性就会进一步加剧。结果适得其反:失败的孩子会在竞争领域中退出,让获胜的孩子继续占据优势,而自己则在沮丧中另辟蹊径。无论老大以何种方式取得成功,老二都会认为这个领域已经被老大占领了,从而另寻他法。

让我们来举例说明一个不断演变的星座所产生的重要影响。

A先生和A太太都受过大学教育,他们活跃、机敏、充满活力,拥有极高的学术能力和世俗成就。当帕蒂出生时,他们非常高兴,十分自然地期望她能取得"伟大的成就"。她成长的每一阶段都受到了赞美和鼓励。当帕蒂才十个半月就学会走路时,A太太无比自豪。在她一岁多一点的时候,自己上厕所的习惯已经建立起来。父母都为这个格外聪明的孩子感到欣喜万分。帕蒂感受到了父母的认可,于是更加努力地保持这种认可。当她十四个月大的时候,斯基普出生了。他好像从一开始就比帕蒂瘦弱得多。他的体重没有正常地增长,长牙也比帕蒂要晚上许多。爸爸一直憧憬着一个又健壮又"有男子气概"的儿子。斯基普这个样子让他烦恼不已。与此同时，帕蒂研究了形势。随着斯基普的成长，她也注意到自己可以做得更多。但斯基普给她带来了一种威胁——一种障碍。

帕蒂要怎样做才能保住自己在爸爸妈妈心目中的位置呢？帕蒂自然还不会理性思考。她只是感觉到了这种情况，并在无意识的感知层面做出了反应。她感觉到爸爸对这个虚弱的儿子的失望，于是给自己增加了许多剧烈运动，希望能助长那种失望。但每当斯基普取得某项新成就时，帕蒂就会感到惊慌。为了持续赢过弟弟——保持第一的位置，她必须取得一些新的成就。随着时间的流逝，帕蒂越来越执着于达到父母的高标准，将斯基普远远地抛在身后。她逐渐形成了一种错误的信念，认为自己必须是第一名，必须是最好的。她还发现了一些能妨碍斯基普、打击他自信心的方法，就是常常贬低他所做的事情。

与此同时，斯基普对内外环境的意识也在增强。他开始感觉到，在某些方面，他没有达到爸爸妈妈对自己的期望。他意识到了姐姐的聪明能干，并对此深感厌恶。他尝试做许多事情，但都不抱希望。他还很小的时候就对自己失去了信心，多少有些放弃的态度。他逐渐产生了一种错误的信念，认为自己生来就没有多少机会。当爸爸妈妈说"帕蒂在你这么大的时候都能做到！你为什么就不能"的时候，他感到一阵绝望，对帕蒂产生了一种近乎仇恨的情感。他没有把这些评价看成是对自己的挑战，因而想要更加努力地去克服，相反地，他接受了这些评论，认为这进一步地证明了自己天生就没机会赢过姐姐。

这个家庭的内部关系发展到这一点，人们可以看到斯基普不再对帕蒂构成威胁，她通过加倍努力取得成就，解决了这个问题。斯基普出生时的外部环境与帕蒂的不同，尽管他们拥有同样的父母、同样的成就标准，但他还有一个已经完全达标的姐姐。在身体素质上占尽劣势的斯基普评估了自己的处境，摸索着前进，很快就遇到了对他来说似乎不可逾越的障碍，他变得灰心丧气，坚信自己根本没机会通过达成父母的要求来和姐姐竞争。他怎样才能找到自己的位置呢？爸爸妈妈确实对他的无能表现出了很多的关心——他们确实一直在围着他转：不停地催促、强迫、告诫他。爸爸妈妈对他笨手笨脚的努力感到很不耐烦，他的反应就是哭个不停。爸爸妈妈都为他感到难过，他得到了很多的关注。那么——就这样吧。

帕蒂三岁零三个月大的时候，凯西出生了。帕蒂意识到，现在又有一个女孩来跟她竞争了。这时她对生活的了解已经较为深刻了，她能清醒地意识到这个婴儿是毫无自理能力的。她在帮助母亲照顾这个无助的小生命时展现出了惊人的效率。但随着凯西的成长和技能的发展，帕蒂开始警觉起来。现在，家庭的星座发生了变化。帕蒂需要超过弟弟妹妹了。他们当中任何一个人的任何一点成就都会威胁到她作为这个家中最有能力的孩子的位置。当弟弟妹妹开始成功地赢得爸爸妈妈的认可时，她就对他们产生怨恨。然而，这种"嫉妒"的表现为她带来了责备。于是为了解决这个问题，她开始发展伪装的艺术。

在斯基普眼中，凯西是另一个聪明的女孩，这使他的绝望处境雪上加霜。作为家里唯一的男孩这一点并没有多大帮助，因为他好像也并不是一个真正的男孩。斯基普现在排行老二——更倒霉的是，他还是个怪胎。他既不是一个聪明的女孩，也不是一个有男子气概的男孩。每次失败和挫折都让他大哭一场。大家都骂他是个娘娘腔。他只好进一步地退缩，心不在焉地试图应付生活。他更多时候和帕蒂一起玩，不怎么和凯西一起玩。但他总是扮演一个顺从的角色，任由帕蒂对自己"颐指气使"。

凯西可爱又迷人，整个婴儿时期都是家人们关注的焦点，有四个人为她服务。随着她对周围环境的意识增强，她感受到了父母的成就标准，意识到帕蒂已经获得了真正的领先优势，而斯基普不知怎的没有达标。但最重要的是，她看到帕蒂和斯基普都经常被责骂——帕蒂因为脾气暴躁、反复无常（用来报复父母对弟弟妹妹太过关注）

而被骂，而斯基普则因为粗心大意、动不动就哭而被骂。凯西两岁的时候，发现自己可以成为家里那个快乐、知足的"好"孩子。她就这样找到了自己的位置。

帕蒂长到六岁半，正满怀着去学校和给妈妈当得力助手的热情时，艾琳出生了。尽管艾琳对帕蒂构成了另一个威胁，但她并没有非常强烈的被威胁感，因为如今她的位置已经十分稳固了。尽管如此，对她来说最安全的策略还是让这个妹妹保持宝宝的状态。一年又一年过去了，妈妈要求帕蒂帮助艾琳做这做那，帕蒂非常乐意帮助无法自理的艾琳。但是当妈妈让帕蒂教艾琳怎么系鞋带时，帕蒂犹豫了。她一边假装卖力地教艾琳系鞋带，一边向艾琳指出她有多笨。斯基普基本上无视艾琳的存在。又来了一个女孩——对他来说没什么差别。妈妈常说，斯基普好像总是一副睡不醒的样子。凯西自己一个人玩，充满创造力，很少惹上麻烦或被责骂。她什么都不是最好的，但也没有打扰任何人。艾琳仍然是"宝宝"，一直要求并得到家里每个人的大量关注。

于是就这样，到了艾琳三岁的时候，家庭星座所呈现的样子就是一对充满活力的父母以及在他们的高标准之下成长起来的孩子们：帕蒂，九岁半，聪明能干，学习尖子，坚信自己只有是第一名——出类拔萃时——才是重要的；斯基普，八岁半，身体虚弱，笨手笨脚，灰心丧气，深信自己只有当个"爱哭鬼"，让别人为他感到难过时,才是重要的;凯西,六岁,夹在中间,姐姐和哥哥都不喜欢她,但她快乐、知足、品德良好——通过良好的行为来取悦别人,对成就毫不关心;艾琳,三岁,可爱的"笨"宝宝。每个人都占据着一个独一无二的位置,扮演着一个独一无二的角色,对于自己的家庭位置都有着明确的感受。

当然,并非所有四个孩子的家庭都以同样的方式发展。我们的示例仅仅展示了一个家庭的发展模式。老大完全有可能因为各种原因而变得灰心丧气,老二正好可以成功地超越他。例如,老大可能是一个长相平庸的女孩,而老二则非常可爱,成功地吸引了很多人的注意,风头远远盖过姐姐。家庭星座的发展取决于每个孩子对自己的处境与机会的理解,以及他为应对这些处境所做出的决定。我们的示例家庭也可以呈现出完全不同的景象。如果帕蒂觉得她父母的成就标准对她来说太难以企及了,而弟弟对自己造成了过大的威胁,她可能会选择限制自己的成就领域,或者干脆放弃。这样一来,斯基普也许就会觉得学术领域对自己敞开了大门,进而在学校里表现出色,以弥补身体不够强健的劣势。凯西也可以选择成为一个强壮的"假小子",整天恶作剧——成为家里的"小恶魔"。这又有可能会导致艾琳成为家里的"好孩子"。

家庭星座中每个人的行事准则都基于他如何看待自己在家庭中的位置。与此同时,他的行为也潜移默化地影响着家中其他孩子的行为。每个孩子的行为都会给其他孩子带来一个问题,而其他孩子则必须面对这个问题，并决定该如何处理它。他的决定通常取决于他对于以下两者的解读：自己所处的位置以及其他孩子行为的意义。如果他的解读是错误的——这时有发生——我们就很容易看到事态朝着错误的方向发展。如果父母能意识到这些错误的观念（不幸的是，大多数父母和孩子一样，也极少意识到孩子行为的重要性），就可以更好地引导孩子做出更为正确的评判。本书另有篇幅着力解释该如何做到这一点。

夏天，十岁的乔治和八岁的大卫共同负责照料草坪。妈妈规定他们必须先把前一天晚上割完的草扫成一堆，然后才能去游泳。大卫在前面扫，乔治在后面扫。中午，大卫进屋喊道："妈妈，我可乖了，我的活儿都干完了。乔治一直在街上玩，完全没有干活儿。""是啊，亲爱的，你总是那么好。"妈妈回答。"请把乔治叫来，告诉他妈妈找他。"大卫找到乔治，对他说："妈妈找你，你要倒霉了。我已经把院子里我那部分的活儿干完了，你还什么都没干。"于是乔治转向大卫，打了他一拳。一场战斗随之而来。当他们回到家时，大卫向母亲哭诉乔治把自己痛打了一顿——"他无缘无故地打我。"妈妈转向她的大儿子。"唉，乔治，你为什么非得做个坏孩子呢？你为什么不好好干活儿？你为什么要对自己的弟弟这么坏？你们应该相亲相爱才对，不能打架。"

大卫出生后不久，两岁的乔治变得完全无法管教，两个男孩之间这种令人痛苦的关系就此开始。乔治变得粗鲁无礼，目中无人，整天搞破坏，总是惹是生非。妈妈不停地"找他麻烦"。而大卫则是一个特别快乐的宝宝。他能快速地对妈妈表达的爱和关怀做出反应。妈妈一次又一次地称赞他有多好。她隐约知道乔治嫉妒这个孩子，但却不明白为什么，毕竟她仍然花很多时间在乔治身上。然而，在乔治看来，宝宝大卫已经取代了自己在妈妈心目中的位置，既然在妈妈心中宝宝是那么的"好"，乔治索性完全放弃了这个领域（而不是做出补偿行为，想方设法讨妈妈欢心），干脆变"坏"，以此获得妈妈的关注。而大卫作为好孩子的代名词，则总是巧妙地激怒乔治来打自己，将乔治进一步推向坏孩子的泥潭，从而确保自己稳坐"好孩子"的宝座。乔治去打大卫主要是为了报复他抢了自己的"皇位"。他们以不同的方式让父母忙得不可开交，各自根据对自己所处位置的理解来行事，并与对方合作以保持一个平衡局面。自然，两个孩子都无法清醒地意识到自己理解上的错误，以及自己在维持竞争冲突中所起的作用。

在一个有三个孩子的家庭中，曾经享有"宝宝"地位的老二，现在已经被推下"皇位"，成了排在中间的孩子。他的处境极为困难。老大和老三经常联合起来对付他们共同的敌人——老二，而老二则被夹在中间。他突然发现自己尚未获得年长的优势，且也不再拥有宝宝的特权。因此，他往往感到被轻视和虐待。他会觉得生活和人都是不公平的，为了让自己的假设更有道理，他可能会主动挑事。除非他找到一种改变自己观点的方法，否则他很有可能一生都坚信人就是不公平的，自己一点机会也没有。然而，如果排在中间的孩子碰巧比他的兄弟姐妹更成功，他可能会更加关注公平。在一个妈妈设定高标准的家庭中，她的女儿——如果恰好还有一个哥哥和一个弟弟的话——可能会模仿妈妈，同样追求完美。她可能会利用自己的女性特质来获得这样的荣誉，先是在家庭中，接着是在往后的生活中。但是，如果强壮的男子气概在家庭中被高度重视，排行老二的女孩可能会与她的兄弟们竞争，成为一个"假小子"，比他们中的任何一个都更像一个"男人"。同样地，如果父母因没有儿子而感到失望，一个女孩可能会试图模仿男孩的行为来讨父母的欢心。在姐妹之间长大的男孩则有可能会活出相反的样貌。如果他能成为一个"真正的"男孩，完全盖过姐妹们的风头，他就有了一个明显的优势，即便他排行老二。然而，如果母亲是家中的主导人物，这个男孩又感觉到了母亲对无能的父亲的蔑视，他可能会发现自己处于极其困难的境地。他有可能会退缩，因为他觉得男人无足轻重。另外，他也有可能与母亲结成联盟，对抗父亲，变得更像一个男人。或者他与父亲结成联盟，巧妙地击败母亲和她的权力。他的发展将取决于他对自己处境的解读和一些无意识的决定。

在一个四孩之家中，排行老二和老四的孩子经常结成同盟。当我们看到两个孩子表现出相似的兴趣、行为和个性特征时，我们就能认识到这是一个同盟。孩子之间的竞争表现为他们在兴趣和个性上的根本差异。关于孩子们之间的结盟和竞争将在哪些方面发展，并没有一个普遍的规则。然而，结盟和竞争在家庭的整体情况中是极其重要的。每个孩子身上都存在的相似性表达了这个家庭的常规氛围，孩子们的个体差异来源于他们在家庭星座中所扮演的不同角色。

女孩当中唯一的男孩，无论他的位置如何，都会发现他的性别或是优势，或是劣势，这取决于这个家庭对男性角色的重视程度，以及他对自己能力的评估。男孩当中唯一的女孩也是如此。一个体弱多病的孩子身处几个健壮的孩子当中，如果家人同情他，他可能会发现弱者的角色是有利的。但如果强健的身体在家庭中受到高度重视，而虚弱受到蔑视，他就会发现自己面临着一个障碍。他可能选择放弃，自怨自艾，找不到自己的位置，感觉被生活虐待；也可能选择努力战胜疾病，赶上健康的兄弟姐妹，甚至，搞不好能超过他们。在一个崇尚活力的家庭中，以上任何选择都将困难重重。例如，如果他患有先天性心脏病，那么再多的努力也无法为他在健康孩子中赢得一席之地。如果他放弃了，他便会受到嘲笑。他或许会通过一种完全不同的努力来寻求自己的位置，比如成为一个好学生，而不是运动健将。

如果一个孩子在哥哥或姐姐去世后出生，那么他就要面临双重风险。他实际上还是排行老二，只不过在他之前的是一个幽灵。与此同时，他现在又占据了老大的位置。此外，妈妈在经历了失去第一个孩子的痛苦之后，可能会对他过度保护，试图把他包裹在棉絮里。他则有可能选择沉浸在这种令人窒息的气氛中，或选择反叛，为自己争取独立。

家庭中的"宝宝"占据着独特的位置。他很快就会发现，由于自己没有自理能力,实际上拥有了许多仆人。除非父母有所察觉,否则宝宝很容易保持自己的特权地位,让家里的其他成员都忙着服侍他。这个"无助的小东西"会发现接受别人的服侍比自己来做更有吸引力,这很轻松,但也很危险。

独生子女会遭遇一种尤为困难的状况。他是成人世界里唯一的孩子——一个被巨人包围的侏儒。他没有兄弟姐妹,无法与同龄人建立关系。因此,他的目标可能会变为取悦或操纵成年人。他要么发展出成人的观点,理解力早熟,永远踮着脚渴望达到成人的水平;要么无可救药地保持婴儿状态,永远矮人一截。他与其他孩子的关系常常是紧张而不确定的。他无法理解他们,他们则觉得他"娘娘腔"。除非他很早就融入其他孩子的群体中,否则他将无法在同龄人身上找到归属感。

事实上并没有"理想"的家庭规模。不管有多少孩子,总会出现具体的问题。根据家庭中的人数和每个人对自己在家庭中位置的理解,会出现不一样的问题。无论一个家庭的规模有多大,其成员之间的影响和压力都是持续不断的。任何一个孩子的成长都不仅仅受一个单一因素的影响。孩子之间会相互影响,也会影响他们的父母。在自己与其他孩子的成长道路上,每个孩子都是积极的参与者,正如乔治和大卫的例子所示。在乔治眼中,大卫是一个"篡位者",他占据了母亲全部的爱与关注。因此,做一个"好"男孩是徒劳的。但如果他不乖,妈妈至少会注意到他!在他看来,他宁愿挨骂也不愿被忽视。虽然这听起来有些矛盾,但乔治现在就想变"坏",因为这有助于他在家庭中确立自己的位置。

"我是家里的'坏'孩子,他们对我无能为力。这就是我的意义所在。"当然,乔治实际上并没有想到这些话。但这就是他所相信的。乔治为了重新赢得妈妈的关注而采取了不当行为。他并不开心。他遇到了一个自认为无法逾越的障碍,他变得灰心丧气,在消极的可能性中寻找问题的答案。乔治想不出别的办法来跨越这个来自大卫的障碍。他看不到自己的优势,不知道自己其实比这个没有自理能力的婴儿要能干得更多。当妈妈不断地用责骂来回应他的不良行为时,反而助长了这些行为。当爸爸也说"你为什么不能像你弟弟那样"时,乔治获得了进一步的证据来证明他可以通过"变坏"赢得关注,也再次证明了宝宝的"好"。大卫逐渐长大,变得越来越"好",这让乔治倍感压力,对于必须爱护弟弟这种规训也变得越来越抵触,他一直视弟弟为把自己推下"皇位"的敌人。而大卫则一直在做"好"孩子,同时刺激乔治去做"坏"事,以此来维持自己的位置。妈妈和爸爸不断地责骂"坏"孩子,表扬"好"孩子,实际上鼓励了兄弟俩的争斗,助长了这种不健康的关系。就这样,这种关系越来越错综复杂,延绵不绝。

从上文可以看出,儿童对其外部环境的不同方面可以做出无限种不同的反应。没有任何经验法则可以让父母明确地知道未来会发生什么。但是,了解家庭星座的父母所掌握到的信息,使他们能够解释许多以前看来神秘的事情。敏锐的观察可能产出惊人的理解。当我们对某种情况有所察觉时,就能更好地应对它。

孩子的反应

市面上有大量关于"塑造孩子的性格"的文字和说法——仿佛孩子是一块黏土,我们有责任把他塑造成一个被社会接受的人似的。这是一个极其错误的观念。正如我们在前文中所展示的,事实恰恰相反。孩子会塑造自己、父母和环境,而我们很晚才意识到这一点。孩子是一个积极且活跃的个体。在他所处的环境中,他平等地建立自己与他人之间的关系。每段关系对其本身而言都是独一无二的,完全取决于双方的贡献。每一种关系都是通过双方之间的行为与反馈或者互动而发展起来的,无论是成人与成人之间、儿童与儿童之间,还是成人与儿童之间,都是如此。这种人际交往的成分可以被任何一方所改变,从而改变整个关系。孩子们运用自己的创造力和聪明才智来发展与他人的关系,试图找到自己的位置。一个孩子会尝试某种事物。如果它有效或符合目标,他就会将其作为一种寻找个人身份的方式保留。有时孩子可能会发现,同样的技巧并不适用于所有的人。那么他就有两种选择,一是退缩,拒绝与这样的人合作;二是采用一种全新的方式,发展一种全然不同的关系。

九岁的凯斯是家里的独子,他在家里非常讨人喜欢。他帮妈妈做家务,尽他所能让爸爸妈妈高兴。他安静、有礼貌、听话，把自己的房间收拾得井井有条，总是把玩具放回原处。然而，他在学校却遇到了麻烦。老师说他"性格孤僻"。他从不打扰别人，但总是一个人坐在那里做白日梦，也不好好学习，需要老师不断提醒。凯斯在同学中没有朋友，他拒绝参加球类运动，也不参加任何形式的课堂活动。

在家里，凯斯是成年人世界里唯一的孩子，他通过取悦周围的成年人找到了自己的位置。而在学校里，他被一群孩子所包围，他不去理睬他们，与他们保持距离，他们因此总是取笑他。他一开始曾试图通过自己的表现来取悦老师，但没能给老师留下深刻的印象。老师并不认为他与众不同，也没有在所有孩子当中给他一个特殊的位置。他不知道如何应对同学们在游戏中的竞争。他既不能完美地投球，也不能用他良好的教养给同学们留下深刻的印象。于是他只好匆忙地缩回到自己的白日梦中，再也不去尝试建立新的关系。

孩子与妈妈和爸爸的关系可能会发展出两种全然不同的样子。

五岁的玛戈和七岁的吉米整天让妈妈忙得不可开交，还总是调皮捣蛋。一个刚消停了，另一个又开始闹。每当他们想要什么东西时，总是先哭哭啼啼地央求，然后大哭，最后暴跳如雷，直到他们得到自己想要的东西为止。然而，爸爸在的时候他们表现得好极了。爸爸只要一个眼神,他们就会乖乖听话。爸爸无法理解妈妈的遭遇。"他们还是最听我的话"让爸爸引以为傲。

孩子们很清楚,妈妈总会满足他们的要求,不太会因为他们的不良行为而责备他们,但爸爸说到做到。他既坚定又亲切,孩子们知道他的底线。而妈妈是没有底线的。

一个家庭当中由于不同的性格而导致的任何困难或令人痛苦的状况都是可以改善的,只要一家人共同朝着和谐生活的目标而努力。不存在完美的关系,我们最大的希望就是努力改进。如果父母能理解排行中间的孩子感到被其他孩子排挤,就有了头绪,可以通过一些有效的方法来帮助他找到自己的位置。如果父母知道老大会因为老二的快速进步而气馁,就可以给他更多的鼓励,帮助他对自己的能力重拾信心。如果父母知道家里的宝宝可能会发展出一种让全家人都为他服务的伟大技能,他们就能帮助孩子认识到,他其实也可以靠自己取得成就,并非只有指挥他人干这干那才能凸显自己的重要性。

一个孩子对自己在家庭星座中的位置所做出的解读,以及随后做出的反应在人类创造力的范围内是无限的。敏感和警觉的父母可以研究这种情形并时刻自问"我的孩子对这种情况是如何理解的"。太多的时候,我们成年人倾向于把我们自己在类似情况下会做出的结论强加给孩子,不承认孩子有他自己的"独特逻辑",而这恰恰是他所有行为的唯一原因。

孩子外部环境的第三个因素是当下流行的训练方法。随着我们对有效且恰当的训练方法进行进一步的讨论，目前我们所提到的各种因素的重要性将变得更为清晰。然而，就目前而言，我们显然需要先把自己抽离出来，后退一步，好好地审视我们的孩子。他是如何处理自己的内部环境的？他发展出了什么样的补偿行为甚至过度补偿行为？他从自己的观察中获得了什么样的印象？他在家庭星座中的位置是什么？这对他又意味着什么？关于如何确定这些问题的答案，线索就在我们接下来对训练方法的进一步讨论中。

第三章
鼓 励

对育儿来说，鼓励比任何一个因素都重要。鼓励是如此重要，以至于缺乏鼓励可以被认为是儿童不良行为的根本原因。一个行为不良的孩子其实是一个不被鼓励的孩子。每个孩子都需要不断的鼓励，就像植物需要水一样。没有鼓励，他就无法成长、发展，获得归属感。然而，我们如今常用的育儿技巧中出现了一系列打压行为。在小孩子眼中，成年人是那么的高大，效率极高，能力惊人。孩子与生俱来的勇气使他在面对这些印象时没有完全放弃。孩子的勇气是多么奇妙啊！如果我们处于类似的境地，生活在一群无所不能的巨人中间，我们能做到像孩子一样保持勇敢吗？孩子面对种种困境，表现出对于掌握技能、克服自身渺小与无能的极大渴望。他们不顾一切地想要成为这个家庭中不可或缺的一部分。然而，在他们试图获得认可和找寻位置的过程中，总是遭遇各种打压。当前流行的教育方法常常加剧了这种打压。

四岁的佩妮跪在厨房的桌子旁，看着妈妈收纳杂物。

妈妈把冰箱里装鸡蛋的容器放在桌子上，又从食品袋里拿出装鸡蛋的纸盒。佩妮伸手去拿纸盒，想把鸡蛋放进容器里。"不，佩妮！"妈妈大叫，"你会把鸡蛋打碎的。我来吧，亲爱的。等你长大一些再干吧。"

妈妈在无意中对佩妮实施了一次打压。她让佩妮如此强烈地感受到自己的弱小！这对佩妮的自我认知造成了什么样的影响？但你知道吗？即便是两岁的孩子也能小心地取放鸡蛋。我们就曾目睹一个两岁的孩子小心翼翼地把鸡蛋一个接一个地放进容器的凹洞中。当这项工作完成时，他是多么自豪啊！妈妈对他的成就又是多么高兴啊！

三岁的保罗正在穿他的雪服，这样他就可以和妈妈一起去商店了。"过来，保罗。我帮你穿吧。你太慢了。"

面对妈妈魔法般的做事速度，保罗感到自己确实效率低下。他气馁了，放弃了，让妈妈为自己穿衣服。

我们以千百种微妙的方式，通过各种语调和动作，向孩子表明我们认为他笨拙无能、不如我们。而面对这一切，孩子却仍然想方设法努力寻找自己的位置，留下自己的印记！

我们非但没有让我们的孩子用一百种不同的方式来测试自己的能力，反而在不断地让他们面对我们的偏见——我们对他们能力的怀疑——为了证明这种做法的正确性，我们设计了一系列的标准，规定孩子长到几岁才能做哪些事情。当一个两岁的孩子想帮忙收拾桌子时，我们迅速从他手里抢过盘子，并说："不，亲爱的。你会把它弄坏的。"为了保住一个盘子，我们破坏了一个孩子刚刚萌芽的自信心。（你是否也会猜测，塑料盘子的发明者周围或许就有几双渴望的小手呢？）我们阻挠孩子去尝试发现自己的力量与能力。我们俯视着他——高大、聪明、高效、能干。一个小宝宝想自己穿鞋子。"不对，你穿错脚了！"当他第一次尝试自己吃饭时，他把自己的脸、宝宝椅、围兜和衣服弄得一团糟。"看看你把自己弄得多脏！"我们喊道，从他手里夺过勺子，喂他吃饭。我们让宝宝明白他有多无能，而我们有多聪明。此外，当他出于反抗而拒绝开口时，我们还会对他发火！就这样，孩子想尝试着通过做成一些事情来找到自己的位置，而我们却在一点一点地摧毁这种尝试。

我们并没有意识到自己其实打压了孩子。首先，我们拒绝孩子，认为他们弱小无能、不如我们——这种态度本身就会产生一种打压的氛围。我们不相信孩子"现在"就能做成一些事情。我们不断地假设，当他"长大一些"时才能够做成事情。但由于他现在太小了，还没有长大，因此不具备做事的能力。

当一个孩子犯了错误或没有完成某个目标时，我们必须避免任何暗示着我们认为他是一个失败者的言语或行动。我们可以说："很可惜这次没成功。""我很抱歉事情没有像你预想的那样发展。"必须把事和人分开。我们必须在自己的脑中清楚地认识到，每一次"失败"只是说明技能的缺乏，绝不会影响这个人本身的价值。

当一个人可以在犯错或失败时不感到自卑，勇气才会存在。这种"不完美的勇气"是儿童与成人同样需要的。没有这样的勇气，不可避免的打压就会存在。

要做到鼓励孩子，其中一半的努力要花在避免打压上，既不能羞辱孩子，也不能过度保护孩子。每当孩子对自己缺乏信心时，我们对此所做的任何支持行为都是在打压他的信心。另外一半的努力在于学会如何去鼓励。每当孩子表现出勇敢和自信的自我认知时，我们做出支持的行为，就是在给予鼓励。这个问题没有标准答案，父母必须经过仔细的研究和思考才能得出。我们必须密切观察训练计划的结果，并反复问自己："这种方法对孩子的自我认知产生了什么影响？"

孩子的行为为他的自我评价提供了线索。怀疑自己能力与价值的孩子会在自己的缺陷中表现出这种怀疑。他不再通过证明自己有用、参与各种活动，或为集体做贡献来寻求归属感。在挫败感中，他会转而做出一些毫无意义的挑衅行为。他确信自己能力低下，做不了什么贡献，于是决定至少要以某种方式来获得关注。被打都比被忽视要好。被称为"坏孩子"也是一种特殊待遇。这样的孩子已经确信，自己是没有希望通过合作行为来获得一席之地的。

因此，鼓励是一个持续的过程，旨在给孩子一种自尊感和成就感。从最早的婴儿时期开始，孩子就需要大人帮着他通过成就来找到自己的位置。

芭芭拉七个月了，每当她被独自一人放在婴儿围栏里时，就会大发脾气。她的妈妈十分惊讶，这么小的孩子竟有这么大的脾气。她拱起背，狂怒地踢腿，疯狂地尖叫，小脸涨得发紫。芭芭拉是五个孩子中最小的一个，她从出生起就经常被人抱着。她坐在妈妈的腿上吃饭。自己待在婴儿围栏里时也通常是在妈妈的眼皮底下。当妈妈不得不离开房间时，就会让一个大一点的孩子逗芭芭拉开心。在午休或睡觉时间，只有她非常困了才会被放在床上。要是那时她还没完全睡着，就会大哭。妈妈时刻等着她醒来，她一动就会出现在她身边。芭芭拉总会高兴地跟妈妈打招呼。妈妈认为她是个快乐的婴儿。

才七个月大的芭芭拉就已经表现出被打压的迹象。只有别人逗她开心，她才会觉得自己拥有一席之地。如果没人注意她，她就会迷失自己。她必须是家人关注的中心，否则她就无法参与任何家庭活动。

有人可能会问："一个婴儿要怎么参与家庭活动呢？"对于任何一个人类来说，最基本的要求就是能够自理。孩子需要学习如何照顾自己，这个学习过程从出生就开始了。芭芭拉需要学会如何自娱自乐，不依赖家人的持续关注。妈妈非常爱芭芭拉，希望她成为一个快乐的孩子。但她做出了过度保护的行为。芭芭拉很快就意识到哭是有效果的。妈妈尽一切努力不让她哭泣或不高兴。妈妈真诚地鼓励芭芭拉成为一个快乐的孩子。但妈妈在不知不觉中打压了芭芭拉想要自理的念头。妈妈可以不再被芭芭拉的脾气所左右，如果她想哭就让她哭，给她提供玩具让她玩，让芭芭拉自己想办法解决一些问题。这才是鼓励的行为。妈妈应该每天为芭芭拉留出一定的时间来让她自己照顾自己。也许开始这项新训练计划的最佳时机是上午，这时候大一点的孩子们都在上学，而妈妈正忙于家务。然而，忽视一个哭泣的婴儿是非常困难的。芭芭拉的妈妈需要认识到对孩子的爱意味着为她争取最佳利益，以此来增强自己狠下心的勇气。一个"好妈妈"没有必要对孩子的一切要求让步。一个只有成为人群的焦点才能感到快乐的宝宝并不是一个真正快乐的宝宝。真正的幸福从不依赖于别人的关注，而是源于独立自主的内核。家里的宝宝比其他孩子更需要明白这一点，因为她是宝宝，她的哥哥姐姐都已经比她能干得多。

> 三岁的贝蒂想帮妈妈摆桌子准备晚餐。她拿起牛奶瓶，打算把牛奶倒进杯子里。妈妈夺过牛奶瓶，和蔼地说："不，亲爱的，你还太小了。我来倒牛奶吧，你可以来放纸巾。"贝蒂看起来饱受打击，转过身，离开了饭厅。

孩子们天生就有巨大的勇气，他们看到别人在做什么，就急切地想去跟着做。就假设贝蒂洒了一些牛奶吧。这些牛奶与孩子丧失的自信心相比根本不算什么。贝蒂表现出了接受新挑战的勇气，妈妈应该信任贝蒂，从而给予鼓励。如果牛奶洒了，贝蒂将面临失败,就需要立即得到鼓励。妈妈应该认可她的勇气,帮她擦去洒出来的牛奶,轻声说:"再试一次,贝蒂,你能做到的。"

五岁的斯坦在离家两个街区的操场上没精打采地玩着沙子。他安静、瘦削、神情严肃,慢慢地把沙子从一只手倒到另一只手里。他的妈妈坐在旁边的长凳上。过了一会儿,斯坦问道:"我现在可以去荡秋千吗?""你想去的话就可以。"妈妈回答,"把手给我,这样你就不会受伤了。"斯坦从沙坑里站起来,拉着妈妈的手。"我们得小心点,离得远一点,这样我们就不会被秋千打到。"他们走近秋千时,妈妈解释道。斯坦坐到了秋千上。"你要我推你一把吗?""我能自己荡吗?"斯坦问道。"你可能会摔下来的,"妈妈回答,"来,我来推你一把,抓紧了。"斯坦静静地坐着,紧紧抓住秋千,妈妈推着他。不久他就厌倦了,从座位上滑了下来。"小心点,亲爱的,"妈妈说着又拉起了他的手,"你可不想被其他秋千打到。"他们路过单杠,斯坦站在那里看着其他几个孩子在上面旋转、摇摆,用膝盖钩着单杠倒挂下来。"我可以去玩这个吗?妈妈。""不行,斯坦,这太危险了。到滑梯这边来。上去的时候要非常小心。你可不想摔下去。我会在底下接住你的。"斯坦慢慢地、小心翼翼地爬上滑梯的台阶。他坐下来,紧紧抓住滑梯的两边,慢慢地往下蹭,嘴角掠过一丝微笑。"等等,等别的孩子滑完再去,他们可能会撞到你的。好了,现在你可以上去了。"又滑了几次滑梯后,斯坦说想回家了。他累了。他拉着妈妈的手离开。他一次都没有喊过,笑过,跑过,跳过。他玩得一点都不开心。

斯坦的妈妈做出了过度保护的行为,这实际上起到了打压的作用。她担心斯坦可能会受伤,但这让孩子缩手缩脚,哪儿也不敢去。他无法参加其他同龄孩子的活动,也不敢自己做主,总要先征得妈妈的允许。当获得允许时,他也玩得心不在焉,没什么精神,也没有乐趣。他的无精打采和神情严肃其实是被严重打压的表现。生活总有坎坷与困境,孩子们需要学会用自己的方式来从容面对痛苦。受伤的膝盖总会痊愈,而受挫的勇气会伴随一生。斯坦的妈妈需要意识到,她对儿子的保护实际上是在指出他是多么的无能,只会增加他对危险的恐惧。一个五岁的男孩完全有能力在操场上照顾好自己,当然我们也不应该把他一个人留在那里。但他显然可以在各种器材上疯玩,并在这个过程中逐渐获得自信,能够熟练地避开晃来晃去的秋千,在单杠上掌握平衡。为什么他就不能体验一下在滑梯上急速下滑的刺激呢?

孩子们需要成长的空间,需要测试自己应对危险情况的能力。这并不意味着我们必须完全放手。如果孩子面临的挑战太难,我们完全可以在旁边观察,随时待命。

八岁的苏珊和十岁的伊迪丝一起拿着成绩单回家。

苏珊静静地回到自己的房间，伊迪丝则向妈妈跑去："快看，我的成绩是全A。"妈妈看了成绩单，对女儿的好成绩感到非常高兴。"苏珊去哪儿了？"她问道，"我也想看看她的成绩单。"伊迪丝耸了耸肩："她的成绩没我好，真是个笨蛋。"这时苏珊正要出去玩，妈妈看见了她，把她叫了回来："苏珊，你的成绩单在哪儿？""在我房间里。"她慢吞吞地回答。"你的成绩怎么样？"苏珊没有回答，默默地站在那里盯着地板。"我猜你又考砸了吧，是不是？快把成绩单拿来给我看看。"苏珊得了一个D和两个C。"我为你感到羞耻，苏珊。"妈妈勃然大怒，"你没有什么借口可找，伊迪丝的成绩总是那么好，你为什么就不能像你姐姐那样呢？你就是懒，整天心不在焉的。你是这个家的耻辱。别想出去玩了，回你的房间去吧。"

苏珊成绩不好其实是被打压的结果。她是家里的老二，她从小就觉得自己不可能达到妈妈设定的标准，也不可能做到像她那"聪明"的姐姐一样。妈妈的行为则对苏珊形成了进一步的打压。首先，还没看成绩单妈妈就武断地猜测她考砸了。由于妈妈对自己没有信心，苏珊索性放弃了，认为自己就是个失败者。其次，妈妈说她为苏珊感到羞耻，这让苏珊觉得自己一文不值。再次，妈妈还表扬了伊迪丝的好成绩，这又给了苏珊一个自我怀疑的理由。妈妈说苏珊应该像伊迪丝那样，这对苏珊来说是一个不可能达到的目标，她早就觉得自己无论如何都比不上伊迪丝了。

比她大两岁的伊迪丝总是比她强,苏珊甚至想不到任何去追赶姐姐的理由。妈妈批评苏珊,说她懒惰,这更证明了她是无足轻重的。当她指出苏珊是整个家庭的耻辱时,打压进一步加剧了。苏珊意识到伊迪丝觉得自己是个笨蛋。伊迪丝想保持自己作为"聪明孩子"的位置,就要让妹妹一直是那个"笨孩子",她也在打压苏珊。最后,妈妈甚至还惩罚苏珊,剥夺了她出去玩的权利。

与流行的观点正好相反,刺激姐妹俩相互竞争并不能起到鼓励的作用。这反而会强化弱势的孩子对现状的绝望,并在成功的孩子心中制造一种恐惧,让她担心自己可能无法永远保持领先。成功的孩子野心太大,给自己定了许多不可能实现的目标。除非永远保持领先,否则她也可能把自己视为失败者。

若想要鼓励苏珊,妈妈就不能再拿伊迪丝当榜样。所有的比较都是有害的。苏珊只能以自己的方式成长起来,不能成为伊迪丝的翻版。除非妈妈对苏珊有信心并表达出来,否则就永远帮不了她。在目前这种情况下,苏珊的表现符合所有人的预期。只有恢复自信,她的能力才会增强。妈妈应该避免任何指责,而要去指出并认可苏珊的任何一点成就,哪怕刚开始只是一些微不足道的成就。

让我们来案例重演一下,展示我们该如何鼓励一个已经深受打压的孩子。

> 苏珊和伊迪丝拿着成绩单回到了家。苏珊静静地回到自己的房间,伊迪丝拿着成绩单跑向妈妈。"快看,妈

妈。我的成绩是全A。"妈妈看了成绩单，签完名，对女儿说："很好。我很高兴你喜欢学习。"（在这句话中，妈妈强调的是学习，而不是成绩。她把热情的赞扬修改为对表现出色的认可。）妈妈意识到苏珊在逃避问题，于是一直等到她们俩不在一起的时候才对苏珊说："亲爱的，需要我在你的成绩单上签名吗？"苏珊不情愿地拿出成绩单。妈妈看了看，签了名，然后说："我很高兴你喜欢阅读（一个得C的科目）。阅读很有趣，不是吗？"她给了苏珊一个拥抱，并提出："你愿意帮我摆桌子吗？"在她们一起干活的时候，苏珊似乎有些不安。最后，她终于忍不住说："伊迪丝得了全A，而我得了很多D。"妈妈说："你能否取得和伊迪丝一样的成绩并不重要。有一天，你也会喜欢上学习的，到那时候，你可能会发现你比自己想象的还要厉害。"

我们很难想象，如果妈妈突然改变态度，苏珊会有什么样的反应。一开始，苏珊是不会相信她的；妈妈原先在心里一直觉得只有伊迪丝才能取得好成绩，苏珊坚信自己在学习上是没有机会变好的。在她看来，她所做的任何努力都是徒劳。尽管如此，她还是努力使自己的阅读成绩得到了C，这证明了她的能力。当妈妈对苏珊的努力表示认可时，就给了苏珊一个重新评估自己位置的机会，弱化了原先一边倒的竞争局面。用这种方式，妈妈激励了苏珊继续去努力。苏珊现在能看到，虽然她得了C，但还是不错的。她会觉得："如果这样就是不错的（而不是毫无希望），也许我还可以做得更好。"这点小小的希望之光成了鼓励苏珊继续努力的力量之源。

十岁的乔治无论在家里还是在学校都是个不安分的孩子。他总是开始做很多事情，但从来没有完成过一件。他在学校的成绩勉强达到平均水平。他是家里三个男孩中最大的，老二八岁，老三才三岁。乔治喜欢和宝宝玩，但经常和弟弟吉姆打架。吉姆在学校成绩很好，做事情善始善终，尽管他的兴趣不像乔治那么广泛。一天，乔治正在做一对书立，眼看着就要完成了。妈妈由于担心他又会虎头蛇尾，就想鼓励他一下："这真好看，乔治。你做得很漂亮。"出乎她意料的是，乔治突然哭了起来，把书立扔在地板上，尖叫着说："它们一点都不好看，丑死了！"他冲出手工室钻进了自己的房间。

乔治的妈妈显然是在试图鼓励他。她明明表扬了乔治，可乔治的反应告诉她，这个表扬并没有鼓励到他，反而起到了反作用——对他造成了打压。这是为什么呢？表扬孩子的成就应该是在鼓励孩子呀，不是吗？

这个例子告诉我们，鼓励孩子从来没有一个固定的答案或任何明确的规则，完全取决于孩子的反应。乔治已经变得过于雄心勃勃了，他给自己定了一些根本不可能实现的目标。当妈妈表扬他时，他生气了，那是因为他不相信自己能把任何事情做得足够好。他觉得妈妈的表扬其实是一种嘲弄。乔治希望成品达到极致的完美。由于缺乏技术，他的成果与理想相去甚远，而技术只有通过不断的练习才能获得。但他希望立即达到完美，不能有一点差错，否则就无法满意。当妈妈表扬他时，他觉得自己还远远没有达到自己的期望，他觉得"就连妈妈也不懂，没有人能理解我是多么的失败"，于是大发脾气。

乔治非常需要鼓励。他认为自己无论做什么都是绝对的失败者。事情一件一件地开始做，让他给人一种忙碌而积极的感觉。由于没有一件事完成，他就不需要去面对自己的不完美与失败。他的弟弟总能把事情做成，这使他更加自卑。他觉得自己被吉姆超越了，于是滋生出越来越大的野心。除非他能"比吉姆强"，否则他就什么也不是。这种必须比弟弟强的执念本身就是一个错误的目标。当乔治看到保持领先所需要付出的代价时，这项任务就变得更加不可能了。他觉得自己只能是个失败者。乔治所做的事，再多的表扬也不会起到鼓励的效果。妈妈告诉他不必十全十美是没有用的——这只会让他更加坚信没有人能理解他。他觉得自己必须十全十美。他把自己所做的事情等同于自己是谁。即使他在某件事上确实获得了成功，他也会认为那只不过是一场意外。任何支持他的野心或自我评估失败的行为都会增加他的挫败感。乔治需要把他的注意力从完美地做成一些事情转移到单纯地去做一些事情的满足感上。然而，乔治觉得除非他所做的事情是完美的，否则他就是一个失败者。

乔治需要更多必要的帮助来重新评估他自己和他在家庭中的位置。他的父母对目前的局面可能都不无责任。乔治的完美主义并非凭空而来。爸爸或妈妈——或两人都是——可能持有过高的成就标准。他们可能会在语言上告诉乔治，他不需要十全十美，但他们自己的行为却反驳了这一点。这个家庭需要和所有的孩子公开讨论，一个人到底要做到多好才能算是"足够好"。与其表扬乔治，不如这样对他说："我很高兴你能享受做书立的过程。"

五岁的艾瑟尔正在愉快地整理床铺。她努力地把被单往这边拉拉，往那边拽拽，终于把被单铺成了她想要的样子。妈妈走进房间，看到那张铺得不算完美的床，说道："我来铺床吧，亲爱的，这些被单对你来说太重了。"

妈妈的言行不仅暗示了艾瑟尔因为个子小而不如自己，甚至还证明了自己的优越。她轻巧地抚平了被单，而艾瑟尔却站在那里蒙羞。在妈妈的完美主义面前，艾瑟尔从铺床这件困难的事情上获得的快乐消失殆尽。艾瑟尔很快就会觉得："这有什么用呢？妈妈比我做得好多了。"

如果妈妈对艾瑟尔想铺床的愿望表示高兴，对她说"你铺得真好"或者"看看我的大女孩都能自己铺床啦"，艾瑟尔就会获得一种成就感，并渴望继续做下去，不管她铺完的床上有多少褶皱。妈妈应该抵制住向女儿展示自己完美的铺床技能的诱惑，不要趁女儿不注意的时候自己来铺床。艾瑟尔的注意力永远都不该集中在床的褶皱上。在她独自铺了几次床之后，妈妈可以巧妙地提出一些建议来鼓励她，比如："如果你把所有的被单全都卷起来，每次铺平一条的话会怎么样呢？"或者："如果你往这边拉一拉的话会怎么样呢？"当需要换被单的时候，妈妈可以建议母女俩一起铺床，并就此展开一个谈话游戏——永远不要批评，总是提出支持性的建议。比如："让我们一起拿起床垫的一角，把一块床单藏在下面。现在我们一起拉，这样床单的顶部就会碰到床头板啦。您好，床头板先生。"就这样，学习变成了一种愉快的游戏。不要去暗示艾瑟尔她不知道该怎么做，母女俩可以一起快乐地做家务。

四岁的沃利陪妈妈去邻居家，邻居家十八个月大的女儿帕蒂正在客厅的地板上玩玩具。"去和帕蒂玩吧，沃利，"妈妈建议道，"做个好孩子，别捉弄她。"沃利耸耸肩，脱下夹克，冲进客厅。两位妈妈坐下来喝咖啡。没过多久，帕蒂就发出一声尖叫。两位妈妈都向客厅冲去。沃利站在那儿，脸上带着得意的表情，帕蒂的娃娃被他紧紧抱在胸前。帕蒂哇哇大哭，额头上有一个小小的红色印记。帕蒂的妈妈跑过去，把她抱起来亲吻她。沃利的妈妈一把抓住他："噢，你这个淘气的孩子！你对她做了什么？你抢走了她的娃娃还打了她，是不是？你怎么能这么坏呢？现在我要打你屁股了。"她打了他两下，这下他也哭了起来。"老实说，我真不知道该拿他怎么办，"

她对朋友说，后者已经把帕蒂哄好了，"他老是欺负小孩子。"沃利闷闷不乐地看着妈妈试图把帕蒂再次逗乐。帕蒂转过头去，把头埋在妈妈的怀里。"我们继续喝咖啡吧，"帕蒂的妈妈说，"她没事。我抱着她就好了。"沃利的妈妈又扭头来骂他："你这个淘气的孩子！伤害比你小的孩子，真是可耻。你现在就乖乖坐在这把椅子上吧，不要让我再打你。"

这个案例中有很多值得讨论的行为，但为了明确这一章的目的，我们就只谈打压这一个方面。首先，妈妈对沃利的预期中暗示着他会做坏事，这一点强化了沃利糟糕的自我认知。每当我们告诫一个孩子"做个好孩子"时，我们其实在暗示他也可以考虑做个坏孩子，并且我们对他想做个好孩子的愿望缺乏信心。接着，妈妈告诉他不要"捉弄"帕蒂，这其实暗示着她期待他以这种方式来捣蛋。此外，妈妈没有把沃利的行为和沃利本人区分开来。她认为沃利做了调皮的事情，这就意味着他是一个坏孩子。就这样，沃利的自我认知被妈妈的期望、缺乏信心，以及话语所强化。沃利表现得很不友好，因为他对自己从妈妈那里得到正面关注的能力缺乏信心。除非他给自己惹麻烦，否则他总是怀疑自己在妈妈心中的位置。恃强凌弱者通常在幼年时期饱受打压，他们会认为一个人只有在展示自己的力量时才是伟大的。他只是受挫了而已，既不淘气，也不是坏孩子。我们必须把行为与人区分开来。我们必须认识到，不良行为是由于被打压而导致的错误做法。比起自己，妈妈似乎更关心可爱宝宝的微笑，这无疑是在沃利的伤口上撒盐。

解决这种问题的有效方法就是避免任何打压的言论。打压无法"教会"孩子任何东西。要让沃利相信自己能和帕蒂友好地玩耍，更多地需要通过态度而不是语言来实现。"我们去隔壁，如果你愿意的话，可以和帕蒂一起玩。"只要表现出这样一种乐观的期望就够了。刚到邻居家时，妈妈也可以让沃利来决定，是想和帕蒂一起玩还是坐在妈妈旁边。一旦闹了起来，妈妈可以安静地走进房间，拉起沃利的手说："儿子，我很遗憾你今天这么生气。既然你不想玩了，我们就回家吧。"当然，这使得妈妈们有必要牺牲自己的聚会。但是这样的程序可以"教会"沃利，只有他愿意守规矩，下次才能和妈妈一起来玩。否则，妈妈有可能会把他交给亲戚或其他邻居来照顾——那么他或许就会重新审视自己的行为。

如果沃利的妈妈能够避免上述所有打压的行为，那么她与打压的斗争就已经完成了一半以上。如果她能接受沃利本人，那么即便他的行为不甚友好，她也会给予鼓励，当然这并不是纵容他的不良行为。当她授予他做错事的权利时，就把行为的责任交给了他自己，并表明他必须自己承担后果。当她建议等他准备好了再来玩时，就表达了自己对他的信心，相信他会重新审视自己的行为，会有所改观，会想要再来玩。

处理这一事件还有一些别的方法，我们将会在关于打架的一章中展开讨论。

这两位妈妈都过于关心帕蒂的遭遇，其实也是一种打压的表现。帕蒂头上的小肿块并没有造成多大的伤害，没必要大惊小怪，也不必立即冲过去把她抱起来哄个半天。帕蒂从这些经历中学到的是，自己忍受不了一点痛苦，必须立即得到安慰。她对妈妈的依赖加深了，勇气和自理能力被削弱了。她很有可能会形成一种观念，认为自己就是一个容易受伤的婴儿，必须时刻依靠别人的保护。我们的成年生活充满了痛苦和不适，它们是生活的一部分。除非孩子学会忍受这些疼痛、碰撞、打击和不适，否则他们将生活在严重的残疾中。我们无法一直保护孩子免受生活之苦。因此，让他们做好准备是非常重要的。在孩子身处逆境时为他们感到难过是我们所拥有的最为有害的态度之一。这极大地向孩子和我们自己表明，我们对他们缺乏信心，对他们应对逆境的能力缺乏信心。

帕蒂的妈妈若能采取一种更随意的态度，就能帮助帕蒂学会如何接受痛苦。这并不意味着我们永远不能在孩子痛苦和烦恼时提供安慰，那就太无情了！我们安慰孩子的方式本身就能产生很大的作用。"我很抱歉你头上起了个包，但很快就会好起来的，一会儿就不疼啦。"妈妈没有立马把帕蒂抱起来，她注意到女儿的伤势很轻。她会安慰帕蒂："没事儿，亲爱的。只是一个小包而已。"就到此为止了。帕蒂此刻还不想被转移注意力，如果妈妈试图这样做的话只会让她继续表达痛苦，因为这样做能让妈妈围着她转。在提供了安慰之后，妈妈可以悄悄地帮帕蒂拿出玩具来玩，以此转移她的注意力，给帕蒂创造一个空间进行自我消化。帕蒂是那个受伤的人，她不仅要克服伤痛，还要克服失去友好气氛和感到能力不足的痛苦。如果妈妈给她一个机会，对她有信心，她很快就能恢复过来，发现自己拥有忍受不适的勇气和能力。

  瑞秋正在学习刺绣，做得愉快且专注。她满意而自豪地把绣好的小方巾举起来欣赏自己的手艺。接着，她拿着它去找妈妈，想问问某个针脚该怎么处理。"这是雏菊绣，瑞秋。可是说真的，亲爱的，看看这背面的针脚吧，你还可以做得更好！它们都太长了，看起来乱七八糟的。你为什么不拆了重新再绣一遍呢？那样会好看很多。"瑞秋喜气洋洋的神色瞬间黯淡下来，显得十分痛苦。她叹了口气，嘴角抽搐着说："我不想再绣了，我要去外面。"

看过瑞秋对自己的手艺表现出来的那种满意与自豪的神情，妈妈的评论简直是毁灭性的。"你还可以做得更好"从来都不是鼓励。这意味着现有的成果还不够好——没有达到标准。瑞秋认为可爱的东西在妈妈看来是"乱七八糟的"。于是，瑞秋再次受到了打压。建议她把绣好的图案拆了再绣一遍，这是瑞秋无法承受的。她索性完全放弃了刺绣，转而去做别的事情了。如果瑞秋的妈妈注意到孩子的表情，很容易就能发现自己那些话产生的后果。

  更有帮助的做法是，妈妈可以再为瑞秋演示一遍如何绣雏菊绣，并顺着瑞秋对刺绣的热情来夸赞她："真是太漂亮了，亲爱的，瞧这针脚多好看啊！"指出瑞秋绣得很好的那些针脚："等你绣完了，我们一定要把它拿去浴室里用起来。"就这样，妈妈和瑞秋可以一起享受完成刺绣作品的快乐。承认瑞秋的努力是有用的。当妈妈指出瑞秋绣得对的地方时，她鼓励了瑞秋朝着更高的技能去努力。人的塑造只能基于长处，而非弱点。绣得好的针脚就是一种长处。瑞秋的注意力应该集中在她的优点上。

有时候，父母需要鼓起很大的勇气才能让孩子开启一项新的体验。

> 七岁的彼得刚刚得到一笔零花钱，他想去位于繁华购物中心的一家模型店买一架模型飞机。"我现在没法带你去商店，彼得，"妈妈说，"我们明天再去吧。""我可以自己骑自行车去买，妈妈。"彼得建议道。"可你从来没有骑自行车去过那儿，彼得，你知道那儿有很多车的。"妈妈回答道。"我能照顾好自己，妈妈。很多孩子都骑车去那里。"妈妈想了一会儿。她回忆起经常在模型店门口把自己绊倒的那排自行车，又想到一些危险的交通状况。但最后，她考虑到彼得每天都骑自行车上学，而且骑得非常好，于是说："好吧，亲爱的，去吧，去买你的模型飞机吧！"彼得兴高采烈地冲了出去。妈妈努力平复自己不安的情绪。他还这么小，她想。但他总要学着长大的。差不多一个小时后，彼得拿着一个包裹冲进家门。"看，妈妈。我买到了！""我太高兴了，彼得，"妈妈笑盈盈地说，"现在你可以自己去购物了，太棒了，不是吗？"

尽管彼得的妈妈感到不安，但她还是意识到了彼得对独立自主的需求。她克服了自己的恐惧，对他骑自行车出门的能力表现出了信心。孩子回应了她的信任，妈妈进而对他的成就表示赞赏。最后，她答应以后也可以让他自己去购物，满足了彼得想要独立的愿望。

六岁的本尼总是扣错毛衣的扣子，每次扣完会多出来一颗。妈妈让这种情况持续了一阵子。有一天，她说："本尼，我有个主意，你为什么不试试从最下面的扣子开始往上扣呢，最下面的扣子很容易看到。"本尼很高兴获得了一个新方法，便遵循了这个建议。当把扣子一颗一颗全部扣上时，他开心极了。妈妈从这个方法的成功中尝到了甜头，又把它应用到了另外一个问题上。本尼想把睡衣挂在衣架上，但由于他把睡衣的下半部分揉成一团塞进衣架里，睡衣总是很快就会滑下来。妈妈建议说："如果先抓住睡衣的松紧带摇晃一下，再把它挂到衣架上，你觉得会发生什么呢？"本尼若有所思地伸手去拿掉在地上的睡衣，抓住上面的松紧带，摇了摇，再把它挂到衣架上。睡衣稳稳地挂住了！他咧开嘴，开心地笑了："真的，成功了！"

本尼的妈妈找到了一种鼓励本尼的正确方法，<u>丝毫没有暗示他做这两件事的方式是错误的</u>。这个方法的成功依赖于他的冒险精神和尝试新方法的愿望。本尼可以看到结果，不需要妈妈为他指出来。她的微笑和眼睛里闪烁的光芒告诉本尼，她也为他的能力感到开心。

这些例子开始展现出鼓励的重要性，并指出了一些我们在不知不觉中踏入的陷阱。鼓励是如此重要，在本书的其余部分都将被反复提及。当然，我们不能指望一次鼓励就产生持久的效果。鼓励必须是持续不断的，让一个受挫的孩子在其错误的自我认知中持续不断地产生变化。

表扬作为一种鼓励的手段，必须非常谨慎地使用。盲目地表扬可能是危险的，正如我们在乔治的案例中所见。如果孩子认为表扬是一种奖励，那么缺乏表扬就会变成我们对他的轻蔑。如果他做的每件事都没有得到表扬，他就会觉得自己是个失败者。这样的孩子做事是为了获得奖励，而不是从做事本身得到满足感。因此，表扬很容易变成打压，因为它会强化孩子的错误观念，即除非得到表扬，否则他就一无是处。表扬一个孩子最好用一些简单的话语，例如："我很高兴你做到了！""真不错！""我很欣赏你所做的这一切。""看，你能做到的。"

父母之爱最好的表现就是不断鼓励孩子独立自主。从孩子出生到整个童年都应该一直这样做。这种鼓励体现在我们每时每刻对孩子的信任与信心上。这是一种态度，引导我们度过童年时期所有的日常问题与麻烦。我们的孩子需要勇气。让我们帮助他们找到勇气，保持勇气。

在本章的最后，我们想给父母们一些鼓励。当你读这本书的时候，你会发现我们在许多方面提出了颇有意义的育儿技巧，同时我们也指出了你和大多数父母一样犯过的错误。我们需要发现自己的错误，否则就无法取得进步。在指出如今育儿方法中常见的错误时，我们绝不是在对如今的父母进行批评或谴责。他们是个人所无法掌控的大环境的受害者。我们尽力提供帮助，并指出摆脱目前困难的途径。为人父母本就充满困惑与挫折，我们当然不想对父母们施加更多的打压。

父母的勇气非常重要，这一点再怎么强调都不为过。每当你感到沮丧或发现自己在想"天哪，我做错了"的时候，要迅速认识到这是你自我打压的症状。你需要把注意力转移到更为学术与客观的思索上，看看能否做些什么来使事情好转。当你尝试一项新的育儿技巧并获得成功时，要感到高兴。当你重拾旧习惯时，也不要自责。你需要不断增强自己的勇气，而要做到这一点，你更需要有"不完美的勇气"。你要回忆自己成功的时刻，然后再试一次。沉湎于自己的过错只会削弱你的勇气。记住，人的塑造只能基于长处，而非弱点。谦卑地承认自己注定会犯错误，在承认错误的同时不要觉得自己丧失了自我价值，这将大大增强你的勇气。最重要的是，记住我们不求完美，只求进步。关注任何微小的进步，一旦有所发现，就要放松下来，相信自己还有能力继续进步。把本书中提出的原则付诸实践需要时间，你不可能一次全部做到。每一点小小的进步都是向前迈进了一步。前进的每一步都在向鼓励之路迈进。

第四章
孩子的错误目标

妈妈正在写信。三岁的乔伊丝在旁边的地板上玩玩具。她突然跳起来跑向妈妈，要求拥抱。妈妈回应道："你为什么不把你的娃娃放到马车上，带它出去兜兜风呢？""我想要你陪我玩。""过一会儿再玩，乔伊丝。我得先把这封信写完。"孩子慢慢地退回去，继续玩她的游戏。几分钟后，她问："妈妈，现在可以玩了吗？""还不行，亲爱的。"妈妈心不在焉地回答。安静了几分钟后，她说："妈妈，我要去洗手间。""好的，乔伊丝，去吧。""但是我的连体衣脱不下来。""你可以的，"妈妈抬起头来说，"你已经是个大孩子了。"乔伊丝漫不经心地尝试了几次，没能把衣服脱下来。"好吧，亲爱的，快过来，这回我帮你脱。"乔伊丝离开了房间，妈妈继续写信。不一会儿，女孩又回来了，需要妈妈帮她把连体衣穿上。妈妈又帮了忙，然后继续写那封信。安静了几分钟后，乔伊丝又问："现在可以陪我玩了吗？""再过几分钟,亲爱的。"很快乔伊丝又来到母亲身边,抱住她的膝盖说:"我爱你,妈妈。""我也爱你。"妈妈一边说一边拥抱了女儿。乔伊丝回去玩玩具了。妈妈写完信,就开始和乔伊丝一起玩。

这个故事似乎为我们展示了一位耐心、慈爱的母亲和她与孩子之间的良好关系。为什么我们要把它写在这里呢?让我们来仔细看看妈妈与孩子的互动。乔伊丝在做什么呢?她在用一种可爱又迷人的方式持续索要关注。她的行为其实是在说:"除非你注意到我,否则我就什么都不是。只有当你围着我转时,我才能找到自己的位置。"

孩子们总是迫切地想要获得归属感。如果一切顺利,孩子的勇气得以维持,他就不会出现什么问题。他会去做符合形势的事情,并通过参与其中和发挥作用而获得归属感。但如果他是一个受挫的孩子,他的归属感就很有限了。他对参与集体活动的兴趣将转移到在他人身上获得自我实现这一孤注一掷的尝试中。他所有的注意力都将转向这个目标,无论是通过讨人喜欢的或是令人讨厌的行为。无论如何,他必须找到自己的位置。这样的孩子往往会去追寻四种公认的错误目标。如果我们希望重新引导孩子采取一些建设性的方式来融入社会,就必须对这些错误目标有所了解。

渴望得到过度关注是受挫的孩子用来获得归属感的第一个错误目标。他会错误地认为,只有当他成为他人注意力的中心时,他才有存在的意义。受这种错误假设的影响，孩子会逐渐发展出一套获取他人注意力的有效机制。他总能找到各种方法让他人为自己忙得团团转。他可能表现得迷人而聪慧，可爱又腼腆。不管他看起来是多么的讨人喜欢，但他的目标其实是赢得关注，而不是真正地参与。

在上面的事例中，乔伊丝看起来是想要参与，她想让妈妈和她一起玩。那么我们是如何确定乔伊丝出现了不良行为呢？这很简单。参与意味着配合形势的需要，做出合作的行为。勇敢自信的孩子会感觉到妈妈除了和她一起玩之外，还需要做别的事情。乔伊丝则有不同的想法。她觉得如果妈妈在忙别的事情，就是把自己忘了。乔伊丝认为，只有获得关注，她才能确立自己的位置。

讨人喜欢的关注获取法一旦失败，孩子就会转向令人讨厌的方法。他可能会哭哭啼啼，磨磨蹭蹭，用蜡笔在墙上涂鸦，把牛奶洒出来，或者尝试另外一千种获取关注的方法。至少当爸爸妈妈对他大发脾气的时候，他能确信他们知道他的存在！这样的孩子已经产生了错误的自我认知。我们每一次屈服于他对过度关注的要求时，就是在强化他错误的自我认知，并使他更加坚信，这种错误的方法能帮助他获得自己所渴望的归属感。

当然，孩子需要我们的关注。他们需要我们的帮助、训练、同情与爱。但是，如果我们观察一下自己，发现我们只不过是在孩子想要获得持续的过度关注时被迫地给予，那么我们就可以相当肯定，这就是孩子想要我们做的，这也是孩子为了找到自己的位置而采取的错误方式。

乍看之下，我们似乎很难将适度关注和过度关注区分开来。秘诀就在于区分孩子是否能够认识到整体形势的需要。参与和合作要求家庭中每个人都以形势为中心，而不是以自我为中心。父母可以在心理上退后一步，观察孩子的行为。如果孩子的行为和反应似乎是高于形势所需的——正如乔伊丝的故事所示——那么孩子有可能正在要求过度的关注。通常，我们可以通过观察自己的反应来确定孩子无意识层面的意图。两个人之间的互动也会发生在无意识的层面，我们只是在"自然地"顺从孩子的安排。当我们意识到这种互动并逐渐有能力对其进行解读时，我们就把它带到了意识层面，从而获得了为孩子纠正错误或提供指导的方法。

> 五岁的佩吉正在看电视。妈妈已经第三次提醒她该睡觉了。每次妈妈提醒她的时候，佩吉都哭哭啼啼地恳求，想过会儿再去睡觉，至少把"这个节目"看完。妈妈让步了，因为这确实是个好节目。然而，当节目结束时，妈妈再次提醒佩吉上床睡觉，这回佩吉完全不理妈妈，换了个台继续看电视。妈妈走进房间："佩吉，你早该睡觉了。好了，现在做个好孩子，上床睡觉去吧。""不！"佩吉回答。妈妈俯身对她生气地说："我说了让你上床睡觉。快去！""可是，妈妈，我要看……""你要我打你屁股吗？"妈妈打断佩吉，关掉了电视机。佩吉立刻尖叫起来："你这个刻薄的老东西！"她冲到电视机前，想把它重新打开。妈妈抓住佩吉的手，打了她一巴掌，强行

把她拉出了房间。"够了，这位小姐。现在你该上床睡觉了。快，把衣服脱了。"佩吉尖叫着反抗，脸朝下扑倒在床上。妈妈有些颤抖地离开了房间。二十分钟后，妈妈回来看看情况如何，发现佩吉还穿着衣服，正在看一本书。妈妈气坏了，打了佩吉的屁股，给她脱掉衣服盖上被子。

首先，佩吉很清楚自己的睡觉时间到了。但如果她磨磨蹭蹭，要求多看一会儿电视，她或许能挑战妈妈的权威。因此，当妈妈让步，让佩吉再看一会儿时，就正中了女儿的下怀。佩吉的行为似乎在说："让你照我说的做，就能显得我很重要。"当她哄骗着妈妈让自己再多看一会儿电视时，妈妈照她说的做了。于是她成功地展示了自己战胜妈妈的能力。

由此可见，对权力的争夺是第二个错误目标，这通常发生在父母试图强行阻止孩子对关注的要求一段时间之后。从那以后，孩子就下定决心要用权力来打败父母。他拒绝做父母想让他做的事情，并从中获得了巨大的满足感。这样的孩子会认为，如果自己服从别人的要求，就相当于屈服于一个更强大的力量，从而失去个人价值。这种对于被一个更强大的力量所压倒的恐惧对于一些孩子来说是一个毁灭性的现实，会导致他们做出一些可怕的努力来展示自己的力量。

当佩吉的妈妈坚持要佩吉在看完电视节目后上床睡觉时，妈妈和佩吉就陷入了一场权力竞赛。故事的其余部分说明了一个人是如何试图证明自己才是老大的。每次妈妈心烦意乱，打佩吉耳光或打她屁股时，都把胜利拱手让给了佩吉。受惩罚的侮辱和痛苦是为了获胜而付出的代价：让妈妈心烦意乱并最终宣告失败——这是我们作为父母在感到彻底失败或脾气失控时会做的事情。我们的行为其实是在说："除了体形和力量的优势，我什么也不是。"孩子们会意识到这一点并利用它。你难道不记得自己小时候把父母弄得恼羞成怒、歇斯底里时，内心是如何窃喜（尽管表现出来的是眼泪和尖叫）的吗？

试图用权力去压制一个沉溺于权力的孩子是一个严重的错误，也是徒劳的。在随之而来的长期斗争中，孩子只会越来越善于使用自己的权力，并且更为根深蒂固地相信，除非自己展现出无上的权力，否则就一无是处。这样的成长可能会把孩子推到一种危险的境地，他会发现唯有当一个恶霸、一个暴君才能让自己满足。

权力竞争的问题之所以在当今社会变得如此普遍，是因为我们的平等观发生了变化。我们将在第十六章进一步讨论这个问题。就目前而言，只要能够认识到，当父母和孩子都试图向对方展示谁是老大时，就存在着权力之争。

要求关注和展现权力这两者之间的一个重要区别是孩子在被纠正后的行为。如果他只是想引起关注，在被纠正后他通常会停止令人讨厌的行为，至少在被骂的时候会停下来。但如果他的意图是展现权力，那么试图让他停下只会加剧令人讨厌的行为。乔伊丝和佩吉的例子清楚地表明了这种区别。

妈妈在厨房，爸爸在地下室。五岁的罗伊和三岁的艾伦在客厅里玩。突然，艾伦痛苦地尖叫起来。爸爸妈妈迅速赶到现场，发现艾伦蜷缩在角落里尖叫，而罗伊竟用一个点着的打火机在烧弟弟的胳膊。爸爸妈妈赶到时伤害已经造成，罗伊成功地把艾伦烧得很惨。

第三个错误目标源于权力竞争的加剧。当父母和孩子越来越深地卷入权力斗争，每一方都试图制服另一方时，就有可能演化成一场激烈的报复。孩子在受挫时可能会寻求报复，以此作为他获取重要性的唯一途径。到了这个地步，他已确信自己不讨人喜欢，也没有任何权力，只有当他能像别人伤害自己一样去伤害别人时，他才觉得自己重要。于是他的错误目标变成了反击和报复。罗伊在为自己争取一席之地时极度受挫，他认为自己就是一个没人喜欢的坏孩子。正因他的行为是如此令人讨厌，他也成功地让自己"坏孩子"的形象深入人心。这样的孩子是最需要鼓励的，却往往最缺乏鼓励。需要有人能真正理解与接受孩子的本来面目，来帮助他重新发现自己的价值。如果爸爸妈妈惩罚罗伊的话，只会进一步证明他的"坏"。这也会进一步地激怒他，从而导致进一步的报复与相互伤害。

第四个错误目标出现在完全受挫的孩子身上。他们试图证明自己一无是处。

八岁的杰伊在学校遇到了困难。在一次家长会上，老师告诉妈妈，杰伊的阅读能力非常差，所有科目都很落后。无论他多么努力，无论老师给他多少额外的帮助，他似乎怎么也学不好。"杰伊在家会做什么家务吗？"老师问。"我不再让他做家务了，"妈妈答道，"他什么也不想做。即便他想做，也总是冒冒失失的，做得很糟糕，所以我再也不要求他做家务了。"

一个完全受挫的孩子会彻底放弃：他觉得自己在任何方面都没有成功的机会，无论是做好事还是做坏事。他变得很无助，并学会了利用这种无助，夸大自己身上任何一个真实或想象的弱点或缺陷，以逃避一切任务，因为他觉得自己肯定会失败，而失败会使自己更难堪。一个看似愚蠢的孩子往往是一个受挫的孩子，他们把愚蠢作为逃避一切努力的一种手段。这些孩子仿佛在说："任何事情如果我去做了，你就会发现我是多么的没用，所以别来烦我。"这些孩子不再为别人做任何事情。他们彻底放弃了。每当妈妈发现自己在说"我放弃！叫他做什么都没用"时，她可以明确地知道，这正是孩子想让她感受到的。孩子仿佛在说："放弃吧，妈妈。没用的，我一无是处，毫无希望。别管我了。"当然，孩子对自己的看法是错误的，这是一次又一次面对不可能克服的障碍所带来的错误认知。他极度受挫。事实上没有一个孩子是一无是处的！

当我们意识到孩子的错误行为背后可能存在这四个错误目标时，我们就有了行动的基准。对孩子进行让他产生错误目标的恶意揣测在任何情况下都是没有好处的,甚至有可能是最具破坏性的。心理学知识应被用来作为我们行动的基准,而不是攻击孩子的武器。孩子对自己的真实目的一无所知。我们可以使一个孩子意识到他的真实目的,但这种披露行为应该留给专业人士。然而,一旦意识到孩子的错误目标,我们就能意识到他行为的真实目的。原本看起来毫无意义的事情现在开始变得有意义了,我们可以采取行动了。如果我们避免了孩子想要的结果,那么他的某些行为就会变得无效。如果孩子没有达到目的,那么他就有可能重新考虑方向,选择另外一种行事方式。

当意识到孩子在要求过度关注时,我们可以避免屈服于他的要求。如果妈妈不在身边,要求关注还有什么意义呢?当发现自己卷入了一场权力竞赛时,我们可以退出战场,不让自己卷入这场竞赛。在空无一人的赛场中成为胜利者是毫无意义的。当一个孩子试图伤害我们时,我们要意识到他内心深处其实是受挫的,不要去伤害孩子的感情,不要用惩罚的手段来报复孩子。我们还可以停止为一个"无可救药"的孩子感到遗憾,可以安排一些活动来帮助他发现自己的能力。如果妈妈并不相信自己是无可救药的,那么放弃又有什么用呢?

随后的章节将用实例来展示这四个错误目标,并描述使它们失效的可行方法。但是,我们必须要认识到非常重要的一点,即这四个错误目标只常见于幼儿。在成长的早期,孩子的注意力集中在发展自己与父母和其他成年人的关系上。他把自己看作成人世界里的一个孩子。在这一时期,这四个错误目标对知情的观察者来说是相当明显的。然而，当孩子长到十一岁左右，他与同伴的关系变得更加重要，他开始追求更广泛的行为模式，以在同伴群体中找到自己的位置。出于这一原因，令人不安的行为（通常是孩子寻找自己位置的错误努力）不再能完全用以上四个错误目标中的某一个来解释了。青少年和成年人的挑衅行为有时也可以用这四个错误目标来解释，但同时也存在其他的错误目标，例如寻求刺激、过度关注男性特质、执着于物质成功等，这些不一定在上文提及的四个错误目标里。

另外一个重要的观点必须铭记于心——我们作为父母，所能做的只有试着去激励孩子做出行为上的改变。即使我们做对了事情，也不一定总是成功。（无论如何，期望自己事事成功本来就是不切实际的！）每个孩子都是自己所作所为的决策者。家庭以外的影响，尤其是来自同龄人的影响，会给他留下深刻的印象。如果我们发现把孩子引向另一个方向的努力似乎是徒劳的，就必须要记住，孩子是一个独立的个体，他必须自己做出选择和决定。我们不能对此负责。选择权和决定权永远属于孩子。而这，也正是平等的一部分。

生活是由无数个时刻组成的，如果我们在这一时刻做出了正确的事情，就会进步。另外，如果我们不能满足特定情况的要求或不知道该如何处理，那么进步的机会确实是渺茫的。

当然，我们的问题不可能总是立即得到解决。这一时刻只是一系列事件中的一个，这些事件要么带来解决方案，要么造成延迟，要么使事情无法解决。对于我们的孩子来说，这些时刻要么有助于训练，要么有助于改善人际关系，要么正好相反——培养有害的态度与不良的社会关系。

孩子们的许多问题都可以一步一步来解决。在这本书中，我们试图指出，在特定的冲突情况下，哪些步骤可能是有益的，哪些可能是有害的。对大多数父母来说，在多数情况下，能够明确在特定情况下该做什么和不该做什么就已经足够了。在过去，这些知识对所有母亲来说都是常识，也就是所谓代代相传的育儿传统。我们现在的工作就是在如今的民主环境中，澄清行之有效的方法，从而形成一种新的育儿观念。

在许多案例中，孩子错误行为背后的错误想法和错误目标是如此根深蒂固，可能需要不止一种正确的方式来应对各种挑衅行为。父母可能需要努力重新构建一个孩子的基本假设与个性模式，需要对他的行为动机进行更全面的洞察。在必要情况下，父母可能会发现参加家长学习小组、参加心理咨询中心的活动，或接受一对一咨询是有帮助的。学习更多关于儿童心理学的理论书籍也是必要的。

我们希望提供对一些日常操作的解释——为那些忧心忡忡的母亲提供一些帮助，她必须首先认识到自己拥有影响孩子的巨大潜力，前提是她明白该如何正确对待孩子。父母越是能够真正地了解他们的孩子，就越是能够帮助他们重新找到生活的方向，以更为具象的图景为目标去生活，接受和谐合作所必需的社会价值观，并最终在生活中实现真正的满足。

第五章
惩罚与奖赏的谬误

妈妈发现家里安静得出奇,于是决定去看看。她发现两岁半的亚历克斯正忙着把卫生纸塞进马桶。因为这样堵住马桶,亚历克斯已经被打了好几次了。妈妈怒不可遏地喊道:"我到底要打你几次才能改?"她抓住亚历克斯,脱下他的裤子打他的屁股。可当晚没过多久,爸爸发现马桶又被堵住了。

由于同样的行为被打了那么多次,亚历克斯到底为什么还要继续呢?他是不是年龄太小了所以听不懂?远非如此。亚历克斯很清楚自己在做什么。他这么做完全是故意的。当然,他自己也不知道为什么!但他的行为告诉了我们原因。爸爸妈妈说:"不,你不能这样做。"于是他就用行动来回应:"那我就证明给你看,我就是能这么做!"

如果惩罚能让亚历克斯停止往马桶里塞卫生纸,那么打一次屁股就能达到效果了。可事实证明反复打屁股也没有起到作用。

这是为什么呢？

在第一章中，我们讨论了社会风气的变化，这种变化使民主作为一种生活方式逐渐深入人心。既然民主意味着平等，父母就不能再扮演"权威"的角色。权威意味着支配：一个人有权支配另一个人。平等的个体之间是不可能存在这种支配的。支配、力量、权力——必须被平等主义的影响力所取代。

惩罚与奖赏是专制的社会制度所特有的。在那里，占据统治地位的当权者享有根据功绩或劣迹给予奖赏或惩罚的特权。他有权决定谁该受奖赏，谁该受惩罚。由于专制的社会制度建立在稳固的统治基础之上，这种论功行赏的判断被视为生活准则的一部分，被广为接受。孩子们观察着、等待着、期待着有一天他们也能成为享有特权的成年人。如今，我们的整个社会结构已经发生了变化。孩子们获得了与成年人平等的社会地位[1]，我们不再享有比他们更优越的地位，我们控制他们的力量也已经消失了。孩子们很清楚这一点，成年人则不见得明白。孩子们再也不会把成年人视作高高在上的权力象征了。

我们必须认识到把我们的意志强加给孩子是徒劳的。再多的惩罚也不会带来持久的屈服。如今的孩子愿意为了维护他们的"权利"而接受任何程度的惩罚。困惑不解的父母错误地认为惩罚

---

1 这一平等的概念很难理解。尽管平等已经成为现实，但我们在传统上没有对平等这个概念的深层解读。我们还是在寻找某一个品质，以证明一个人与另一个人相比地位更高或更低，尽管所有的类似评价都已经过时了。

最终会带来结果，没有意识到他们的做法实际上毫无用处。即便是最好的情况，他们也只能从惩罚中获得暂时的结果。当同样的惩罚必须一次又一次地重复时，很明显它是不起作用的。

惩罚只能让孩子养成更强的反抗能力与报复能力。亚历克斯小小年纪就已经开始走上一条可怕的反抗与报复之路。

六岁的丽塔整个上午都脾气暴躁。丽塔拒绝吃早饭，妈妈骂了她一顿。丽塔和四岁的妹妹打架，妈妈让她回房间待半个小时。丽塔把花连根拔起，妈妈又骂了她一顿，还威胁要打她屁股。丽塔把邻居家的猫绑在晾衣绳上，差点把它勒死，妈妈罚丽塔坐在厨房的椅子上。最后，丽塔把她的午餐牛奶泼到了地板上。终于，妈妈把丽塔拖到房间里，狠狠地打她的屁股，并罚她整个下午都待在房间里。一个小时后，房间里非常安静，妈妈以为丽塔可能睡着了，于是偷偷往房间里看了看。她看到卧室的窗帘被剪成一条一条，一直剪到丽塔快够不着的地方，妈妈惊呆了，大喊一声："啊，丽塔，我到底该拿你怎么办啊？"

丽塔用"骨气"来掩饰自己的挫败感。她的行为其实是在说："至少我干坏事的时候你还能知道我的存在。"接着，当被妈妈一次又一次惩罚时，丽塔终于用她的行为告诉妈妈："如果你有权伤害我，那么我也有同样的权利来伤害你！"随之而来的是一连串可怕的反抗与报复。妈妈越是惩罚，丽塔就越是报复。这就是惩罚的结果。不幸的是，孩子远比成年人更有韧性与毅力。他们比父母更会谋划、钻营，也更能坚持。结果就是，父母忍无可忍，摇着头，痛苦地喊道："我真不知道该拿这孩子怎么办了！"

惩罚，或者"听我的，否则有你好受"的权威观念，需要被一种相互尊重、相互合作的态度所取代。尽管孩子们不再处于劣势地位，但他们并没有受过平等合作的训练，也没有任何经验。他们需要我们的指引。一个好的领导者会激励他的追随者采取符合形势的行动。所以父母必须以身作则。孩子需要我们的指引。如果他们知道我们尊重他们平等的人格与行事权利，他们就会接受我们的指引。当孩子被打时，他的尊严受到了极大的侮辱，而妈妈在打孩子时，尤其当她事后感到内疚时，她的尊严也所剩无几。

作为父母，我们可以学习一些更加行之有效的方法来激励孩子，使他们产生遵守秩序的愿望。我们可以创造一种相互尊重、相互体谅的氛围，为孩子提供一个学习如何与他人舒适相处、快乐生活的机会。在为孩子安排这样一种学习环境时，我们不应表现出对孩子或对我们自己的不尊重。我们可以在不炫耀权力的情况下做到这一切，因为权力会刺激反叛，从而破坏养育孩子的目的。

然而，如果在使用新的育儿方式重新训练自己的过程中，还是被孩子激怒而做出惩罚或打屁股的行为，我们应该诚实地承认，这样做使我们减少了一些挫败感，而不要试图欺骗自己，说惩罚孩子是"为了他们好"。与此同时，我们可以明确，这顿打确实是孩子自己要求的。他的挑衅行为就是他目标的一部分，即证明自己是"坏孩子"，或让我们卷入一场权力竞赛，或报复之前遭受的"不公正待遇"。当我们惩罚他时，就让自己的行为与他的意图相符——掉进了他的陷阱。问题就在于，作为人类，我们是不完美的。偶尔我们总会表现得像一个普通人，而非教育者。最好的办法就是对自己的脆弱一笑而过，继续前进，继续在为人父母这条路上做出更有建设性的努力。我们必须拥有不完美的勇气。当孩子屡次将我们击败时，我们或许也有权享受片刻将他击败的成就感，事后也不必为此感到内疚。内疚感是我们无法承受的奢侈品。在这种时候，我们的情感或许会说："是的，我打了孩子，我知道这是错的。但只要我感到内疚，我就不是一个糟糕的父母。"奇怪的是，坦率地承认——"没错，我打了孩子，这是他自找的。我知道这是一种无用的训练方法，但它让我感觉好多了。现在我可以收拾收拾，继续前进了"——这能极大增强我们的勇气，让我们相信自己可以对付这个孩子。

妈妈给了八岁的比尔一美元，让他去面包店买面包。她自己去超市购物。当他们再次在门口相遇时，妈妈要求比尔把零钱还给她。"为什么要把零钱给你？"比尔咆哮道。"不为什么，比尔！我就是需要零钱。"男孩生气地把零钱往妈妈手里一扔。"我不懂，"他厉声说，"我给你帮了忙，不是吗？"妈妈不解地看着他："是的，儿子,你帮了我一个忙。"他们朝着汽车走去,比尔满脑子怨恨。

对孩子的良好表现进行奖赏的制度就和惩罚制度一样,对他们的成长前景都是有害的。奖赏同样表现出父母对孩子缺乏尊重。我们只会因为一个下位者帮了忙或做了好事而"奖赏"他。在一个平等的相互尊重的体系中,一项工作之所以被完成,只是因为它需要被完成,满足感来自两个人一起和谐地工作,就像比尔和他的妈妈所做的那样。但比尔对自己是如何为这个家尽了一份力毫无概念。他的注意力完全集中在自己身上。当他脑中"对我有什么好处"的想法遇到了"什么也没有"时,他表现出了怨恨。天哪!比尔的成长前景是多么有限啊!他天生的社会兴趣被他的错误想法所扼杀了,他认为自己只有"得到好处"时才拥有一席之地。只有当他的行为得到回报时,他才觉得自己拥有归属感。

音乐会中场休息时,两个初中生在聊天。"嘿,梅维斯很擅长弹德彪西。"其中一个说道。"啊,她弹得没有'灵魂'。"另一个回答。"你知道吗?"他接着说,"她妈妈每小时付她一美元让她练琴。""你在开玩笑吧!""不,是真的。梅维斯说她整个夏天每天练八个小时,就是为了赚那些钱。""这可真是个该死的练习理由,难怪她弹得没有灵魂呢,她不是因为自己喜欢才弹的。见鬼,我练琴的时候完全沉浸在其中,爸爸妈妈必须大喊才能让我停下来，否则他们简直无法安宁。""是啊！我明白你的意思，我也经常这样。"

这个例子向我们展示了年轻人拥有多么敏锐的洞察力！

一场大雪过后，爸爸叫十岁的迈克和八岁的斯坦去铲人行道上的雪。"你准备付我们多少钱？"迈克问道。"唔，"爸爸犹豫着，"你觉得多少钱合适呢？""啊，大概每人一美元二十五美分。"迈克精明地回答。"这个价钱包含铲车道吗？"爸爸迟疑地问，不想太离谱。迈克谨慎地回答："是的，包含铲车道。""那好吧。"爸爸同意了。"耶！"男孩们大喊着冲了出去。

为什么孩子做家务要给钱呢？他们住在家里，吃家里的食物，穿被洗干净的衣服，与父母共享利益。如果孩子像他们声称的那样与父母平等，就有义务分担家务劳动。

根据奖赏机制的逻辑，迈克和斯坦认为自己什么也不需要做，除非能从中获得好处。在这种情况下，他们不可能发展出责任感。重点一直在"对我有什么好处"上，以至于我们再也给不出令人满意的奖赏了。可悲的是，并不存在什么奖赏能够让人完全满足。

孩子们应该参与家庭生活的方方面面。他们也应分享家里的一部分钱财，通常是以零花钱的形式。这些钱是属于他们的一部分，应该由他们自己决定如何使用。家务劳动和零花钱之间不应该存在任何联系。孩子做家务是因为他们应该为家庭做贡献。孩子得到零花钱是因为他们应该分享家庭的收益。

妈妈把两个小女儿留在停车场的车里,这样她就可以轻松地去杂货店买东西了。她一下车,她们就开始哭起来。"你们要乖一点,一会儿我给你们买个玩具。""什么玩具?"三岁的孩子问道。"噢,我也不知道——随便哪种。"妈妈匆匆回答,然后离开了。

妈妈试图通过提供物质利益来赢得合作,但孩子并不是需要贿赂才能表现良好。他们其实打从心底想做好孩子。孩子的良好行为源于他对归属感、对有益贡献和对合作的渴望。当我们为了让孩子表现良好而贿赂他时,实际上是在表明我们不信任他,这也是一种打压。

奖赏并不会给孩子带来归属感。奖赏可能是这一刻孩子获得父母认可的一种标志,那么下一刻呢?爸爸妈妈还认可我吗?还需要再来一个奖赏才表明父母对我的认可吗?考虑到孩子成长过程中有无数个时刻,父母很快就会奖赏不过来!如果我们不给孩子特别的奖励,孩子会认为这是白费力气。一旦在面对"对我有什么好处"这一问题时无法给出解答,孩子就会拒绝合作,父母就会面对严重的问题。除非他认为奖赏是足够的,否则为什么要合作呢?如果他得不到任何特别的回报,他为什么还要费心去做他该做的事呢?就这样,拜金主义滋长起来,变得越来越可怕;

父母再也无法满足一个贪得无厌的孩子。由于孩子认为全世界都欠他的，一个完全错误的价值观就此形成。如果没有自动得到回报，他就会"给他们点颜色看看"。比如在一个十六岁孩子的感受和价值体系中根本就不存在"人必须遵守公路交规以保障自己的人身安全"这一基本认知。他更喜欢不计后果地随意驾驶。他为什么要遵守公路交规呢？遵守了有什么好处呢？他明明会开车呀。随意开车能为他带来多么大的刺激，更不要说做一个随心所欲又不被抓到的聪明人是多么有趣了！再说了，就算被抓到，一点小小的惩罚又有什么关系呢？完全抵不上蔑视权威的快感，反正爸爸会搞定的。

这就是使用奖惩机制来育儿的最终结果。"他们没有奖励我，我就要惩罚他们。如果他们惩罚我，我也惩罚他们，给他们点颜色看看！"

满足感来自贡献感与参与感——在我们用物质奖赏孩子的现行机制中，这种满足感实际上是被剥夺了的。我们错误地试图通过奖赏来赢得合作，实际上却剥夺了孩子生命中最基本的满足感。

第六章
利用自然后果和逻辑后果

既然惩罚和奖励是无效的,那么当孩子出现不良行为时,我们该怎么做呢?想想看,如果妈妈忘了烤箱里的蛋糕会发生什么?根据逻辑,蛋糕会烤煳。这就是她健忘的自然后果。如果我们允许孩子去体验他的行为所产生的后果,我们就为他提供了一个诚恳且真实的学习环境。

十岁的阿尔弗雷德经常忘记带午餐去学校。妈妈一发现午饭落在家里,就把它带去学校,确保送到孩子手里。每每这样,她都会因为他的健忘而对他大吼大叫,并提醒他给他送午餐是多么的让她恼怒。阿尔弗雷德也用愤怒来回应这些训话——并且——一直忘记带午餐。

忘记带午餐的自然后果是什么?当然是挨饿。妈妈可以告诉阿尔弗雷德,她不再为他的午餐负责。然后,每当他忘带午餐时,她可以单纯地无视他的抱怨。毕竟,这不是她的问题。阿尔弗雷德肯定会生气,因为他认为妈妈有责任照顾他吃午饭。但妈妈可以平静地回答:"我很抱歉你忘了带午餐,阿尔弗雷德。"(或许有必要就此争取学校的合作,确保别人不会为阿尔弗雷德提供买午餐的钱。)然而,如果妈妈再加上一句"也许这对你来说是个教训",她就会立即把"后果"变成惩罚。最重要的是,我们要用语言告诉孩子,他有能力解决自己的问题,而不是必须按照我们的要求去做。

让孩子挨饿的想法会让许多父母感到恐惧。确实,挨饿不是一件令人愉快的事情。但偶尔错过一次午餐并不会对身体造成伤害,而且这种不适可能会有效刺激阿尔弗雷德,让他记得每天带午餐。这有助于消除阿尔弗雷德和妈妈之间的摩擦和不和,而这些都比饥饿更具破坏性。我们没有权利为我们的孩子承担责任,也没有权利为他们的行为承担后果。这些责任与后果都属于他们自己。

四岁的爱丽丝体重过轻,容易感冒。爸爸妈妈都相信她的健康状况会随着适当的营养摄入而得到改善。爱丽丝坐在餐桌前,津津有味地吃了几口,接着又喝了一点牛奶。但随着爸爸妈妈开始谈话,她逐渐对食物失去了兴趣。她把胳膊肘靠在桌子上,用手托着头,无精打采地把盘子里的食物推来推去。"吃吧,亲爱的,"爸爸说,"晚餐多好吃啊!"他的声音温柔而亲切。爱丽丝露出一个动人的微笑,咬了一口食物,含在嘴里。爸爸又去和妈妈说话了。爱丽丝的下巴动了一两下。"加油，亲爱的，嚼一嚼。"妈妈停下了和爸爸的谈话，"你想长成一个健康的大女孩，是不是？"爱丽丝卖力地咀嚼起来。"这才是我的乖女儿。"爸爸鼓励道。但是妈妈和爸爸只要一开始讲话，爱丽丝就不再吃饭。整顿饭的时间，爸爸妈妈都在不停地哄爱丽丝吃饭。

爱丽丝表现出胃口不佳，其实是为了让爸爸妈妈都围着她转。当我们观察父母的行为时，很容易发现这一点。

饮食维持着我们的生命，这是一个正常的行为活动。当一个孩子出现不肯吃饭的问题时，背后总会有行为错误的父母。吃饭是孩子的事情。父母应该管好自己，不要去管孩子的事情。

教爱丽丝正确吃饭最简单的方法就是"让她自己吃"。如果她拒绝吃饭，父母应该保持友好的态度，完全避免任何口头上的提醒，并且当每个人都吃完后，就把没吃完的食物从桌子上拿走，让爱丽丝自己去发现不吃饭会发生什么。如果不吃东西，肚子就会饿。到了下一顿饭再提供食物，其间什么都不要给。如果爱丽丝还在磨蹭，什么也不要说，餐桌上大家都要和和气气的。言下之意是，"如果你想吃，食物就在这里。如果你不想吃，那我就当你不饿了"。如果孩子把食物当成玩具，就淡定地拿走食物。不要做出惩罚的威胁，也不要去贿赂或（用甜点）奖励孩子。爱丽丝可能会在一个小时后抱怨肚子饿，乞求牛奶和饼干。妈妈可以回答："我很抱歉你肚子饿了，但我们六点钟才吃晚饭，真抱歉你得等这么久。"不管爱丽丝饿着肚子看起来有多可怜，妈妈必须允许爱丽丝挨饿，因为这就是不吃东西的自然后果。打屁股造成的痛苦是一种惩罚，因为它是由父母造成的。饥饿带来的不适不是父母强加的，而是在该吃饭的时候不吃饭造成的后果。

为什么父母对打屁股给孩子带来的痛苦毫无愧疚，却对孩子自找的饥饿之苦感到恐惧呢？父母似乎对为孩子提供食物有一种很强的责任感，如果看到孩子饿了却什么都不做，就会被指责为不称职的父母。然而，父母对孩子饮食的过度关注，对孩子过瘦、不够健康的深切焦虑，往往只是一个面具。父母可能完全相信自己这样是出于责任感，但事实上只是在为自己真正的统治意图作伪装："我要让我的孩子按照我的方式来吃饭。"许多父母都被这样一种控制欲所支配。爱丽丝所对抗的也正是这种来自权威的控制。当"权威"被移除，爱丽丝不再有任何可以反抗的东西时，不吃饭就没有任何好处了，她可能就会开始好好吃饭。这或许需要一点时间。当然也需要耐心。

如果逻辑后果被用作威胁或以一种愤怒的方式"强加"给孩子，就不再是后果，而是惩罚了。孩子很快就能分辨出其中的区别。面对逻辑后果，孩子会做出自然的反应；面对惩罚，他们会反击。

爱丽丝的父母决定利用逻辑后果。她再一次磨磨蹭蹭不肯吃饭。妈妈很生气，但什么也没说。爸爸和妈妈说话，但心不在焉。他们的麻烦就在眼皮子底下，磨磨蹭蹭，把食物推来推去。爸爸妈妈几乎要吃完午饭了。爸爸满怀爱与耐心转向爱丽丝："爱丽丝,来吧,把午饭吃了。你知道,如果不吃午饭的话,没到晚餐时间你就会饿的,两餐之间你不能吃任何东西。你总不想饿肚子吧?""我不想吃了。"爱丽丝回答。"好吧,那你就饿着吧。记住,晚饭前什么也不能吃。"

这不是逻辑后果,仍然是一种惩罚。爱丽丝被"威胁"会挨饿。爸爸妈妈仍然在关心她的饮食,并隐秘地表现了出来。他们仍然想"让"爱丽丝吃东西。爱丽丝很聪明,她能感觉到如果自己饿肚子的话他们会有多难受。所以她拒绝了自己的午餐,并利用自己的"挨饿"来惩罚她的父母。

爱丽丝的父母想要摆脱困境的唯一方法就是真正地不去关心她的饮食。吃饭是她的问题,必须由她自己来解决。她可以选择吃或者不吃,也可以选择饿肚子或者不饿肚子——这都是她自己的选择,让她自己去承担后果吧。

当我们使用"逻辑后果"这个词时,父母们常常误解为这是把他们的要求强加给孩子的一种新方式。孩子们一眼就能看出那其实是变相的惩罚。利用"逻辑后果"来育儿的秘诀在于应用的方式。它要求父母从批判孩子行为的立场上撤出,让孩子行为的逻辑后果自然发生。自然后果往往是双向的。不吃饭的自然后果是饥饿带来的不适。吃东西的自然结果是饱足带来的舒适。

  对卡罗尔的妈妈来说,每天的午休时间都是一场煎熬,她很难让六岁的卡罗尔准时去幼儿园。有一天她听说了利用逻辑后果的育儿体系。妈妈承认,让卡罗尔准时去幼儿园对她来说涉及尊严问题，任由卡罗尔迟到让她觉得很丢脸。一天中午，她指给女儿看，时钟的指针走到某个位置时，就到该去幼儿园的时间了，然后坐下来和她一起吃午饭。卡罗尔依然拖拖拉拉。于是，妈妈吃完饭后就离开了餐桌，拿着一本书坐到了另一个房间里。（尽管书中的文字一行也没看进去，但她看起来好像全神贯注地在做自己的事情！）卡罗尔终于去幼儿园了，迟到了半小时。当她回来时，妈妈发现，迟到似乎没有产生任何后果。第二天，妈妈又做了同样的事情。第三天，妈妈给老师写了一张纸条，请老师配合自己。那天卡罗尔迟到了五分钟。她回家时哭了，因为迟到而受了罚。"亲爱的，我很遗憾你迟到了。也许明天你能把时间掌握得更好一些。"从那天起，卡罗尔就像只老鹰一样盯着时钟，妈妈再也不用担心她上学迟到的问题了。

同样的方法也适用于孩子们早上起床去学校的问题。妈妈给了孩子们一个闹钟，并解释说，她不再负责催他们起床上学了。（妈妈又不用上学！）她不再跟在他们屁股后面念念叨叨，随便孩子们去磨磨蹭蹭，去忘带书本和家庭作业。孩子们坐校车上学，如果没赶上的话就自己走去学校——即使要走很长的路。反正他们有的是力气。

很多时候，我们只需稍微思考一下，就能想到一个行为的逻辑后果。我们只需要问自己："如果我不干涉的话会发生什么？"

作业没做完，老师会生气；玩具被破坏了就没了，不会再有新的；衣服没放进洗衣篮里，就不会被洗干净；等等。在其他时候，或许有必要巧妙地安排一些后果。

> 三岁的凯西在院子里玩的时候不肯远离街道。妈妈不得不时刻看着凯西，她一走到街上就把她带回院子里。责骂和打屁股都没什么作用。

在这种情况下，逻辑后果是什么呢？当然，我们不可能对孩子不管不顾，直到她哪天被车撞了——这就是在街上玩耍的自然后果。因此我们必须调整策略，人为安排一个后果。第一次，凯西走到街上，妈妈问她是否想留在院子里玩。如果她直接走开，妈妈就二话不说把她抱起来，坚定地把她抱进屋里。"既然你不想在院子里玩了，就不需要出去了。我们可以等你准备好了再试一次。"如果凯西在屋里有一个明确的玩耍区域就最好了。在把凯西从她的户外游戏中带走时，妈妈不能流露出任何愤恨的迹象。当妈妈说"既然你不想在院子里玩了……"时，她暗示着凯西对自己的感觉是有掌控权的。妈妈无法让凯西想待在院子里，但她可以设定限制和后果。只要凯西表示愿意再试一次，她就又可以出去了。如果她又跑到街上，就会被带回家待上一整天。为了防止演变成一场权力竞赛，在连续三次之后，妈妈可以让凯西在屋里待几天。最重要的是不断地给孩子们再试一次的机会。这会让他们觉得自己还有机会，也表明了妈妈对孩子的信任和对他们的学习能力的认可。凯西可能会做出抗议的行为，不愿被抱回屋内，表达她对自己不能随心所欲的不满。这时候，妈妈必须保持冷静。面对这种抗议最好什么也不要做，因为我们一次只能处理一个问题。

  三岁的贝蒂总是忘记刷牙。为了让她刷牙，妈妈每次都得陪着她，甚至强迫她。这场争执让妈妈和贝蒂都很不高兴。这时妈妈想到了一个"逻辑后果"。她告诉贝蒂，如果她不想刷牙的话就不用刷牙了。但由于糖果和甜食会破坏不刷干净的牙齿，因此贝蒂也没有糖果吃了。从那以后，妈妈再也不提刷牙的事了。整整一个星期，贝蒂既没有刷牙，也没有吃任何糖果。其他孩子都在吃糖果和冰激凌。一天下午，贝蒂宣布她想要刷牙和吃一些糖果。"现在可不行，贝蒂，早晨才是刷牙的时间。"女孩毫无怨言地接受了这一点。第二天早晨，她主动刷了牙。

孩子们做出许多让我们烦恼的事情正是出于这个目的——让我们围着他们转。利用逻辑后果在这种情况下是非常有效的。

  盖伊四岁了，他总是把鞋穿错脚。这使妈妈大为恼火："看在上帝的分上，盖伊，你到底什么时候才能学会把鞋穿对啊！快过来。"妈妈让他坐下，给他换了鞋子。

盖伊知道自己把鞋穿错了。如果妈妈思考一下自己对儿子行为的反应时，就可以非常明确儿子那样做的目的了。他其实是在向妈妈表达，自己会利用穿错的鞋子来让她为自己服务。当妈妈说"你到底什么时候才能学会……"时，她其实是在暗示盖伊很笨。这与事实相去甚远。如果这两个人中有一个是傻瓜的话，绝对不是这个孩子。妈妈可以通过不再关心盖伊如何穿鞋来让自己和盖伊摆脱冲突的局面。那是他的脚，不是她的。如果她不去干涉，盖伊就会不可避免地感到不舒服，因为鞋子穿错了。妈妈第一次发现鞋子穿对了的时候，可以小小地表达喜悦，因为他知道该怎么做了。这就足够了。这是对盖伊成就的认可，也是对他继续努力的鼓励。

十岁的艾伦把他的棒球手套忘在操场上了。当他回去拿的时候，手套已经不见了。他撕心裂肺地大哭起来。爸爸责备道："这是你今年夏天丢的第三副手套了。你以为钱是从树上长出来的吗？"他对艾伦进行了一番长时间的说教，告诉他要保管好自己的物品，并要求艾伦向自己保证，一定会保管好下一副手套。"好吧，我明天再给你买一副。但你记住，这是今年夏天的最后一次了！"（这些话爸爸在艾伦丢掉第二副手套后就已经说过了，包括最后一句。但他就是不忍心看到艾伦伤心欲绝！）

其实，很多时候父母会遇到一些绝佳的机会，让孩子感受自己不当行为产生的自然后果。但由于心中怜悯或"保护"孩子的愿望，导致他们不让孩子承担这些后果，并以自己的方式去惩罚、责骂，或说教。

爸爸可以说："我很遗憾你把手套弄丢了，艾伦。""但我坚决不能没有手套。"艾伦大发脾气。"你有钱买新的吗？""没有，不过你可以给我钱啊。""你会在规定的时间得到规定的零花钱的。""但这根本不够啊！""很抱歉，我也没办法。"爸爸必须保持坚定，但态度要友好。

逻辑后果的使用意味着我们思考方向的转变。我们必须认识到，我们不再生活在一个可以"控制"孩子的专制社会，而是生活在一个需要"引导"孩子的民主社会。我们不能再把自己的意志强加给孩子。现在我们必须去"刺激"适当的行为，而非强制孩子去做。在通过长时间使用这些新技术，使它们成为条件反射之前，我们会发现思考方向转变的过程是相当困难的。这需要大量的思考和频繁地发挥我们的想象力。有时候，有可能让事情在完全不受成年人干扰的情况下自然发展。这就是所谓的"自然后果"。例如，如果孩子早上睡过头，就自然会迟到，不得不面对老师的愤怒。在其他时候，我们有可能需要构建出一些符合错误行为逻辑的后续事件。（这些都是"逻辑后果"。）自然后果代表了来自现实的压力，不包含父母的任何具体干预，通常是有效的。与之相反，逻辑后果不能被用于权力斗争，除非极其谨慎，因为它们通常会被恶化为惩罚性的报复行为。出于这个原因，利用自然后果总是有益的，但利用逻辑后果有可能适得其反。

比如妈妈因为博比没有倒垃圾而看他自己最喜欢的电视节目，这两者之间就没有逻辑联系。不管妈妈怎么说，博比都会只听到："你没有倒垃圾，所以我要惩罚你，不让你看电视。"这种情况的逻辑后果可能是，妈妈无法在一个堆满垃圾的厨房里做饭，于是一家人就没有饭吃。或者，如果博比没有在球队集合之前完成星期六的家务，那么在他完成家务之前无法参加比赛就是十分合乎逻辑的。

准确而持续地利用逻辑后果育儿往往非常有效，且可能在减少摩擦、增进家庭和睦上产生惊人的效果。孩子们很快就能看出逻辑后果的正义性。他们通常会欣然接受，不带任何怨恨。父母越少谈论"后果"，这种"后果"就越不可能变为惩罚。当然，有时候我们看不到这种后果，就必须等待下一个机会。有时候，这个问题甚至可以通过和孩子讨论来解决，看看他们能提供些什么有用的线索。

然而，父母一旦与孩子卷入了权力斗争，就会倾向利用逻辑后果作为惩罚，从而丧失了这种方法的有效性。最重要的是，我们要时刻保持警惕，不要落入这个陷阱。我们必须反复提醒自己没有权利惩罚一个与自己地位平等的人，但有义务引导和指教自己的孩子。不把自己的意志强加于孩子，但也不屈服于他的过分要求。

第七章
坚定而不专横

我们有时很难理解坚定和专横之间的区别。孩子需要的是坚定。坚定为孩子提供一些限制,如果没有这些限制,他们会感到不舒服。如果没有限制,孩子就会不断尝试,去触碰边界。通常的结果是,他的行为达到令人发火的程度,然后大斧就落下来了。不愉快的场景随之而来,亲子和谐就此被打破。

妈妈开车的时候,五岁的双胞胎朱迪和杰瑞在旅行车的后座上欢快地嬉闹。渐渐地,他们的嬉闹声越来越大。心烦意乱的妈妈几次要求他们安静下来。他们会停下来一分钟,然后继续打闹,甚至闹得越来越疯。突然,杰瑞推了朱迪一把,朱迪撞到了妈妈的肩头。"够了!"妈妈尖叫着把车停在路边。两个孩子都显得惊慌失措。妈妈把两个孩子都狠狠地打了一顿。双胞胎完全惊呆了,因为妈妈很少使用暴力。

平时妈妈对这对活泼的双胞胎很宽容，让他们觉得"做什么都行"。如果我们有时纵容违反秩序的行为，有时又大发脾气，那就是在教导孩子，只有当我们发火时才需要听话。

任何时候都不可以在汽车内疯玩。妈妈不需要诉诸武力来建立车内秩序。她可以很坚定，但不专横。如何做到这一点呢？秘诀在于懂得如何坚定。专横意味着试图把自己的意志强加给孩子。我们明确告诉孩子该怎么做。如果妈妈想把她的意志强加给双胞胎，就只会激起他们的反抗。而坚定则表现在我们的行动上。妈妈总是能决定自己要做什么并付诸实施。在孩子们不守规矩时，她可以干脆不开车。孩子一闹，她就停车。她可以说："只要你们不守规矩，我就不开车。"然后她就静静地坐着，直到他们守规矩，不需要其他解释。妈妈已经表明了自己的立场，并坚定地付诸行动。[1]

要做到坚定而不专横，我们需要练习相互尊重。我们必须尊重孩子决定自己要做什么的权利，也必须拒绝被任性的孩子摆布，从而赢得对我们自己的尊重。

> 七岁的埃里克排行老二，他吃东西非常挑剔。一天爸爸端上了丰盛的炖牛肉——全家的最爱——埃里克瘫倒

---

[1] 一位使用了这个方法的妈妈带着她的两个孩子（一个十岁，一个七岁）轻松愉快地驾车，完成了一趟三千二百千米的旅程。整个旅途中，车内没有出现任何摩擦或混乱。

在椅子上，任性地说："那种东西我一点也不喜欢。""埃里克，尝一尝吧。"妈妈恳求道。"你知道我不喜欢把吃的混在一起，"埃里克抱怨道，"我才不吃呢。""唉，好吧。我给你做个汉堡。"妈妈准备食物时，埃里克拿着刀叉在那儿磨蹭。爸爸和其他孩子都吃完饭离开了餐桌。妈妈和埃里克一边吃饭，一边谈论着他在学校的一天。

埃里克操纵了整个局面。他不仅让妈妈为他提供了特别的食物，还给了他全部的关注。妈妈完全听命于他。

埃里克有权拒绝吃炖牛肉，妈妈必须尊重他的权利。但由于渴望成为一个"好"母亲，她也把自己当成了孩子的奴隶。爸爸妈妈可以坚定地表达自己的决定，让埃里克自己看着办。让我们来看看如果父母态度坚定的话会发生什么。

埃里克宣布他不想吃炖牛肉。"好吧，儿子，你可以不吃。"爸爸回答。他继续为大家盛肉，但没有给埃里克盛。"那个，你不给我弄点什么吃的吗？"男孩问道。"我们今晚吃炖牛肉，"妈妈回答，"如果你不想吃的话，可以去玩了。""但我不喜欢炖牛肉。"埃里克喊道。"那我也没办法。"这是妈妈唯一的回答。就这样，妈妈和爸爸都坚决避免任何口头上的争执。他们忽略了埃里克对食物不合胃口、饿肚子等的各种抱怨，继续吃他们的晚餐。埃里克怒气冲冲地离开了餐桌。后来，埃里克来到厨房要牛奶和饼干。"对不起,埃里克。这里不是餐厅。我们只在吃饭的时候上菜。"到下一顿饭之前,埃里克没有得到任何食物,尽管他一再抗议,妈妈也没有再回应。爸爸妈妈这样立场坚定地执行了好几次,埃里克很快就和家人一起正常吃饭了。

尊重孩子的需求和愿望是至关重要的。我们需要培养敏锐的判断力,以辨别孩子是真正需要还是一时兴起。可以把总体形势的需要作为我们的指南。

三岁半的凯西病了几天,晚上需要人照顾。病好后,她还是继续要求夜间服务。过了几个晚上,妈妈决定叫停。她和爸爸制订了一个行动方案。当晚妈妈亲了亲凯西,和她道晚安,并说道:"爸爸和我今晚要睡觉了,如果你叫我们,我们是不会回应的。"当晚凯西醒来叫爸爸妈妈时,没有人回应她。从这以后,凯西每晚都能自己睡整夜。

妈妈明确表达了自己的决定,也让凯西自己做决定。当凯西试探她时,妈妈保持了坚定。

妈妈和莎伦从游乐场回家,莎伦想去姨妈家玩一会儿。妈妈说不,她们现在得回家了。莎伦哭哭啼啼地恳求妈妈，但妈妈只是继续往前走。莎伦尖叫着扑倒在人行道上。妈妈头也不回，平静地往前走。突然，莎伦跳起来跑向妈妈，开心地蹦蹦跳跳。她们一起愉快地回到了家。

妈妈的行动表明她决定要回家。她既没有用争辩或解释的方式强迫莎伦，也没有屈服于莎伦的要求。当孩子看到妈妈真的决定回家时，她尊重了妈妈的决定，和妈妈走在了一起。

表达坚定就是在拒绝向孩子的过分要求让步，不纵容他们的每一次心血来潮。一旦我们做出了符合秩序的决定，我们就必须坚持下去，孩子很快就会追随我们的脚步。

维持秩序需要一定程度的坚定，甚至需要悄悄地施加压力，尤其是对年幼的孩子来说。当妈妈说"不"时，她必须确保规则得以落实。责骂、威胁，或打屁股都不会成功，因为这些敌对的举动虽然可能暂时阻止一些不当行为，但通常会将冲突转移到另一个领域，导致更多的不当行为。只有坚定地坚持才能让孩子明白边界在哪里。如果孩子不愿意穿得体的衣服去上学，妈妈可以让他不去上学。如果他吵闹个不停，妈妈可以要求他离开房间。然而，这种施加压力的行为必须永远伴随着给孩子选择的机会。"如果你能安静下来，就可以留在这儿。"如果他还是无法安静下来，妈妈可以让他选择是自己出去还是被带出去。直接要求他离开可能会显得专横。当然，只要给孩子一个选择，只要要求是合理的，孩子就不会发现父母在给自己施加压力。如果父母和孩子之间的关系是友好的，孩子很可能会做出预期的反应，只要父母不把这件事闹得太大，比如滔滔不绝地解释、道歉，或说教。安静的坚持对年幼的孩子来说特别有效且必要。有时父母只需要给出一个坚定的眼神即可。孩子们能感觉到父母是认真的。正如讨论小组中的一位妈妈所说："每当我自己也不确定自己是不是认真的时候，芭芭拉总能得偿所愿。但当我明确知道自己是认真的时候，她甚至没有一丝犹豫，直接就不闹了。"

第八章
尊重孩子

民主生活基于相互尊重。如果一段关系中只有一个人得到尊重，那就没有平等可言。我们必须十分确定自己对孩子和他的权利表示尊重。这需要我们灵敏地调节对孩子的期望值，在期望过低和期望过高之间达到平衡。

> 爸爸妈妈为两个月大的格雷戈里感到非常骄傲，这是他们的第一个孩子。只要有机会，他们就叫醒格雷戈里，把他展示给仰慕他的朋友们。

格雷戈里有睡觉的权利。父母无视他的权利是对他的不尊重。

格雷戈里经常哭，睡眠也不好。他一哭父母就喂他吃东西，即使他一小时前才吃过。

格雷戈里的身体健康和成长依赖于规律的休息和饮食。在正常的生活中，胃会适应一种先消化后休息的模式，这会促进食物的充分利用，并建立一套持续一生的基本秩序。起初，婴儿似乎除了吃之外什么也不干。他接触到的第一个规范系统就是喂食计划。婴儿和他的胃都拥有获得规律和秩序的权利。婴儿甚至可以参与喂食时间的调节。

儿科医生对喂食计划的建议各不相同。遵循"按需喂养"计划的妈妈会发现，如果她对自己的行为感到放松和自信，她的孩子就会在每次喂食之间形成一个有规律的时间间隔。但如果她充满了焦虑，孩子一动就喂他吃，她就不能帮助孩子制订规律的喂食计划，反而会刺激他提出不当要求。不规律的喂食计划是对婴儿和秩序的不尊重。

九岁的彼得是独生子，他十分渴望让父母满意。父母在行为和学习方面为他设置了极高的标准。他们为他安排了各种各样的校内活动，希望他在各个领域都有出色的表现。任何一项低于A的成绩都是一场灾难。他必须是童子军的领队，在各项体育项目中都出类拔萃，钢琴要练到完美，收藏的每一块岩石都能说出正确的名称，模型飞机要做得毫无瑕疵，能够准确无误地背诵《圣经》段落。他必须始终表现出无可挑剔的举止和整洁的仪容。认识彼得的人都认为他是一个聪明非凡的孩子。但他有一个缺点，连他的父母也一直无法纠正：他会把自己的指甲咬到肉，还会做噩梦，一紧张就会不由自主地抖肩膀。

爸爸妈妈自己也不知道，他们对彼得的"伟大期望"其实很残忍。由于彼得被取悦父母的欲望所驱使，他很容易被引导去做出任何努力。由于他的智力高于平均水平，并且非常努力，他设法达到了这些期望。但他的内心还是表现出了叛逆和忧虑。他觉得，只有让父母高兴，只有永远是第一名，自己才有存在的意义。他不敢公开反对他们的要求，怕因此失去自己的位置。于是他只能在睡梦中抗议。彼得正在走向灾难。爸爸妈妈对彼得作为一个人的身份表现出极其不尊重。他们只是在利用彼得来提高自己的声望。如果彼得终其一生只不过是为了实现父母对自己的"伟大期望"，那么他是无法尊重自己的。

只有当我们对孩子本人以及他的能力有信心时，我们才能对他表现出尊重。但这并不意味着我们可以借此来满足自己的野心。

> 十八个月大的帕姆试图爬到客厅的椅子上。她滑了一跤，撞到了下巴，牙齿磕破了嘴唇。妈妈看到孩子的嘴唇流血了，但她保持了镇静，愉快地说："再试一次吧，帕姆。你能做到的。"帕姆舔了舔流血的嘴唇，继续她的探索。

这残忍吗？一点也不。如果妈妈对受伤的事喋喋不休，帕姆就会失去勇气。既然妈妈看到流血也没什么反应，帕姆自然也可以泰然处之——这是极有价值的一课！

九岁的杰夫用他收藏的岩石中一个昂贵的晶洞换了一个价值低得多但对他来说更加有趣的化石。爸爸发现这笔交易时，简直气坏了——首先是因为另一个男孩已经十四岁了，对岩石的相对价值了解得比杰夫更多；其次是因为杰夫没有征求他的意见。爸爸把这件事跟杰夫"说清楚"了，导致两个男孩之间的友谊破裂，还让杰夫感到自己很没用、很愚蠢。

交换岩石的决定是杰夫自己做出的。这一决定本应得到尊重。这个决定如果得到爸爸更加妥善的处理的话，既可以表现出对杰夫的尊重，也可以让他保持自尊。当杰夫把化石拿给爸爸看时，爸爸可以像往常一样表现出同样的兴趣，然后暂时放下这件事。几天后，爸爸可以帮助杰夫发现他的藏品的相对价值，但闭口不提那场交易。杰夫可以自己发现被"占便宜"的事实，而不受到任何羞辱。但爸爸一开始就跟孩子"说清楚"这件事，就是暗示着杰夫本该懂得更多，指责他犯了很大的错误。然而，杰夫从未有过类似的经历，他怎么会知道自己被占便宜了呢？爸爸对杰夫的期望太高了。另外，还必须让孩子知道，他既然做出了决定，就必须信守承诺，这事关信誉。通过这种方式，冲突场景变成了教学场景，父子之间的友好氛围也得以保存。

一家人去游乐园游玩，十一岁的罗伯特缠着妈妈要再坐一次碰碰车。九岁的露丝和七岁半的贝蒂想去玩

"佩妮通道"。一行人往"佩妮通道"走去,但罗伯特依然在恳求妈妈。妈妈生气地拒绝了。每当罗伯特兴奋或紧张时,就会出现语言障碍,听起来就像一个咿呀学语的婴儿。他越是恳求,语言障碍就越明显。最后,妈妈忍不住对他大发雷霆,还模仿他说话取笑他。露丝和贝蒂大笑起来。罗伯特抿紧嘴唇,强忍住泪水,趿拉着鞋子走在后面。

无论出于什么原因,羞辱一个孩子都显示出极度的缺乏尊重,这当然不是一种训练手段。罗伯特在压力之下出现语言障碍的事实表明他已经陷入了困境。家人的嘲笑进一步强化了他错误的自我认知,让他感到自己在困境面前是完全无助的,一点希望也没有。如果妈妈拒绝接受罗伯特对自己的错误评价,就应表现出对他的尊重。一句平静的"孩子,我们现在决定去佩妮通道"就能解决罗伯特不断恳求的问题。

在游乐园里,家庭纷争是十分常见的景象。这个问题很容易解决。在全家人出门之前,应该就每人可以花多少钱达成一个明确的共识。每个孩子都必须明白,他只有这么多钱可以花,没有更多了。出于安全考虑,在出门之前也要明确游乐项目的限制。如果父母能确立一种坚定的态度,那么游乐园之行就可以十分愉悦。孩子们可以自由决定去玩哪些项目,以及如何最快地从一个项目转移到另一个项目。通过这种方式,他们会很快学会如何规划自己的资金和时间,从而使快乐尽可能地延长。反过来,父母如果一直不停地提醒和告诫孩子，就会使整个局面充满冲突、争吵与失望。

　　对孩子的尊重意味着我们把他当作一个人来看，和我们一样有做决定的权利。但拥有相似的"权利"并不意味着孩子可以做一切成年人做的事情。家庭中的每个人都扮演着不同的角色，每个人都有权在这个角色中得到尊重。

第九章
引导孩子尊重秩序

作为父母,一旦我们能够尊重自己的坚定原则,并表现出对孩子的尊重,就更容易引导孩子进一步去学习尊重秩序。

一个孩子如果被保护得太好,感受不到无序的后果,就不会尊重秩序。他能学会尊重一把会把自己割伤的利刃,尊重处理不当就会熊熊燃烧的火,尊重不保持平衡就会倾倒的自行车,尊重不及时躲避就会打到自己的棒球。这一切都代表着不容辩驳的秩序,是他无论如何都无法逃脱的。当自行车即将倾斜时,他会把脚伸出来保持平衡,表现出他对重力的服从。当他准备击球时,他会避开一个冲自己脑门飞来的球,表现出他对飞行的棒球力量的尊重。他学着在物理世界的限制下生活,并运用物理法则来行事。再多的说教也教不了孩子如何在自行车上保持平衡,他只能从经验中学习。我们能做的只有帮他装上辅助轮,但学会保持平衡骑车靠的还是他自己。因此,在每一个需要尊重秩序的领域,孩子都必须通过经验来学习——在做中学,而不是在说中学。我们有义务帮他安装辅助轮,并随着他能力的提升逐渐移除辅助轮。

我们必须好好利用那些能够为孩子提供训练经验的机会。

　　九岁的格蕾丝坐在客厅的书桌前写字。七岁的威尔玛在地板上剪纸娃娃，纸片到处都是。"孩子们，你们做完后必须打扫干净。"妈妈走过客厅时这样说。"知道了。"威尔玛极其厌恶地回答。她脸上的表情仿佛在说："又来了！"妈妈第二次经过客厅时，两个女孩在看电视。桌子上堆满了纸张，碎纸屑和纸娃娃被扔在地板上，无人理睬。"姑娘们，一定要打扫干净。"妈妈再次警告。"好的，妈妈。"女孩们齐声说，声音中依然充满了厌恶。过了一会儿，妈妈发现女孩们吃了点心，把杯子放在电视机顶上，饼干屑掉得满地都是。"看在上帝的分上，你们能不能自己捡起来？看看你们干的好事！""好吧，妈妈，"格蕾丝恼怒地说，"我们会打扫的。"

　　不久之后，妈妈发现格蕾丝躺在床上看书，威尔玛在外面玩，客厅里一片狼藉。她把威尔玛叫进来，生气地喊道："快去打扫卫生。我们有客人来吃晚饭，我想让这个家看起来体面些。今天早上你们才帮我打扫干净的，现在又弄脏了，你们不知道要自己弄干净吗？现在什么也别干了，先把你们丢的乱七八糟的东西收拾好。"妈妈气坏了，不停地念叨着。格蕾丝和威尔玛闷闷不乐地把东西捡起来放好，妈妈怒气冲冲地在旁边走来走去。

格蕾丝和威尔玛当然知道她们应该收拾好自己的东西，但她们不尊重妈妈的话，也不尊重形势的需要。她们都这个年纪了，妈妈还在整天提醒她们收拾东西，这就表明多年的说教没有起到任何作用。这两个女孩一个七岁，一个九岁，但仍然不遵守秩序。妈妈一开口，她们就随口承诺搪塞妈妈，压根儿就没想过要遵守承诺，对妈妈的提醒赤裸裸地表示厌烦。

孩子不尊重秩序是当今父母最常见的抱怨之一。似乎孩子们通常都会以这种方式来反抗成年人。把东西收起来是所有父母的要求，但大多数孩子十分讨厌这么做。妈妈越关心整洁，她就越容易被孩子们的有效抵抗所伤害。

孩子们需要体验秩序，这是自由的一部分。哪里有混乱，哪里就会出现自由的缺失。这构成了一个相互尊重的问题。对女孩们的尊重意味着妈妈不能将自己的秩序观念"强加"给她们。妈妈对自己的尊重意味着她不能跟在她们屁股后面收拾东西，任由她们把自己当用人，帮她们做一切本该她们自己做的事情。相反地，她可以引导女孩们尊重秩序。要如何做到这一点呢？她可以下定决心只做自己该做的事情。

如果她发现女孩们的东西放错了地方，可以把它们捡起来放好——不是为了女孩，而是为了她自己，因为它们挡了她的路。然而，只有她知道那些东西在哪里，因为它们是她捡起来的。女孩们既然没有把东西放好，怎么会知道它们在哪里呢？妈妈要保持坚定，但态度应是友好的。这不是一个惩罚。不把东西收起来的逻辑后果就是，你不知道它在哪儿。纸娃娃消失了，笔和纸也消失了。由于零食碟和杯子没有放回原处，所以客厅里不再有零食。妈妈做这一切时都是愉快的，没有怨恨，没有往常的喋喋不休，绝不能表现出一点惩罚或报复的意思。女孩们在自己的房间里可以随心所欲地乱扔东西。妈妈不必在意她们在自己的房间里制造的混乱，但她可以让她们体验到这样做的后果。她不会因为自己无法"强迫"女孩们保持整洁而感到挫败，相反地，只要房间乱糟糟的，她就可以拒绝合作，比如不为她们换床单或打扫卫生。女孩们可能很快就会受不了，尤其是在袜子不见了或找不到衬衫的时候。为了避免这种混乱给孩子带来过度的打击，妈妈可以提出每周帮她们打扫一次房间，如果她们需要帮助的话。当她和女孩们一起打扫时，她必须避免任何关于房间乱的评论——任何"看这有多糟糕——你怎么受得了"之类的话。所有的谈话都应该是愉快的，不应该涉及房间乱的问题。渐渐地，当发现自己的混乱并没有让妈妈心烦意乱，而且妈妈拒绝玩一个有趣的"看谁赢"的游戏时，女孩们可能就会觉得遵守秩序是更舒服的选择了。如果在家里其他地方乱丢东西不收拾导致属于她们的东西不见了，她们可能会更用心地把它们收拾好。

三岁的珍把她的三轮车落在了车道上，妈妈叫她把三轮车放到后院去。珍不理睬妈妈，继续在沙坑里玩耍。妈妈生气地把孩子一把拽起来，打了她的屁股，然后随她一起走到三轮车跟前："我告诉过你，骑完三轮车就要把它收起来，我没跟你开玩笑。"然后妈妈一手拉着三轮车,一手拉着哭泣的女儿进屋了。

妈妈使用武力并没有教会珍秩序的必要性,反而制造出了敌意和反叛。事实证明,安静的坚持会更有效。妈妈可以把三轮车搬进来,放在一个三岁的孩子在没有大人的帮助下很难拿到的地方。当孩子又想要骑三轮车的时候,妈妈可以说:"很抱歉,珍。既然你上次骑三轮车的时候不想把它收起来,这次可能就骑不了啦。你可以今天下午再试一次。"最后这句话给了珍一些鼓励,让她下次骑完三轮车之后自己就想把它收起来。或者妈妈也可以安静地牵着孩子的手,母女俩一起把三轮车放好。

十一岁的克莱经常在晚餐时迟到。他如此沉迷于那些健康男孩的活动,而且妈妈每次都会原谅他。当他回来的时候,妈妈总会为他把晚餐热好,等到他吃完之后才去打扫厨房。

克莱把妈妈变成了自己忠实的仆人,她兴高采烈地为他服务。他觉得这项额外的服务就是自己应得的。但他不尊重秩序,因为没有人要求他尊重秩序。他发现自己和伙伴们保持良好的友谊以及强身健体的健康活动是妈妈非常看重的。那么他为什么要尊重晚餐时间呢?反正他什么时候想吃就能吃到。

克莱健康的身体和他与朋友的关系很重要,但这与他学会尊重秩序并不矛盾。妈妈可以告诉克莱,晚餐时间定在六点,迟到了就没得吃了。他可以选择自己是否按时回家吃饭——这对他来说可能变得十分重要，只要妈妈不再担心他饿肚子即可。

妈妈很难让四岁的多丽丝明白，她必须把自己的东西收拾好。这一家人包括十四个月大的凯文在内，全都挤在一个小公寓里。一天，妈妈去了一个儿童指导中心。那天晚上，她和爸爸讨论了她在那儿学到的一个方法。他同意坚持到底。第二天早上，多丽丝把睡衣扔在地板上，像往常一样把玩具扔得到处都是。快到中午的时候，妈妈问："你想把东西收起来吗？""不。""那么，你想不想一整天都不用收拾东西呀？""那太好了！"多丽丝喊道。"好嘞。不过，我也可以和你一样一整天都不用收拾东西吗？""当然啦。"多丽丝耸耸肩回答。于是，那天妈妈把用过的每一样东西都丢得到处都是。除此之外，她像往常一样和女儿聊天、玩耍。她向多丽丝提议，检查一下她所有的衣服，看看哪些地方需要缝补。多丽丝同意了，她们一起干活。然后，妈妈把所有的衣服都摊在了多丽丝的床上。凯文的衣服、玩具和奶瓶也都到处乱放。爸爸回家时，公寓里一片狼藉。他把外套搭在娃娃马车上，把领带挂在台灯上，把鞋子踢到了地板中央，然后像往常一样坐下来和孩子们玩耍。他表现得好像没有发生任何不寻常的事情。晚饭在厨房里煮着，妈妈喂凯文喝奶。桌子上到处都是多丽丝的纸、蜡笔和颜料，所以没有地方摆晚餐。妈妈走进了客厅，开始看杂志。"晚餐怎么样了，妈妈？"过了一会儿，爸爸问。"已经煮好了。"妈妈回答。"唔，那么，我们能吃饭了吗？""吃不了。"妈妈的声音从杂志后面传来。"为什么吃不了呢？""没有地方放盘子。"爸爸于是也拿起报纸坐了下来。"妈妈，我饿了。"多丽丝说。"我也是。"妈妈回答。多丽丝默默地研究了一下整个形势，走进厨房，看了看桌子，又回到客厅。她花了几分钟时间用脚把积木推到一边，然后回到厨房。妈妈和爸爸继续看书，他们很清楚多丽丝正在收拾桌子。不一会儿，她回来了，小声说："妈妈，我们现在有地方吃饭了。"妈妈于是迅速准备好晚饭，一家人愉快地交谈。

当多丽丝准备睡觉时，她发现睡衣不见了。"亲爱的，我很遗憾你找不到你的睡衣。""还有，床上这么多东西，我怎么睡觉呀？"孩子问。"那确实很尴尬，不是吗？""妈妈，我不喜欢这样！"多丽丝哭了起来。"那我们该怎么办呢？"妈妈问。"我想我们最好把东西都收起来吧。"女儿回答道。

这次实验的成功有三个原因。第一，妈妈保持了友好的态度，整个家庭的气氛是愉快的。第二，妈妈没有进行任何说教。她谈论其他一切，但极少谈论收拾东西这件事，几乎只是一带而过。第三，也是最重要的——妈妈体会到了这次教学经历的精神。她打心里没有想要强迫多丽丝收拾东西，也没有任何报复的意思。

这种精心设计的实验的价值在于整个家庭共同经历的混乱所产生的巨大影响，绝不能多用。如果没过多久再次重复类似的教学场景，这种影响就会消失。

另一种处理孩子乱丢东西问题的方法是准备一个大纸板箱，把所有东西都装进去。妈妈捡起所有挡道的东西——而不是孩子们丢在自己房间里的东西。从橡皮到玩具，统统丢进大箱子里——从里面捞东西会变得相当令人恼火。

如果孩子们的房间太糟糕，妈妈可以干脆不要进去。当洗干净的衣服需要收纳时，她就把它们放在别的地方，因为她不想进入乱糟糟的房间。再说，她怎么知道该把干净的衣服放在哪里呢？

想象力将协助我们找到一些友好的方法，既能避免强迫孩子服从秩序，又能让孩子切身感受混乱无序的后果，这或许能促使他们产生服从形势的需求。

在大多数孩子极其不尊重秩序的案例中，父母和孩子之间的关系都存在巨大的障碍。这是无法用任何一种单一的方法来纠正的，例如逻辑后果法。父母需要制订计划来修正错误的亲子关系。

第十章
引导孩子尊重他人权利

六岁的加里似乎对音乐感觉敏锐，热衷于用自己的音乐播放器放自己的唱片听。一天，妈妈发现儿子竟然在客厅里用高保真唱机放她的唱片，她感到一阵惊慌。由于操作不当，他弄坏了几张好唱片。妈妈于是向儿子解释了这些唱片的价值，必须如何保管它们，以及它们对她来说有多重要。男孩不安地扭动着身体。最终，妈妈从他口中得到了一个承诺，再也不擅自碰她的唱片了，一定会等妈妈来放，母子俩一起听。然而就在第二天，加里就违背了他的诺言，再次擅自用高保真唱机播放妈妈的唱片。

加里无权播放妈妈的唱片，妈妈对此事的态度必须保持坚定。一切的解释不仅是徒劳的——就像从孩子嘴里获得承诺一样——也没有抓住重点。妈妈应该说："加里，这些是我的唱片，只有我可以使用它们。"每次加里试图使用高保真唱机时，妈妈都可能会问他是选择自己离开房间还是被带出去。这种方法显示了妈妈尊重孩子做决定的权利。妈妈需要坚决地要求加里离开房间，但把离开的方式交由孩子自己决定。这表明了专横和强调自身权利之间的微妙界限。区别就在于意图。妈妈没有要求加里去播放他自己的唱片。她向孩子表明了她要求孩子尊重自己权利的意图。

> 四岁的艾伦一旦对妈妈的任何行为感到不满，就会对妈妈拳打脚踢，甚至咬妈妈。妈妈不赞成打孩子，但对女儿的行为感到十分沮丧。她试图表现得非常受伤，希望能以此让艾伦感到难过并停止伤害自己，但孩子不为所动。

可怜的妈妈！她认为孩子拥有为所欲为的权利！在人人平等的情况下，每个人都享有同样的权利。如果艾伦有权打、踢、咬，那么妈妈也有同样的权利。妈妈有义务向艾伦证明这一点。成功的秘诀就在于证明的方式。当艾伦打妈妈的脸时，妈妈可以愉快地说："我知道你想玩打脸游戏。"然后妈妈也打艾伦的脸——并不控制力道，是真的打。孩子可能会被激怒，再次打妈妈。于是妈妈也要保持游戏的态度，再次打孩子的脸——用力地打。妈妈要继续这个游戏，直到艾伦退出。根据我们的经验，很少有孩子愿意第二次玩这个游戏！他们可能会忘记并再次冲动地去打妈妈，但当妈妈再次提出玩"打脸游戏"时，他们会匆忙撤退。

有时候，父母也可以模仿孩子做一些孩子本以为只有自己才有权做的事情。这在很多情况下都十分有效。妈妈看到她六岁的儿子在吮吸拇指，于是她二话不说，也开始吮吸她的拇指！他讨厌这样！他觉得只有他有权利这么做，妈妈没有。我们眼见一些孩子在妈妈开始吸吮拇指之后就改掉了这个习惯，但我们不能全然依赖此法！

> 每当爸爸妈妈请朋友来家里打桥牌时，七岁的佩妮和五岁的帕特就会变得令人讨厌。他们会穿着睡衣在屋子里跑来跑去，千方百计地"展示"自己，就是不肯上床睡觉。爸爸妈妈忍了一段时间，最终爸爸还是打了他们俩的屁股，生气地把他们扔到床上。

爸爸妈妈有权和朋友一起度过一个不受孩子们干扰的夜晚。在客人到达之前，可以告诉孩子们："我们希望我们的朋友不受你们的打扰。你们可以礼貌地跟他们打招呼，但之后必须离开客厅。那么，今晚是把你们送去姨妈家，还是和我们一起待在家里呢？"孩子们的决定必须得到尊重。如果他们决定待在家里但不守规矩，那么下次出现这种情况时，就不应再事先征求他们的意见，而是直接把他们送出去。在此之后的下一次，可以再给他们一次选择的机会。

在本书第七章，我们展示了一个叫凯西的孩子是如何被教导尊重父母睡觉的权利的。

第十一章
不做批评　少提错误

八岁的查尔斯刚刚写完给奶奶的感谢信。妈妈想看看那封信，男孩不情愿地把信推给了她。"噢，查尔斯，瞧你的字写得多难看。你为什么不能写得直一点呢？三个单词都拼错了。过来！重新抄一遍，你不能把这种乱七八糟的东西送给奶奶。"妈妈把正确的拼写写在单词上，查尔斯开始重新抄写。他的错误越来越多，丢掉了一页又一页写废的信纸。最后，他愤怒地哭了起来，把笔往地上一摔。"我怎么也写不好。"他喊道。"够了，"妈妈命令道，"你先去做别的事情吧，半小时后再回来抄。"

我们对错误的强调是灾难性的。查尔斯很享受写信的过程，奶奶也会很高兴收到查尔斯的信，不管信中有没有错误。可现在，他讨厌写信了，讨厌这件事给他带来的痛苦。当妈妈把注意力集中在错误上时，就把儿子的注意力从积极的方面引导到了消极的方面。他开始害怕犯错。这种恐惧狠狠地挤压着他，只会让他犯更多的错误。现在他极度受挫，这就是一场灾难。当我们不断关注孩子的错误时，就是在打压孩子。人的塑造只能基于长处，而非弱点。

如果妈妈能夸一夸查尔斯，给奶奶写信的行为是一件非常体贴的事情，查尔斯将会收获多么大的满足啊！这样做会把重点放在积极的方面，并给他带来愉悦，会让他更主动地去做一些体贴的行为。此外，妈妈还可以在信中找到一些写得不错的字，对他表示认可。"我看到你在这儿写了一个非常漂亮的字母C。真不错，你有进步了。"查尔斯会受到激励，写出更好看的字母，因为他对自己的能力更有信心了。妈妈可以不去管那些拼错的单词。查尔斯对交流的渴望是目前最重要的事情。妈妈批评查尔斯是因为对他有着过高的期望。

我们总是花很多时间与孩子待在一起，观察他们做错了什么，然后立刻跳起来指责他们。目前流行的育儿体系似乎正是基于这样一种观念，即必须"训练"出没有缺点、只有优点的孩子。然而，任何能够停下来思考的人都会意识到，这样做是不理智的。如果我们凭直觉总是在指出孩子的错误，那我们眼里也就只能看到错误。如果我们让孩子把注意力集中在自己做得很好的事情上，表达对他们的能力有信心，并给予鼓励，那么错误和缺点就会因缺乏养料而逐渐消亡。

然而，事实上，我们生活在一种恐惧中，总是担心我们的孩子会长得不好，染上坏习惯，养成错误的态度，以错误的方式行事。我们一直盯着孩子，防止他们犯任何错误，不断地纠正，不断地告诫。这样的做法表明我们对孩子缺乏信心，这对孩子来说是一种羞辱和打压。既然我们不断强调消极行为，又要指望孩子去哪里寻找积极能量、取得成就呢？

当一个孩子一直在被纠正，他不仅会觉得自己总是错的，还有可能会害怕犯错。这种恐惧可能会导致他不愿意去做任何事情，因为他很有可能会出错。恐惧会使他丧失行动的能力。他所得到的印象是，除非自己是完美的，否则就一文不值。然而，完美本就是一个不可能达到的目标，追求完美很少带来进步，更多的是导致绝望而放弃。

我们都会犯错，但大多没什么大不了的。很多时候，我们甚至不知道某个行为是错误的，直到做完之后看到结果才意识到！有时候，我们甚至必须去犯错误，才能发现错误。我们要拥有不完美的勇气，也要允许我们的孩子是不完美的。只有这样，我们才能去行事、进步和成长。如果我们尽量不提错误，引导孩子将注意力转向积极的方面，孩子就能保持勇气，更乐于学习。"错已经犯了，重要的是接下来该怎么做"的思维模式能够促使进步，激发勇气。犯错本身远不如犯错之后的处理方式重要。

十岁的玛格丽特哭着把烤焦的饼干从烤箱里拿出来。她明明已经很顺利地按照包装盒上的说明做了一切，但饼干还是烤焦了。妈妈闻到了烤焦的气味，来到厨房。"发生什么事了？亲爱的。""我把饼干烤焦了。"玛格丽特抽泣着说。"是啊，我看出来了。让我们来找找原因吧。我知道你肯定不是故意的。哭是没有用的，亲爱的。你当然会难过，但还是让我们来看看为什么会这样吧。"面对妈妈指出的新方向，孩子停止了哭泣，开始审视局面。她和妈妈一起又检查了一遍操作说明和操作步骤，终于发现，原来玛格丽特把自动计时器上的时间调错了。"噢，我知道哪里出错了。""很好，"妈妈说，"让我们把这儿打扫干净，然后你可以再来试一次。"

妈妈把一场灾难和失败变成了一个教育场景。她没有指责孩子糟蹋食物，也没有批评孩子的错误。她实事求是地向玛格丽特表明，犯错并不是一切的终结，我们要做的是找出自己判断失误的地方。她认可了女儿的沮丧，但没有对此给予过度的关注，转而同她一起寻找犯错的原因，以此来引导她走出困境。最后，她当下就鼓励玛格丽特再试一次。孩子的挫败感在妈妈的支持和同情中烟消云散了。

很多时候，孩子犯错都是由于缺乏经验或判断失误。他们自己已经对结果感到十分痛苦了，父母的责骂和谴责无异于雪上加霜。

爸爸去他的工作台拿螺丝刀，眼前的一切让他怒火中烧。他的工作台上放着一架飞机模型，螺丝刀、钳子、锤子、扳手被丢得到处都是。飞机模型，连同工作台的整个台面和所有的工具,都被喷上了一层铝漆,那罐铝漆就这么被丢在地板上。爸爸气坏了,立刻把十岁的儿子叫来。"看看你干的好事!"他对着斯坦大喊,"你为什么总是把东西弄得乱七八糟?谁让你乱动我的工作台的?我的工具上全是油漆!你到底在干什么?回答我。"斯坦站在那里吓得说不出话来。

斯坦强忍住泪水:"爸爸,我只是想给我的模型喷漆,谁知道它会喷得这么远,然后我就不知道该怎么办了。""那你当时为什么不告诉我?非要等我自己发现吗?""我怕你生气。"斯坦咕哝着。"没错,我确实很生气!你知道自己做错了,所以才偷偷溜走。年轻人,我要狠狠揍你一顿。"

爸爸的愤怒是可以理解的。然而,工具被喷上漆其实并不会影响使用。在愤怒中,爸爸没有听出斯坦声音中的痛苦,也没有意识到孩子所处的困境。当爸爸做出这样的反应时,他强化了斯坦对他发怒的恐惧,使斯坦更加不敢向他寻求帮助。揍孩子一顿并不能使工作台复原,也无法教会斯坦正确使用喷漆。

那么怎样做才是有帮助的呢?

首先,爸爸一时的愤怒应该让位于对斯坦并不是故意弄脏工作台这一认知。其实他一眼就能看出到底发生了什么。然后爸爸可以利用这种情况,抓住一个教育孩子的机会。孩子选择独立完成喷漆工作表明他很有勇气。

假设事情如下发展:

爸爸把斯坦叫到工作室。"我看得出来你遇到了麻烦，儿子。你能告诉我发生了什么事吗？"斯坦很尴尬地回答说："唔，我想给我的模型喷上漆，但我不知道漆会喷得那么远。""所以你知道喷漆和刷漆不是一回事，对吧？""是啊，我知道了。"斯坦回答，爸爸的友好让他松了口气。"要是下次还需要喷漆的话，你能想到什么好主意吗？""唔，"男孩想了想，"我想我可以在模型底下垫上纸。""如果你把纸盒的一面打开，把飞机放在里面，然后从敞开的一面朝内喷漆呢？"爸爸建议道。"嘿，那肯定非常管用！""那工具台上的工具呢？""唔，我也不知道，应该没有弄坏吧。""如果你喷漆之前就把它们挂回板子上呢？""它们就不会被喷上漆了。"斯坦发现爸爸在用一种巧妙的方式提醒自己要收拾好东西，于是微笑着承认了。"现在你觉得该怎么处理这些工具呢？""我想我得用一些清洁黏土来把它们清理一下。""清洁黏土是不能把干掉的漆擦掉的，斯坦。""啊，那还有什么办法吗？""看来把手只能保持这个颜色了，但我认为金属部分可以用钢丝绒好好抛光一下。""好吧，我来试试。"

斯坦心甘情愿地去收拾了。爸爸还是他的朋友，父子之间的和谐关系得以维持,斯坦也从错误中吸取了教训。

> 妈妈正把意大利面酱盛到碗里。"我能帮忙吗?"琼问道。"噢,琼,我不知道,你总是笨手笨脚的!好吧,过来吧,看看你能不能把这个端到桌子上,并且不洒出来,一定要非常小心哦。"妈妈把盛满酱汁的碗递给琼。琼走得非常慢,双眼紧紧盯着盘子里的酱汁,一滴都不想洒出来。突然,她的脚被椅子腿绊了一下,碗里的酱汁泼到了桌上,又溅到她衣服的前襟上,还洒在了地毯上。"琼!你这个笨蛋!你到底在干什么呀?我不是刚告诉过你要小心吗?你要什么时候才能不这么笨手笨脚的?"

琼已经非常努力地不让自己"笨手笨脚"了,她一点也不想让酱汁洒出来,可她偏偏就走向了那把椅子,自己最害怕的事情成了现实。如果妈妈真心相信琼有能力把盛满酱汁的盘子端到桌上,琼或许能更准确地把握方向。可现在,她又一次失败了,她对自己笨手笨脚的看法再一次得到了强化。

自然情况下,孩子就是会犯很多错误,做很多错事。如果对孩子做的一切都抱有批判的态度,我们就会在不知不觉中让一个偶然的、不那么理想的行为发展成一个严重的、常常是永久的缺陷或错误。例如,许多幼儿偶尔会口吃,只要不去在意,这种缺陷就会自动消失。然而,由于我们总觉得自己有责任去防止或纠正任何不良行为——因为我们总觉得必须得做些什么才行——很容易在孩子刚刚表露出一点"错误"的迹象时就大做文章。这样做非但无法纠正错误，反而增加了纠正的难度，因为孩子会发现继续错下去对他有好处，要么获得了额外的关注，要么得以战胜我们的压迫。因此，批评并不能"教育"孩子，只会刺激他们坚持那些令人反感的行为或缺点。

想要有效地引导孩子，我们需要对正在发生的一切保持警惕。这是犯错吗？这些错误行为是否由挫败感、判断力差，或知识的缺乏所导致的？还是这一行为背后其实隐藏着别的目的？玛格丽特和斯坦的故事中，犯错是由缺乏经验与判断力所导致的。查尔斯和琼的错误行为都来源于挫败感。前两个孩子需要的是指导而不是批评，后两个孩子需要被鼓励去发现自己的能力。

然而，正如我们所展示的，错误行为可能是由错误目标所导致的——孩子这样做可能是有目的的。如果真是如此，那就不再是行为上的过失，而是心理上的误判了。

妈妈和五岁的莎伦在公园野餐时遇到了一个朋友。妈妈介绍莎伦给朋友认识时，孩子把手指含在嘴里，紧紧抱住妈妈。"来吧，莎伦，别害羞。"妈妈恳求道，接着她转向朋友："我不知道她为什么这么害羞，我们家里人都不这样。"女孩更加畏缩了。朋友弯下腰，想要获得一些回应。莎伦还是面无笑容地低着头偷瞄妈妈的朋友。朋友终于放弃了，开始和妈妈说话，莎伦沉默地站了一会儿，然后拉住了妈妈，爬到她的腿上，抬起头要求妈妈亲吻她。

既然莎伦的害羞是有目的的，那么让她不要害羞就是徒劳的。关注她的心理误判（或错误的行事方法）只会强化这一错误。莎伦认为自己是家里那个"害羞的人"，这使她与众不同。当我们审视她害羞的结果时，我们会发现莎伦因害羞而成了人们关注的焦点。（人们努力让她做出回应，她因此成了关注的中心——有时人们会觉得害羞的孩子其实在偷偷嘲笑大人的滑稽动作！）害羞是有好处的，那么莎伦为什么要停止呢？

如果莎伦无法得到这一系列有趣的回应，那么继续害羞就没有意义了。妈妈可以骄傲地向朋友介绍莎伦，但态度要随意，如果她没有给出回应，就应继续与朋友交谈。莎伦的羞怯会变得无足轻重，甚至被忽略。如果朋友说："天哪，她真害羞啊，不是吗？"——就像朋友们经常做的那样——就会让事态恶化。这时妈妈可以回答："不，她不是害羞。她只是暂时不想说话，过一会儿就好了。"

如果我们想让孩子克服心理误判，就必须找到其行为背后的目的，然后，完全不要去谈论它，直接行动，确保这一目的无法达成。很多时候，我们所应采取的行动包括不采取任何行动，不回应，不按第一反应行事。

伊泽贝尔今年六岁半，她有一个八岁的哥哥弗雷德，是个性格讨喜、无忧无虑的"糙汉"。伊泽贝尔则总是在流眼泪。妈妈、爸爸和弗雷德都叫她"爱哭鬼"。他们直接责备她的哭泣行为,弗雷德总是取笑她,把她弄哭,然后蔑视她。一天,一家人去游泳池玩耍。两个孩子从车里跳下来,比谁跑得快。伊泽贝尔摔了一跤,膝盖擦破了点皮。她开始抽抽搭搭地哭起来,伤心极了。"啊,她总是哭个不停!"弗雷德轻蔑地走开了。"你伤得不重,伊泽贝尔。"爸爸严厉地说,"快别哭了,到泳池里来吧。""疼!快给我涂点什么呀!"女孩抱着她的腿抽泣着。"别哭了,够了,"爸爸警告她,"这点伤什么也不用涂。你一进泳池就会把它忘得一干二净的。""别哭哭啼啼的了,伊泽贝尔,"妈妈厌恶地补充道,"来吧,快来游泳吧。"伊泽贝尔继续哭,一步也不肯动。一位全家人都很喜欢的姨妈跑了过来,受到了热烈的欢迎。伊泽贝尔哭得更厉害了。伊迪丝姨妈注意到她,向她弯下腰来,问她出了什么事,试图安慰她,但她还是哭个不停。爸爸终于开口了:"伊迪丝,你可以坐在那儿同情她三个小时,她还是会哭个没完,这就是她想要的。她就是个爱哭鬼。我们去游泳,让她自己坐在那儿哭吧。"全家人都跳进了泳池,没人去管伊泽贝尔了。过了一会儿,她也加入了进来,起初很不情愿,但很快就开心地玩水了。

一个哭泣的孩子通常会得到我们的同情。我们的心会被一个孩子的苦难所深深地打动。伊泽贝尔很早就发现了这个优势，但问题是她过度利用了这一点，致使她的家人产生厌恶。然而，哭对她来说还是有好处的。大家都注意到她在哭，批评她，责骂她，一家人都为她大惊小怪。作为那个可怜的受罪的孩子，她继续保持着自己的地位。每当有人叫她"爱哭鬼"时，她对自己的看法就会得到强化。最后这家人终于醒悟过来，任由她哭，自己去游泳了——但在这之前他们已经满足了她哭泣的目的。伊泽贝尔在这种情况下竭尽所能地获得了家人的关注。

如果爸爸妈妈想帮助伊泽贝尔成长，不再做一个"爱哭鬼"，就必须首先认识到她哭泣的目的是获取过度的关注。然后他们必须停止谈论哭泣，停止把伊泽贝尔和她的哭泣联系起来，最后彻底忽略哭泣行为。在这种特殊的情况下，父母中的任何一方（最先到场的一方）都应先平静地检查孩子的伤口，看看伤得是否严重，一旦发现伤势很轻，就可以说："很遗憾你把自己弄伤了，但很快就会好起来的。等你准备好了就到游泳池里来吧。"然后一家人都跳进泳池。一旦发现哭泣无法带来任何结果，伊泽贝尔就有可能会改变自己的行为。每次她哭的时候都应该遵循同样的流程——平静地接受她哭的权利，同时表明等她准备好了就可以参与家庭活动。这种将孩子的心理误判最小化并剔除孩子预期结果的技巧必须伴随着一个使用条件，即在她开心且表现出合作态度时给予关注。

我们必须非常努力地把行为与人区分开来。这一点在今天尤为重要，因为我们已经形成了一种给人起外号的复杂习惯——"爱哭鬼""打小报告的""糊涂虫""骗子"等。孩子们需要被看成只是做错事的好孩子，因为他们做错事通常是因为不开心或者发现那样做是有回报的。当给一个孩子贴标签时，我们看到的他就是标签的样子。他自己也是，把标签等同为自己。这会强化他错误的自我认知，阻止他朝建设性的方向前进。当我们意识到并非孩子本身不好，只是他做了一些不好的行为而已，孩子会意识到这一点，并对这种区别做出反应。他会意识到我们对他的信任，这将鼓励他去克服困难，并且这些困难在他看来似乎也变少了，因为我们并不把这些困难看得很重。

第十二章
维护日常规范

"佩妮在哪儿呢？"爸爸坐下来吃早饭时问道。"我想她今天早上应该会晚一些起床，亲爱的。""为什么呢？""唔，因为她昨天很晚才睡。她想在睡前见你一面。""但是我告诉过你，我会很晚才回来。""我知道，可她不明白。所以我就让她等你等到睡着为止。""那今天上学怎么办呢？""噢，没关系，只是幼儿园而已。我来写张条子，就说她今天早上不舒服。""我不知道，梅格。可我总觉得，佩妮还是应该遵守一些规则的。""噢，她有的是时间来学习规则。她还这么小呢！"

爸爸是对的，佩妮确实需要遵守日常规范。日常规范之于孩子，就如墙壁之于房子。它为孩子的生活提供了界限和维度。没有一个孩子能在不清楚边界的情况下感到舒适。日常规范带给人安全感。明确的日常规范也提供了一种秩序感，在此基础上自由应运而生。允许佩妮熬夜的"自由"实际上剥夺了她获得恰当休息的权利，让第二天的生活变得一团糟，让生活失去平衡，剥夺了她享受学校生活的权利。这不是自由，而是特许。妈妈给学校一个虚假的借口，实则剥夺了佩妮承担后果的权利，使她无法做出明智的决定。佩妮和许多孩子一样，在限制和边界中寻找舒适感。她想知道自己能走多远。当她的边界无限大时，她就会很迷茫，会试图为所欲为，看看到底走到哪一步才算越界。然后，突然有一天，她表现得太过离谱，周围终于有个人扔下了大斧，她大吃一惊，不知道发生了什么。

父母有义务确立一个使整个家庭得以舒适运转的日常规范。建立与维持一套日常秩序，然后让孩子们同步执行。没有一个孩子会因为太小而不能体验秩序。一旦建立了这套日常规范，孩子们就会意识到这一点，并自然而然地知道该怎么做。

如果你想从芝加哥前往洛杉矶，你不会开着车随心所欲地沿着任何一条吸引你的道路行驶，你会沿着一条明确的路线前进。孩子的生活教育也是如此。洛杉矶是我们这趟汽车之旅的目的地，融入社会和独立自主是父母指导孩子前往的目标。我们只能按照明确的路线行驶才能抵达目的地。我们可以选择为家庭建立什么样的日常规范，正如我们可以在通往洛杉矶的几条高速路线中选择其中一条一样。一套日常规范是必需的，它不应该太死板而没有任何灵活变动的余地。通常情况下，为了满足一些意料之外的需求，必须打破常规。然而，这种破例应该只是例外，而不是既定的规则。不应该为了父母自己的方便或为了满足孩子的心血来潮而打破常规。

在夏天的几个月里，金妮和琳恩几乎想干什么就干什么。她们熬夜到很晚，想什么时候起床就什么时候起床，然后吃早饭，想吃零食、喝软饮料就随时吃喝。为了逃避家务，她们总是临时和朋友们出去玩，还差遣妈妈把她们送到这儿、送到那儿。到了七月中旬，妈妈开始频频叹气："等学校开学就好了，家里就清静了。"

暑假期间让孩子们摆脱时间安排的压力似乎是一种普遍的做法。当然，暑假期间的日程安排和日常规范可以有所改变，但这并不意味着混乱无序。一个放任自流的暑假会给孩子这样的印象——上学或工作——是令人讨厌的，从中获得"自由"是诱人的。这是一个错误的概念。上学是孩子的职责，就像工作和做家务是爸爸妈妈的职责一样。所有这些职责的履行都需要日常规范，否则就会受到干扰。假期是必要的。假期是一段改变常规的时间，一种令人焕然一新的方式——是生活节奏和日常活动的改变。但这并不意味着完全放弃日常规范。暑假日程可以与学期日程有所不同：睡眠时间可以有所调整，以便一家人能有更多共处的欢乐时光，起床时间也需调整以适应睡眠需要，用餐时间也可调整以适应新的夏季活动，这一切的调整都表明学期日程与暑假日程之间有明显的变化。但我们依然必须维持一套秩序，否则，家庭合作与社会和谐都将不存在。

让我们回到第四章关于乔伊丝的故事。乔伊丝需要妈妈的持续关注。如果妈妈有一个固定时间陪孩子玩游戏，当她想拒绝孩子的过分要求时，就有了一个"出口"。当乔伊丝明确知道自己只能在一定的时间内和妈妈一起玩耍时，她就会更容易接受妈妈拒绝她不断的请求的结果，以及背后所隐藏的对秩序的要求。

孩子们确实需要我们的关注。还有什么比固定的亲子游戏时间更能建立和谐愉快的关系呢？这段时间属于孩子，他知道这个时间是可以指望的。如果妈妈和孩子都意识到这段时间是一起玩耍的时间，那么双方都会倾向于放弃任何可能发生的冲突，以充分利用这段快乐时光。随之而来的是多么愉快的亲子关系啊！可悲的是，有些孩子的不合作态度根深蒂固，他们甚至不想和父母一起玩。他们并不把父母当成朋友。

我们也可以思考一下第四章中佩吉的情况。妈妈和佩吉陷入了一场权力之争，倘若佩吉能够强烈地感受到"日常规范"的存在且明确妈妈会坚持贯彻这一规范，那么这场争斗就是可以避免的。睡觉时间到了就该去睡觉。如果孩子们经历过父母对日常规范的坚定贯彻，他们就很少会想去打破规范，试图寻找边界。自然地，如果权力之争已经形成，孩子就会把每一条规范作为他的攻击点。只有当日常规范自然而然地成为一种日常体验，只有安静的坚持而没有口头的斗争时，父母才能赢得孩子对家庭秩序的服从。当然，如果涉及共同的活动，孩子和大人可以共享一个日常规范，比如用餐时间。然而，由于每个家庭成员的职能不同，很可能需要不同的日常规范。但是，这些差异必须明确地落在不同职能的范围内，而不能落在所有成员以相同方式发挥作用的领域。比如一岁的孩子肯定比九岁的孩子睡得早，九岁的孩子也肯定比父母睡得早。

同样地，再来看第九章克莱的情况，如果晚餐时间在一个既定的日常规范中，所有家庭成员都必须在那个时间吃饭，妈妈就可以解决这个问题。这里我们可以合理地假设人们不会把晚餐时间定在一个对家庭成员不方便的时间。每个家庭都必须找出一个有利于整个家庭利益的模式。不存在一个适合所有家庭的固定模式。一个家庭通常是由妈妈来建立日常规范，为家庭成员的成长和发展设定边界。每当孩子违反秩序时，妈妈有义务安静地坚持底线并维持秩序。只有当父母允许孩子不断地违规时，家庭的日常规范才会受到严重的破坏。

此外，通常是由妈妈来建立家庭生活的标准，例如在开始日常工作前先把床铺好，在爸爸回家前把客厅整理好，吃饭前要整理仪容，周日在餐厅吃饭，庆祝节日的方式等——这些都是我们传承给孩子的文化价值观的一部分。它们都成了我们生活中日常规范的一部分。

有一次，在一个家长讨论小组中，大家发现了一个普遍的问题，即孩子的餐桌礼仪非常糟糕。讨论中发现，在厨房里随意用餐的习惯有可能是一个因素。在场的十八位妈妈都决定尝试用一种更加正式的方式在餐厅里提供晚餐，并在下次会议上报告结果。没有餐厅的家庭则会在厨房的用餐区采取更加正式的用餐方式。接下来的一周，每位妈妈都惊讶地发现，孩子们都在餐桌礼仪方面有了类似的改善。大家都觉得增加的工作量在家庭气氛的改善程度面前不值一提。

  我们所建立的这些生活模式构成了家庭日常规范的一部分。日常的点点滴滴累积起来，会让生活更加丰富而愉快。

第十三章
花点时间训练孩子

孩子需要接受明确的训练才能掌握生活中的许多技能。孩子自然会通过观察学到很多知识，但我们不能指望他就这样学会所有的事情。他需要学习如何穿衣，如何系鞋带，如何吃饭，如何洗澡，如何过马路。随着年龄的增长，他还将逐渐学会如何做家务。孩子无法在随意的只言片语中学会这些，也不能在必须完成这些任务时通过责骂或威胁的方式来被迫学习，应该把对孩子的训练融入日常生活中去。

　　每天早上，四岁的温蒂都会无助地坐着，直到妈妈给她穿好衣服。扣不上的纽扣使她沮丧，衣服的前后怎么也弄不清，系鞋带是不可能完成的任务。每天早上妈妈都会先骂她一顿，然后给她穿好衣服，再让她出去玩。

温蒂发现了无助的好处——妈妈会侍候她。妈妈需要花时间训练孩子自己穿衣服。

如果我们不花时间训练孩子，就得花更多的时间去纠正未经训练的孩子。不断地纠正并不能"教会"孩子，因为纠正是批评，只会打压和激怒孩子。冲突的结果就是，孩子会下定决心不去学习。此外，所谓的"纠正"往往不起作用，因为孩子会认为这是一种获得特别关注的手段，他们喜欢刺激我们不断地重复。

一个未受挫的孩子会对做事本身表现出兴趣。机敏的父母会意识到这种意愿，并鼓励他们。然而，我们需要为这种体验留出一定的时间。忙碌的早晨可不是教孩子怎么系鞋带的时候。此刻的压力只会让妈妈变得不耐烦，让孩子变得叛逆。下午的游戏时间通常是训练新技能的理想时间，这可以成为游戏的一部分。在玩具市场上可以找到无数的辅助训练工具。妈妈也可以自己想办法——比如把一排破衣服上的大纽扣和扣眼钉在一块木板上，作为温蒂的辅助训练工具。在硬纸板上画出鞋子的样子，再打几个大洞，就可以用来教孩子穿鞋带和系鞋带。如果孩子能参与到这些工具的创造过程，他们会倍感兴趣。看着妈妈做一些好玩的东西总是很有趣，自己参与帮忙就更有趣了。妈妈还可以调动孩子的聪明才智，从而培养他的创造力。

餐桌礼仪可以利用玩偶茶话会来教授。与此同时，介绍和问候客人的方式也可以成为茶话会的一部分。还可以通过过家家的乘客游戏来教孩子在火车、公共汽车或有轨电车上的行为规范。表演和角色扮演是很好的训练工具，因为孩子天生就是演员。

任何技能的训练都应该在重复的日常规范中进行，直到孩子掌握了为止。每一项技能都应该单独学习。耐心，对孩子学习能力的信心，鼓励的话语，比如"再试一次，你会成功的"，轻松愉快的氛围，以及对学习成就的认可，都能使孩子和父母对整个学习过程感到愉快。

训练孩子了解一些不愉快的突发事件也是明智的。

格温和鲍比即将要做扁桃体切除手术。妈妈觉得让孩子们提前知道会发生什么是有帮助的。在手术的前几天，她设计了一个游戏。"让我们假装这些娃娃要去医院切除扁桃体吧，"她提议，"现在，我们首先需要什么呢？""一个手提箱。"鲍比回答道，同时拿来一个玩具手提箱。"里面要放些什么呀？"孩子们挑选了一些东西放进箱子里。娃娃们穿好了衣服。鲍比扮演爸爸的角色，负责开车。医护人员的接待和入院的程序都通过适当的对话进行了表演。妈妈扮演医生的角色，对娃娃们说话。她拿来一个玩具马车，解释说那是担架。然后，她又拿来一个滤茶器，盖上一只白色的旧袜子，假装给娃娃做麻醉，一边做一边向娃娃解释："贝琪（娃娃的名字），这闻起来会有点奇怪，但你只需要一边深呼吸一边数数就好了。很快你就会睡着的。"在游戏的这个阶段，妈妈巧妙地忽略了实际的手术过程，因为孩子们不会知道接下来会发生什么。"现在贝琪已经睡着了。我会把她的扁桃体切除，然后把她放回担架上。"妈妈一边说一边取下娃娃脸上的"面具"，用毯子把她裹起来，然后把她放回马车里。"现在她回到了自己的病房。当她醒来时,可以吃一些冰激凌。""切除扁桃体时会疼吗?"格温问道。"她什么也感觉不到的,格罗根太太,"妈妈回答,继续扮演着医生的角色,"你看,她睡得很熟。""那她醒来后会疼吗?""她的喉咙会有点疼,格罗根太太,但我知道她能挺过去,疼痛不会持续太久的。"然后妈妈问谁想演下一个医生。鲍比自告奋勇,又把整个过程演了一遍。第二天,孩子们把彼此当作病人玩"切除扁桃体"的游戏。妈妈为他们提供了一个更大的滤茶器。

当格温和鲍比去医院接受手术时,他们表现得非常自信,十分配合。当妈妈指出娃娃可以忍受喉咙的疼痛时,她诚实地承认了手术会导致疼痛,但她对孩子们应对疼痛的能力表现出了信心。她还轻松地指出了关于这种疼痛非常重要的一点——它不会永远持续下去——尽管对一个身处痛苦的人来说疼痛似乎是永久的!

生活自理的训练在第三章有解释。芭芭拉需要学会自理,学会自己玩耍。这是一个相反的教学情境。在这种情况下,妈妈必须将自己撤出,以此来教育孩子。无数的时候,父母都有必要退后一步,让孩子自己来练习——独自解决一个棘手的问题。

两岁半的简沮丧而愤怒地尖叫起来,因为小推车的轮子被椅子腿绊住了。"怎么啦,简?"妈妈过来查看。简跺着脚不停地尖叫。妈妈坐下来静观其变。女孩猛拉了一把小推车,它还是牢牢卡住。"除了拽它之外,还能做些什么呢?"简从另外一个方向拽,还是卡住。"如果从小推车的后面拉一下,会发生什么呢?"简试了试。小推车被拉出来了!她拉着小推车欢快地跑走了。"瞧,你自己把它弄出来了,是不是?"

这位妈妈花时间训练了孩子,这一过程将持续多年——她向女儿展示了可以用多种方法来解决同一个问题。妈妈并没有亲自把小推车拉出来,而是利用这个情境教会简,她可以自己去做一些事情。

妈妈把十个月大的布鲁斯放在沙堆里,坐在旁边照看他。布鲁斯把手伸进沙子,用手指摩擦沙子,看着妈妈,笑了笑,然后往嘴里塞了一把。"布鲁斯,不行,不行。"妈妈跳起来,跑向儿子。他手脚并用地爬走了,开心地笑着。她抓住他,从他嘴里掏出沙子,再把他放回沙堆里。同样的状况在一小时内重复了许多次。

布鲁斯发现了一个让妈妈围着自己转的有趣游戏。布鲁斯在外面玩的时候,妈妈根本不敢看书,她必须时刻盯着他才行。

妈妈需要花时间来训练布鲁斯不要把什么东西都放进嘴里。大多数婴儿都会这样做,这是他们探索周围世界的一种方式。这个摸起来是什么感觉?那个尝起来是什么味道?尽管这是自然行为，也不构成我们不去训练孩子自我约束的理由。每次布鲁斯把沙子放进嘴里，妈妈就可以把他抱出来放到婴儿车里。既然布鲁斯不想在沙堆里好好玩耍，他就必须离开沙堆。布鲁斯可能会号叫表示抗议。妈妈可以自己读书，任由他号叫。她尊重他表达懊恼的权利。当布鲁斯安静下来后——而不是之前——妈妈可以让他再试一次。沙子一进他的嘴里，她就再次安静地把他抱起来放在婴儿车里。他很快就会明白这两者之间的关系。沙子进嘴——回到婴儿车。不需要任何言语，因为布鲁斯不会理解的，但他能理解行动。

随着家庭的发展，年幼孩子的训练需求很容易被忽视。年长的孩子可能会为年幼的孩子做一些后者自己应该做的事情。这是需要注意的，因为年长的孩子可能会利用这个机会来确立自己比婴儿更为优越的地位。每个孩子都该获得自己特有的训练期，这会带来个人的成就感和对技能的掌控感。

当有客人在场或一家人外出时，不应尝试训练孩子。在这种情况下，孩子只会按照他的习惯行事。如果父母希望孩子在公共场合举止得体，就得在家里训练好他。如果他的行为不得体，唯一有用的解决办法就是安静地带他离开。

第十四章
赢得合作

每次换尿布的时候，八个月大的丽莎都会又踢又滚，扭来扭去，让人无从下手。妈妈常常气得不得不轻轻扇她一下，丽莎会因此伤心地呜咽起来。

令人惊讶的是，这个八个月大的婴儿仅仅依靠非语言的感知，就发现了一种让妈妈沮丧的方法。我们似乎从来都不太愿意相信婴儿是聪明的。我们总是倾向于把非常聪明的孩子当成小傻瓜来对待，然后把他们培养成愚蠢的成年人！但是，任何一个擦亮眼睛的妈妈都不得不承认，婴儿简直聪明得不得了！现在，妈妈必须训练丽莎在换尿布时学会配合。妈妈想要赢得丽莎的合作，首先必须认识到丽莎挣扎的目的，然后她就会知道该怎么做了，而不会恼怒。其次，她可以重新安排时间表，为日常的洗澡增加一些时间，这样她就可以利用这段时间来训练丽莎。接着，每当丽莎做出一些阻挠妈妈换尿布的行为，妈妈都应该安静，面带温暖的微笑，用手控制住她，同时和她说话："我的宝贝很快就会学着保持不动，多好的孩子啊，她是多么的可爱和安静啊……"丽莎听不懂也没关系，她能明白妈妈的意思！把赞赏表现在微笑里是很容易的。丽莎会感觉到这种赞赏，并做出回应。恼怒也很容易表现在皱眉中。婴儿也会感觉到这一点，并做出反应——进一步展示她激怒他人的能力。如果妈妈没有怨恨，只有爱与坚定，她的女儿会理解的。只要丽莎不再反抗，妈妈就可以放手了。如果她再扭动起来，妈妈可以再次将她控制住。就这样，妈妈逐渐训练丽莎学会了合作。

九个月大的诺曼是一个正常的孩子，但他的父母都是聋哑人。一天，他在地板上爬，头撞到了桌子上。他坐起来，转向妈妈，大哭了起来。他的小脸皱成一团，嘴巴张得很大，眼泪从眼睛里涌出——但那位惊讶的旁观者听不到任何声音！妈妈站在那儿看了一会儿，然后冲到诺曼身边，抱起他，安慰他。婴儿也会判断形势。诺曼没有在意声音的大小，因为他感觉到他的父母听不见。一些同样拥有聋哑父母的年龄稍大一点的孩子会用跺脚来发脾气，而不会徒劳地尖叫。父母会感受到跺脚的震动并做出反应。

在日益民主的社会氛围中，我们时常发现有必要重新评估一些词语的真正表意。"合作"理所当然是其中之一。在过去，当那些当权者被赋予权力时，合作意味着按照他们的吩咐去做。下位者被要求与上位者"合作"。如今，民主为这个词带来了新的含义：我们必须共同努力，满足形势的要求。在民主的社会氛围中，我们拥有了更大程度的平等和自由，随即也拥有了更大的责任。失去了上位者的力量之后，我们需要采取一些技巧来刺激合作。我们不能再强求孩子，说些"跟我合作"或"照我说的做"之类的话。我们必须认识到从孩子身上赢得合作的必要性。

> 除了让她的四个孩子每天早上整理床铺之外，妈妈为他们每人都分配了一些日常工作。斯图尔特负责打扫浴室，吉纳维芙负责擦盘子，罗伯塔负责打扫客厅，罗尼负责丢垃圾和取报纸。每天，为了让孩子们完成各自的工作，妈妈总是先提醒，然后责骂，最后大喊大叫，常常辅以惩罚。她最喜欢对四个孩子说的话是："在这个家里，我们最好一起合作，否则，你们四个都会摊上大麻烦。"

很显然，妈妈的意思是："照我说的做——否则你们就要倒霉了！"她专横地决定了每个孩子应该做些什么，并试图"确保"他们去做。这四个孩子全都被激发出了反抗这种压迫的念头，同时也获得了在反抗中取得成功的许可。妈妈在分配任务时的态度就显示了她当老大的决心。孩子们的反应则是"我倒要看看你能拿我怎么办"。这是一场权力竞赛，而不是合作。在共同生活这件事上，妈妈试图把自己的意志强加给孩子们，而不是赢得他们的合作。那么妈妈怎样才能促使孩子们真正地合作呢？她可以花点时间和所有的家庭成员一起讨论。一家人可以一起列出所有需要做的工作。妈妈可以先说她愿意做哪些工作，然后问剩下的工作该由谁来完成。爸爸和孩子们可以选择他们各自愿意做的工作。妈妈用这种方式表示了对孩子们的尊重。她允许孩子做出选择——给予他们决定权。如果某个孩子没有做他所选择的家务，妈妈什么也不要说，也不要去做这个家务。一个星期之后，妈妈可以再开一次家庭会议。"斯图尔特这周负责清洁房间，但他没有做到，我们该怎么办呢？"这个"我们"把责任推给了整个家庭集体，让妈妈脱离了权威的角色，成为领导者。所有的建议都应经过仔细考虑，并最终达成一个集体决定的解决方案。集体的压力是有效的，而来自大人的压力只会刺激叛逆。这种处理问题的方法通常应采取家庭委员会的形式，这将在后文中讨论。我们想在这里指出的一点是，今天的家庭是作为一个集体来运行的，这样的集体激励着其中的每个个体为了所有人的利益而与他人合作。集体中每个成员的注意力都集中在整个家庭的需要上。合作意味着每一个成员都共同行动，来达到对所有人都是最好的结果。

一个四口之家的合作可以比作一辆四轮自行车。每个成员就是一个轮子，共同生活的一家人则是自行车这个整体。四个轮子必须一起滚动才能使车子平稳行驶。如果一个轮子卡住了，车子就会发生颠簸，甚至偏离预期的方向。如果一个轮子掉了，车子就无法前进，必须重新调整。每个轮子都同样重要，没有哪个是最重要的。车子行驶的方向是由四个轮子共同决定的。如果每个轮子都决定自行离开，车子就会分崩离析，变得毫无用处。这与家庭成员的人数没有关系。自行车这一整体可以由任意数量的车轮来支撑。

当我们谈到训练孩子参与合作时，总是以我们自己参与合作为前提的。合作并不意味着一个人应该向另一个人"屈服"，而是应该有一种所有人一起和谐地朝着预期目标前进的感觉。当家庭生活的和谐受到干扰时，我们可以肯定的是，合作出现了中断——不是这个轮子卡住了，就是那个轮子卡住了。这个卡住的轮子甚至可能是我们自己！

家庭中的每个人都应学会思考什么对整个家庭来说是最好的。"当前的形势要求我们做什么？"我们不能总是想着让别人为我做些什么。这是把我们的意志强加给别人，违反了对他人的尊重。我们也不能为了和平而屈服于别人的过分要求，这有违自尊。在帮助孩子学会合作时，我们必须始终意识到合作的真正含义，即接受共同的基本规则。

父母常玩的一个有害把戏就是决定让孩子长到几岁开始帮忙做家务。当蹒跚学步的孩子想帮忙摆桌子时，我们说："不，你还太小。"然后当她六岁时，我们就开始要求她摆桌子。这时她会发现，我们在没有她帮忙的情况下已经过了这么久，那么为什么现在要求她来帮忙呢？我们浪费了无数个让孩子为家庭做贡献的机会。然而，如果一个孩子被允许——而不是被要求——从一开始就为家庭做贡献，他会非常乐意，并为自己的成就感到自豪。

七岁的沃德患上了流感,病了一个星期。五岁半的唐娜和四岁的洛林独占了整个游戏室。星期六早上是打扫房间的时间,每个人都会参与进来,直到房间被打扫干净。今天是沃德病好的第一天。打扫游戏室的时间到了,沃德说:"我不明白我为什么要帮忙。我整个星期都没来过这里,没有弄乱任何东西。""是啊,我想你确实没弄乱游戏室,沃德。"妈妈说,"但我敢打赌,如果你向唐娜和洛林提议的话,她们会希望你帮忙的。"沃德想了一会儿,然后开始帮女孩们收拾玩具,还在妈妈用吸尘器吸地的时候帮忙掸灰尘。沃德注意到玩具架的最上层似乎有点乱。"我们来整理一下吧,让它看起来更整齐。"他建议道。三个孩子和妈妈一起愉快地干活。当他们干完后,唐娜惊呼:"哇,这儿看起来棒极了!""当然啦。"沃德表示同意。"我们都帮上了忙!"他自豪地补充道。

沃德说得有道理,他的抗议是可以理解的。然而,这个家庭已经具备了良好的关系。妈妈的头脑风暴帮她赢得了沃德的合作,因为她先承认了他的观点,然后巧妙地把他的注意力转移到形势的需要和他可以给妹妹们提供帮助上来。她还暗示了能帮上忙是一种荣幸,这对沃德来说很有吸引力,因为他是家里的大哥哥。沃德自己也发现,他可以扮演领导者的角色,提出整理玩具架的建议。一家人一起度过了一段美好的时光,完成了一些重要的事情。

有时候为了赢得合作,可能有必要帮助一个孩子重新找回他在家庭中的位置。让我们回到第二章中贝丝的问题。贝丝找不到自己在家中的新位置,她需要帮助。妈妈寻求了专业的意见。专家向她解释说,贝丝认为只有一个小小的、无助的婴儿才是有价值的。妈妈于是认识到自己拒绝贝丝的帮助是错误的。为了让贝丝重拾价值感,专家为她们设计了一个计划。

妈妈改变这种状况的第一步是争取让贝丝到育儿室来帮忙。她让贝丝从厨房的暖炉里把奶瓶拿过来,贝丝生气地冲了出去。过了一会儿,贝丝湿着裤子回来了。妈妈意识到了这个问题对贝丝来说非常严重,于是没有责骂,也没有大惊小怪。她把贝丝抱在怀里,问她愿不愿意再做回妈妈的小宝宝。贝丝突然抽泣起来,紧紧地搂住妈妈。妈妈表示出深深的同情,安慰着贝丝。然后她提议贝丝可以回到她实际上已经不再需要的婴儿床上。妈妈愿意给她换尿布,给她喂奶,为她做一切的事情,就像为小弟弟做的那样。第二天一早,妈妈先来给贝丝换衣服,然后再去照顾弟弟,贝丝对此感到十分高兴。她开心地享受着早晨六点的喝奶时光。另外,她还获得了和婴儿一样的食物。过了一会儿,贝丝要求在床上玩玩具,妈妈给了她婴儿玩具。当她想要蜡笔时,妈妈回答说:"小宝宝是不会涂色的,你是妈妈的小宝宝。"每当贝丝要求得到婴儿阶段以外的东西时,她都会得到同样的回复,妈妈的语气是充满温暖和同情的。第二天中午,贝丝激动地宣布自己已经是个大女孩了,不想再当小宝宝了。"好吧,你觉得自己已经大到能够帮助一个什么也做不了的婴儿了吗？"贝丝立刻给出了肯定的回答。妈妈于是继续鼓励她长成一个大孩子，贝丝再也没有做出婴儿的举动。在这种情况下，妈妈用行动向贝丝展示了比语言所能表达的多得多的内容。她让贝丝自己去发现，做一个婴儿并不像看上去那么美好。贝丝的亲身经历告诉她，长大、具备做事的能力远比做一个婴儿的优势要更加令人满意。通过行动，妈妈成功地转变了贝丝的动机，帮助她重新确立了在家中的位置——一个可以为父母提供帮助的大女孩。

  妈妈带着五岁的埃迪一起开车去火车站接爸爸。这天非常冷，但埃迪摇下了车窗。妈妈说："等你把窗户摇上来，我们就出发。"埃迪没有动。妈妈面无表情地坐着。埃迪说："等你发动汽车，我就把车窗摇上来。"妈妈什么也没说，继续等着。埃迪说："好吧，等你把钥匙插进去，我就把窗户摇上来。"妈妈还是一言不发地继续等待，表现出一种置身事外的态度。埃迪终于摇上了车窗。妈妈发动了汽车，微笑着对埃迪说："阳光洒在雪地上多美啊！看，就像成千上万颗钻石一样闪闪发光。"

妈妈没有要求埃迪"把车窗摇上来"，从而避免了一场权力斗争。她即刻表明了在这种情况下她会怎么做，并且毫无怨恨地坚持了下去。当埃迪仍试图捉弄她，想要她遂他的意，或者至少稍稍让步时，她所做的只有等待。当埃迪最终顺应了形势的要求，妈妈便微笑着给予认可，并友好地把他的注意力引到别处。埃迪快速切换到合作态度，这一事实表明他已经对妈妈的坚定产生了尊重。

九岁的帕特正在和她的朋友一起做通心粉项链。妈妈抱着十个月大的兰迪走进房间。"帕特，帮我照顾一下宝宝，"她要求道，"我得开车去接爸爸了。""噢，妈妈，他会把一切都弄得乱七八糟的！为什么我总得照顾他？""够了。照我说的去做。"妈妈离开时，帕特怒视着兰迪，后者已经朝着那些有趣的东西爬去了。她一把将他拽回来，塞给他一只泰迪熊。兰迪把它扔到一边，迅速地爬向一盘盘通心粉。妈妈回来的时候，兰迪在尖叫，帕特在大喊。妈妈也加入了这场骚动："你就连照顾他十五分钟都不行吗？非得和他打一架不可？"

妈妈的语气和匆忙的命令瞬间激起了帕特的不满和怨恨。如果妈妈能停下来想一想，就会意识到，如果她的朋友不由分说地向她提出这样的要求，她也会立刻产生反感。

我们的语气和态度是赢得合作的重要因素。很多时候，我们意识到孩子可能会拒绝我们的要求，要么是因为时机不对，就像帕特的案例那样，要么是因为我们所要求的事情本身就让孩子感到厌恶。在这种情况下，我们总会倾向于提高音量或加重语气，希望以此来克服阻力。而事实上，这样做只会事与愿违。

礼貌本身就能在很大程度上赢得孩子的合作，我们可以用适当的措辞来表达请求，表明我们理解孩子的观点。比如"我很抱歉打扰你"，或者"我知道你可能不太想这样做，但如果……会对我很有帮助"，抑或"如果你可以……我会非常感激的"，这些话往往能促进和谐，消解不满，赢得合作。

十岁的阿迪斯住在郊区，那里没有任何公共交通工具。她和最好的朋友帕特十分亲密，但她们的家离得很远，无法步行到达，在冬天骑自行车也是不明智的。这两个女孩恨不得随时都待在一起。于是事态很快发展到了两个妈妈几乎得每天开车，轮流接送女儿往返的程度。这所导致的冲突让女孩们感到失望，情况开始变得紧张起来。

这时候就需要合作。

一天晚上，阿迪斯和妈妈一起洗碗，气氛十分融洽，妈妈和女儿讨论了这个问题。她解释了自己的立场。她明白阿迪斯有权去看她的朋友，但同时又觉得自己为了接送女儿不得不跑来跑去有点不妥。"你能想到我们能做些什么吗？""唔，我想我们可以少去几次帕特家。""你觉得我一周带你去帕特家几次会比较合适呢？"女孩想了一会儿。"嗯，我想一周两次吧。如果帕特一周也来我们家两次，那就差不多了。""好的，"妈妈回答，"我很乐意每周带你去两次。""哪两天呢？妈妈。"妈妈想了一会儿："唔，星期二晚上和星期六下午我通常有空，你觉得这两个时间怎么样？""我觉得很好，这样我就知道我什么时候可以去帕特家了。"

就这样，这个问题以合作的方式得以解决。妈妈和阿迪斯都不觉得自己被强迫了，并且都承认了对方的权利。当然，我们知道妈妈现在必须放弃对星期二晚上和星期六下午的其他安排，不需要再提前与阿迪斯商量。

十一岁的弗雷德刚刚失去了父亲。他和妈妈住在郊区，每个星期六都会去城里上音乐课。弗雷德想把他的课改到星期三下午——他唯一的空闲时间——这样他就可以在星期六参加一个球队的活动。但是，妈妈周三要和朋友见面，她对弗雷德的要求感到不满。一个令人痛苦的僵局就这样出现了，母子双方都觉得受到了欺负。妈妈前来征求我们的意见。

弗雷德提出了他的观点，我们表示理解，但不同意。然而，反抗或强迫他屈服是没有意义的，这只会让他倍感受伤，进一步破坏他与妈妈的关系。我们向他建议，既然妈妈来征求了我们的意见，我们会建议让他改到星期三上音乐课。弗雷德不太确定，他觉得妈妈是不会让步的，她太固执了——令人惊讶的是，许多孩子认为父母很固执，而父母却坚信只有孩子是固执的。我们向他保证妈妈一定会接受我们的建议。弗雷德突然表示不愿意这样做了。他不确定是否应该要求妈妈让步。"为什么不呢？你星期六参加球队活动获得的益处比妈妈星期三参加朋友聚会获得的益处更多。""不，"男孩沉思着，"不是这样的。爸爸去世后，这些朋友对妈妈来说非常重要。错过朋友聚会对她来说是不好的。""那么，我们该怎么办呢？""我想我们还是保持原样吧。"

弗雷德为什么突然让步呢？因为他一旦明白自己的理由和权利得到了理解和欣赏，就不再觉得自己受人摆布了，也就可以自由地审视整个局势的需要了。

任何人在感到受人摆布时都会变得不可理喻。我们不能通过把自己的意志强加给别人来赢得合作。

实际上，在所有人际关系中，合作都是随时存在的，但我们很少看到它的本质。有时父母需要重新调整合作的模式。第二章的大卫和乔治实际上是通过相互合作来维持现状的。当"好"大卫激怒乔治成为"坏"孩子时，后者就做出"坏"行为来配合！如果他的"坏"哥哥表现得像个"好"孩子，大卫会感到非常难过，会觉得自己的地位受到了威胁。两个男孩互相配合，让妈妈忙着表扬大卫，责骂乔治。在这种既定的互动模式或相互合作中，任何一处的改变都将扭转整个局势。告诉乔治他也可以做个好孩子是徒劳无益的。必须默默地激励他改变合作的方式。乔治永远不会相信自己能成为"好"孩子。此外，如果乔治开始变"好"，他的弟弟就会加倍努力使他变"坏"。然而，妈妈经过自己的理解，可以通过改变她对兄弟俩行为的反应来改变这种互动模式。首先，既然乔治认为自己是"坏孩子"，妈妈就可以拒绝接受他的自我评价。她可以停止所有关于"好"与"坏"的评论。每当大卫展现自己的优秀，妈妈都可以平静地接受，然后说："好的，我很高兴你喜欢做这件事。"每当乔治做出不当行为，妈妈都可以抱住他说："我理解你。"但也许你会说，这很难做到。当然了，谁说做父母是一件易事呢？

第十五章
避免过度关注

这家人正在夏日小屋度假。一天，爸爸出去钓鱼，妈妈在厨房干活。两岁的希尔达站在门前。"妈妈。""怎么啦？""妈妈？""什么事，亲爱的？""妈妈——""怎么啦，亲爱的，有什么事吗？""妈妈！"妈妈走向她的孩子。"怎么啦？""散步？""过一会儿吧。"妈妈回到厨房。希尔达站在门口，鼻子紧贴着屏风。"妈妈。""怎么啦？"同样的对话重复了三次。当孩子第四次开始叫妈妈时，妈妈又朝她走去。"噢，好吧，希尔达。我们去走一小会儿，但我还得回来准备晚餐。"妈妈拉着她的手，扶她走下台阶，母女俩一起去散步。

希尔达没有去找妈妈，而是让妈妈来到自己身边。妈妈做出了正面回应，屈服于希尔达的过分要求。

一个总是寻求关注的孩子必然是一个不快乐的孩子。他觉得除非自己得到关注，否则就毫无价值，无足轻重。他不断地对外寻求确定感，以确保自己是重要的。既然他打心眼里对此感到怀疑，那么再多来自外界的肯定都无法打动他。第一次妈妈注意到了他，几分钟后，他还会问："妈妈还在意我吗？我还是重要的吗？"这是一个永无止境的怀疑怪圈。多么悲惨的处境啊！那么妈妈要怎样才能帮助孩子呢？

当希尔达成功地让妈妈对她的每一次心血来潮做出回应时，这种回应就变成了一堵限制她的墙，使她没有空间去寻找另外一套价值观。希尔达的做法是有效的。假设妈妈后退一步，拒绝回应这些过分的要求。希尔达没有获得她习惯的满足感，那么在最初的抗拒之后，她会去探索其他的方式来获得归属感。她可能需要一些帮助，来找到一些建设性的方法，否则她的探索可能会导致自己做出更具破坏性的行为。当她做出适当的行为时，妈妈要关注到并给予认可。像现在这样，妈妈任由女儿奴役自己，是缺乏自尊的表现。而她的回应也恰恰表现出了对希尔达缺乏尊重，因为在没有她的帮助下，她对孩子自处的能力表示怀疑。

希尔达叫妈妈的时候，妈妈可以不到她那儿去。希尔达第一次叫妈妈的时候，妈妈可以愉快地回答，但不过去，并表示自己现在很忙。然后，当希尔达再次叫妈妈时，她可以干脆不回答。两个大人可以一起玩这个游戏！孩子可能会尖叫，但妈妈可以合理假设，由于她正忙于一些必要的事情，希尔达会主动过来找她。妈妈有权利继续做自己的事情，也有义务训练她的孩子学会尊重环境的需要。希尔达没有权利想什么时候散步就什么时候散步。公平起见，妈妈也没有权利屈服于希尔达心血来潮的要求。希尔达必须学会在接受秩序和形势的需要中发现益处。妈妈可以规定一个散步的时间，只在那个时候带希尔达去散步。如果希尔达来找妈妈，要求出去散步，妈妈可以说："现在还不是散步的时候，希尔达。"不管希尔达怎么抗议，妈妈都要坚定地继续做自己的事情。

  一天下午，妈妈的朋友顺道过来喝咖啡。当他们来家里时，三个孩子中最小的玛丽跑了进来，讲起了自己和小伙伴闹得不愉快的故事。妈妈说："我猜她今天下午身体不太舒服。""为什么呢，妈妈？"妈妈试图回答这个"为什么"。每当妈妈讲完，孩子又会问另一个"为什么"。最后，妈妈让玛丽自己去玩，这样她才能招待朋友。玛丽出去了，但很快又带着更多的"为什么"回来。一下午大部分的时间就这样被消耗掉了。最后，妈妈只好向她的朋友坦言："家里一来客人，她就会用这种方式来引起关注。"

妈妈完全知道玛丽在干什么！玛丽是小宝宝，她觉得需要把所有的注意力都集中在自己的身上。对她来说，让妈妈围着自己转而不是和朋友待在一起，比培养她自己与同龄人的友谊要重要得多。然而妈妈似乎并没有意识到女儿的行为不当，她原谅了女儿。妈妈知道玛丽在做什么，但不知道她这样做的含义。一旦意识到孩子非要妈妈围着她转，只是因为她觉得自己一旦不是注意力的中心就会完全迷失自我，妈妈就可以用拒绝给予过度关注的方式来帮助孩子，这样玛丽才能成长起来，逐渐能够独立自处。

有客人在场时是很难训练孩子的。然而，在第一次被打断时，妈妈还是可以说："现在家里有客人，你是想去和朋友一起玩呢，还是回房间去呢？"这给了玛丽一个选择，能够激发出更强的合作意愿。

当孩子向我们抛出一连串"为什么"时，我们总是可以心存怀疑：其中到底有几次是真正为了寻找答案？我们总是低估我们的孩子。孩子明明已经知道答案，但还是无数次地问"为什么"。为了持续吸引父母的注意力，他可能会一直忙着思索下一个"为什么"。他的脸上是什么表情？真的感兴趣吗？问这个问题有道理吗？好好看一看吧。大多数时候这些"为什么"都是毫无意义的。孩子只是在用"为什么"来让父母围着自己转。他能感觉到父母想要"教"他的欲望，并利用它来获得关注，而不是真的想"学"！如果我们停下来认真观察，很容易就能分辨出个中区别。如果我们发现孩子的问题中出现重复的短语，逻辑顺序不合理，形式和内容上重复，在上一个问题还没解答之前又冒出一个新的问题，那么可以肯定，我们已经落入了孩子的陷阱。这时我们可以会心一笑，说："我很喜欢和你玩'十万个为什么'游戏，不过现在我得去做别的事情了。"或者单单是一个会意的微笑就足够了，一句话都不用说。孩子可不喜欢被抓现行。如果孩子表现出明显的无辜、怨恨，甚至为了重获关注而加倍努力，不要感到惊讶。这时，撤离现场是一个明智的选择。

五岁的约翰在四个孩子中排行老三，是家里的"好孩子"。但他总是做一件让妈妈心烦意乱的事。每次妈妈一打电话，他就想方设法地打断她。他必须给她看一些东西，要求去外面，叫朋友来家里，想吃点什么，想要一个够不着的东西，或者想知道某些玩具放在哪儿。有时妈妈会停下来回答约翰，有时会责备他："别来烦我，等我打完电话再说！"这时约翰通常会去逗他的小妹妹，把她弄哭！

约翰是排行中间的孩子，他或多或少感觉到被冷落了。于是他找到了一种极佳的方式来证明自己的重要性。他可能会发现，当妈妈忙于照顾小宝宝时，想要引起她的注意力是不可能的。但当她在打电话时，他完全可以把她的注意力从另一个成年人身上抢过来！

约翰的野心太大了。他无时无刻不想得到关注。他的"好"只是为了赢得妈妈的认可，而不是为了真正的益处。妈妈需要引导他不再去寻求过度关注。首先，她必须认识到，这个"好孩子"实际上对自己的位置并不确定。她必须表现出对他的兴趣，但不是在他提出不当要求的时候。每当妈妈打电话，约翰来打岔时，妈妈就要继续打电话，好像这孩子根本不存在一样，即便她压根儿听不见电话那头说的一个字。她的朋友也需要被告知这场闹剧背后的实际情况，他们也会理解的。妈妈无论如何都不能让步。这需要很大的毅力和决心，尤其是当约翰开始逗他的妹妹时。别担心，妹妹能搞定的！这样做能训练约翰学会独立自处，而不是依赖于他人的关注和认可，付出这些代价是非常值得的。

每当我们不再回应孩子对关注的过分要求时，必须确保在他表现出合作意愿时给予关注，这将帮助孩子重新评估他的行事法则。当希尔达独自快乐地玩耍时，妈妈可以说："你知道该如何照顾自己，这真是太好了。"当玛丽和她的玩伴相处得很好时，妈妈可以说："我很高兴你玩得开心。"当约翰表现得很友善而没有什么特别的目的时，妈妈可以满意地说："我很高兴你喜欢和我们在一起。"

孩子们需要我们的关注，但我们必须意识到适度关注和过度关注之间的区别。如果我们发现自己围着孩子转的行为已经超出了合理范围，对此感到烦恼或痛苦时，就可以肯定，我们正在面临着过度的要求。我们要认真研究形势。当前的形势到底需要什么？如果我们不作干预，孩子能自己处理吗？我们的反应会如何影响孩子的自我认知？这样做是否在向他证明，没有我们的帮助他也能做到，还是会诱使他继续做一个他自以为的无助、软弱，总是需要帮助的人？为了帮助我们的孩子认识到，他们必须根据情况的需要做出贡献并以此来获得人生的满足感，我们就必须停止让他们从目光短浅的"索取"中获得好处。

第十六章

避免权力之争

"把狗食盆倒干净。"妈妈严厉地命令苏埃琳。"噢,见鬼。我为什么要这么做?""我说了把狗食盆倒干净,小姐,马上就去。""我不明白为什么我得做这事。""因为我叫你去做。"女孩耸了耸肩,巧妙地回避了妈妈的要求。几个小时后,妈妈发现狗食盆还是脏的,上面爬满了蚂蚁。她把苏埃琳叫过来:"我记得我几个小时前就叫你去把狗食盆倒干净,你为什么不去做?现在好了,上面爬满了蚂蚁。快去倒了,马上!""好吧,好吧。"苏埃琳对着妈妈的背影敷衍道,但还是没去倒狗食盆。过了一会儿,妈妈发现狗食盆还是脏的。这一次她打了苏埃琳一巴掌,苏埃琳却面无表情。她拒绝哭泣。"如果你现在不把它倒了,你就早点上床睡觉去吧,别想看电视了。另外,你的跟屁虫(狗)也会被打一顿,活该。现在快去。""好吧,我去。"妈妈转身离开,苏埃琳朝狗食盆俯下身去,但她还是没去清理它。那天晚上,妈妈发现狗食盆还是脏的,没被倒干净。

苏埃琳和妈妈卷入了一场权力斗争。妈妈试图强迫苏埃琳听话,苏埃琳则想证明谁才是老大!

这种权力斗争的表现正在以惊人的速度增长。越来越多的孩子被绝望的父母带到指导中心和辅导员办公室。这是为什么呢?到底出了什么问题?今天的孩子胆敢做一些我们从未想过会对父母做的事情。这到底是怎么回事?

这个问题是由如今普遍的文化变化引起的。孩子们感受到了这个时代的民主氛围,对我们试图施加在他们身上的权威感到不满。他们通过报复来表达怨恨。他们抵制我们试图压制他们的企图,并向我们展示他们的力量。父母试图维护自己的权利,而孩子则向他们宣战,这就形成了一种恶性循环。孩子们绝对不会被支配或胁迫,一切征服他们的企图都是徒劳的。孩子们在权力竞争中比大人要聪明得多。他们不会被"表面"的社会后果或行为所带来的危险后果所抑制。家庭变成了战场,没有合作,没有和谐,取而代之的是怨愤和怒火。

妈妈成功让十二岁的帕蒂同意,一放学回家就自己清理饭盒,并把保温瓶冲洗干净。几天来一切都很顺利。有一天,帕蒂忘了清洗她的饭盒。当妈妈在操作台上发现盒子里有残羹剩饭,保温瓶里有酸臭的牛奶时,她气坏了,开始一顿责骂和说教。帕蒂答应会记住的。几天后,她又没有承担起自己的责任。这一次,妈妈想起了逻辑后果法。于是,她没去理会这种情况,但内心还是很生气。她心想:我倒要让她看看!第二天早上,她把午餐装在一个纸袋里,把买牛奶的钱放在桌子上。帕蒂知道发生了什么事,妈妈把饭盒留在操作台边上没动。她叛逆地想:我才不会洗它。发霉的残羹剩饭和酸臭的牛奶就这么留在操作台上。帕蒂继续用纸袋装午餐。日子一天天过去,妈妈越来越生气。她终于忍不住了,对女儿大发雷霆。帕蒂低着头,对妈妈怒目而视,没有一点要去清理饭盒的打算。最后,妈妈歇斯底里地把女儿推进厨房,站在她身边不停地打她,直到她把饭盒清理干净。"现在你长记性了吗?"妈妈尖叫着问。"是的,妈妈。"帕蒂保证。然而,第二天她还是没洗饭盒。妈妈彻底绝望了,决定放弃整个计划。"你就用纸袋装午餐吧。""我没意见,反正也没几个孩子用饭盒带饭的。"

帕蒂无视饭盒、妈妈暴怒的那一天是这场权力斗争的高潮。妈妈仍然在不由自主地试图让帕蒂去清理饭盒。她实际上是在利用逻辑后果作为一种惩罚——"我倒要让她看看"就是一种报复,和惩罚没有区别。尽管妈妈试图掩饰,帕蒂还是感觉到了妈妈的愤怒。妈妈并没有真正思考清楚逻辑后果的本质。当她把午餐装进纸袋,并给孩子提供牛奶钱时,她与真正的后果失之交臂。女儿拒绝合作,但还是吃上了午餐。如果她遵循逻辑的话,就会像往常一样准备午餐，但由于没有一个干净的容器来盛放，就只好放在操作台上。接下来该怎么办就看帕蒂自己了。

帕蒂想让妈妈知道，她不能强迫自己去洗饭盒。只要能不屈服于这种强迫，她什么都能接受。那么妈妈要怎么才能不用武力压制的方式来处理这种局面呢？

妈妈必须完全不关心饭盒干净与否。饭盒是帕蒂的，如果她不想去清理，那就没有干净饭盒可用。妈妈只能决定自己要做些什么。首先，发霉的食物和酸臭的牛奶肯定不能留在厨房里。把它们留在那儿是妈妈的报复。站在帕蒂身边"让她把饭盒清理干净"，这是在使用武力，只会让这场权力斗争继续下去。于是第二天，女孩不顾自己的承诺，再次没有清理饭盒。妈妈生气了，因为帕蒂违抗了她。她觉得自己的权威地位受到了威胁，她想让帕蒂知道，违抗自己的命令是不会有好下场的。如果妈妈能试着去找出帕蒂不洗饭盒的原因，并改变策略，那么帕蒂就根本不需要反抗！在这个案例中，孩子讨厌带饭盒是因为很少有初中生用饭盒带午餐的。那她为什么不一开始就说清楚呢？因为她利用这种情况让妈妈卷入一场权力斗争。她赢了。妈妈放弃了。妈妈本可以跟帕蒂友好地谈一谈，就能知道女儿对饭盒的看法，这样她就可以避免这场漫长而痛苦的斗争。"帕蒂，我看你今天没有洗饭盒，我猜你应该是不想用饭盒装午餐吧。要不我把午餐装在袋子里，给你钱去买牛奶怎么样？"一场权力斗争本可以就此叫停。

每当我们命令孩子做某件事，或者试图让他去做某件事时，就会引发一场权力斗争。但这并不意味着我们不能去引导或影响孩子做出正确的行为。这只是意味着我们必须找到一种不同的、有效的方法。我们必须抛弃那些过时的、无用的态度和方法，采取更为有效的态度和方法。

五岁的吉米快把妈妈逼疯了。她对吉米这么说，也当着他的面和其他人这么说。妈妈总是为这样或那样的事情和他争吵。吉米完全无所谓，油盐不进。有时妈妈气到打他屁股，最多也只能管用一小会儿。比如今天，吉米没能按时排便，妈妈多年来一直试图训练他按时排便。今天早上她叫他吃完早饭去上厕所，但他回来说他现在还不想去。妈妈就让他出去玩，继续做自己的事情去了。大约到了中午，妈妈把一些衣服放进壁橱时闻到了一股粪便味。她找来找去，发现吉米把大便拉在了他爸爸的帽子里！她跑出去，找到吉米，把他拽了进来，拿着帽子和他对峙，然后狠狠地抽了他一顿。他立刻尿了裤子，但她认为那是他挨鞭子的结果。然而，吉米那天一直不停地尿裤子，晚上还尿床了。

妈妈从吉米还是婴儿时就开始担心他的排便问题。她其实是在表示"我说你应该在什么时候排便，你就该在什么时候排便"。但吉米的行动表明"我想什么时候排便就什么时候排便"。在孩子还很小的时候，他就用这个方法击败了一个强势的母亲。吉米和妈妈的日常生活就是一场持续不断的权力斗争。对妈妈来说，要改变这种相互关系是不容易的,除非她知道问题出在哪里,以及她该做些什么。

许多家长对孩子的如厕训练表现出了过度的关切,也给自己制造了类似的困境。正常的关切和过度的关切之间的区别在于我们的态度。如果我们"坚持"要孩子学习正确的如厕习惯,就会招致反抗。如果我们期待并鼓励孩子进行正确的如厕训练,就是在寻求合作。一旦如厕训练已经持续了一段合理的时间,孩子似乎开始利用这一训练来获得过度的关注或抵抗父母的压力,那么就是时候退出了,不要再表现对此的任何关切,顺其自然吧。在所有类似的案例中,我们都发现了权力斗争的存在。我们可以先在其他一些更有利于维持秩序且无须斗争的领域解决问题。至于大小便的问题,妈妈可以让孩子就这么躺在尿湿的床上,如果他觉得不舒服的话可以自己换床单。如果他已经过了该穿尿布的年龄,妈妈可以给他穿上训练裤,尿了就随他去。当然,不能让他尿在客厅的地毯或家具上。所以,在他准备好不乱尿之前,他必须待在一个尿了也不会损害任何东西的地方。这一切都可以以一种随意的方式来进行,保持一种"这是你的问题,你觉得什么时候解决就什么时候解决,同时也有一些限制条件"的态度。如果得不到额外的关注或赢得比赛的满足感,孩子就会选择放弃这种不适。

读到这里,许多读者可能会感到困惑。其实有些时候,比如生命危险迫在眉睫时,我们也有必要动用武力。每当我们需要保持坚定,或处于一种需要动用武力来维持秩序的情况时,我们也可以给孩子施压。

　　五岁半的彼得因为重感冒没上幼儿园。一天下午，天气转好，雪开始融化，彼得想出去玩。"不行，儿子，你还咳得厉害。"男孩不高兴地噘起嘴。过了一会儿，妈妈听到门砰的一声关上了。彼得穿着雪服和靴子出去玩了。妈妈追出去拉住他的手，告诉他必须回屋里去。他不听。妈妈把他抱起来回到室内："我很抱歉，彼得。你今天不能在外面玩。"男孩气坏了，大哭起来。妈妈强行脱掉他的雪服。她知道让身体太热对病情没有好处。彼得怒气冲冲地跑到门口。妈妈静静地站在一边，坚定地堵着门。她没有再说什么，也没有试图阻止彼得发脾气。在一番尖叫和使劲之后，他开始剧烈咳嗽起来。妈妈什么也没说，只是继续挡着门。最后，彼得爆发了："我恨你，我恨你，我恨你！"他冲进自己的房间，扑倒在床上。妈妈继续干活，留下彼得一个人发他的脾气。

在外行人看来，这像是一场权力斗争。彼得想出去，妈妈用武力阻止他。可事实上，妈妈并没有陷入权力斗争。她这么做只是为了维持形势所要求的秩序。我们该如何区分这两者呢？关键就在于妈妈的态度。妈妈有义务保持坚定，维持秩序。她两样都做到了——不带任何愤怒、沮丧的情绪或权威感。在这种情况下，秩序意味着遵守健康的规则。彼得和妈妈之间的斗争不是权力斗争，因为妈妈没有从中获益。这是一条重要的线索。每当我们想知道一种情况是否为权力斗争时，就可以自问："我能从这件事上获得什么好处吗？"

许多父母都在欺骗自己，认为自己所做的事情都是为了孩子好。那么，现在再来看呢，我们还如此确定吗？这样做会涉及我们的威信吗？我们能从中得到什么吗？如果孩子顺从了，我们会获得满足感吗？我们想让这个世界看到一个听话的孩子吗？我们想被看作"好父母"吗？还是成功的父母呢？我们是否想要"占上风"？

另一种区分我们是否卷入权力斗争的方法是看结果。经过我们的"训练"之后，孩子是否还继续做同样的事情？他反抗了吗？我们生气了吗？感到怨恨吗？

第三种区分是我们说话的语气。语气使我们的真实目的暴露无遗。我们听起来专横吗？气愤吗？有没有咄咄逼人？有没有显得苛刻？坚定的态度通常只需平静的表达，而权力斗争的突出表现为唇枪舌剑和愤怒的言辞。

彼得发脾气是因为他不能随心所欲。妈妈没有理会他的"我恨你"，她知道这不是真的，只是他当时的反应而已。维持了秩序之后，她就不再担心了。接下来的问题由彼得自己来解决。如果妈妈已经陷入了一场权力斗争，她就会深深卷入随后的反应中。

> 妈妈把车停在医生办公室门口，两岁的吉恩拒绝下车。妈妈恳求他下车，吉恩不听。"吉恩，我和医生约好

的时间到了。来吧,做个好孩子。"吉恩往座椅上一摊,拒绝下车。妈妈向她的朋友求助:"我该怎么办呢?"

妈妈可以把他抱出去!坚定地、安静地、不带任何感情色彩地维护秩序,顺应形势的需要。妈妈没有必要生气。只要妈妈保持冷静,就不会有权力的较量。

为了充分理解权力斗争,并制定出应对策略,我们必须重新评估我们作为父母的地位。我们必须非常清楚地认识到我们的新角色是孩子的领导者,并完全放弃权威的观念。我们根本就没有凌驾于孩子之上的权威。孩子很清楚这一点,即使我们不太清楚。我们不能再命令孩子或把我们的意愿强加给孩子。我们必须学会如何引导和激励孩子。下页图表将表明促进家庭和谐与合作所需要的新态度。在左边,我们列出了专制的态度;在右边,我们列出了用以取代它们的新态度。

一旦右栏中列出的态度或多或少成为我们的第二天性,我们就不会那么容易卷入权力斗争。如果我们的注意力集中在形势的需要上,而不是"要他听我的话",我们就有可能找到激励孩子做出理想反应的方法。每当我们下定决心要"让"孩子做某件事时,他们都能感觉到,并立即变得叛逆起来。他们可能会采取一种相当被动的策略,例如苏埃琳逃避清空狗食盆的任务;也可能会采取一种主动的报复方式,例如吉米在他爸爸的帽子里排便。

专制社会	民主社会
权威人物	见多识广的领导者
权力	影响
压力	激励
要求	赢得合作
惩罚	逻辑后果
奖赏	鼓励
把我们的意愿强加给孩子	允许孩子自己决定
控制	引导
孩子只能被看见，不能被听见	听着！要尊重孩子
你照我说的做	我们这样做是因为有这个必要
父母威信为中心	形势需求为中心
情绪化地个人介入	客观地置身事外

当孩子蔑视我们时，我们的威信就会受到极大的打击。在这一点上我们也可以做出极大的改变。如果只关注形势的需要，忘记威信受损的痛苦，我们就有机会改变整个局面。

上文讨论的许多规则都适用于权力斗争，最重要的一点就是要坚定——明确我自己该做些什么，而不是我要让孩子做些什么。然后，父母作为领导者，要明确形势的需求是什么，并努力去满足这些需求，而不是自己的偏好。理解、鼓励、逻辑后果、相互尊重、尊重秩序、日常规范和赢得合作，这一切都是化解权力斗争的手段。然而，一旦我们已经陷入权力斗争，使用逻辑后果通常是行不通的。即便是精心策划也会导致逻辑后果转变为惩罚——因为父母会把它当成自己在这场斗争中的武器。

最重要的是，所有父母都需采取的一步是认识到自己是如何引发权力斗争的。做到这一点并不容易，需要我们时刻保持警惕，否则就会不知不觉卷入其中。我们需要不断地自我提醒："我绝不能强迫我的孩子做任何事情。我既不能强迫孩子去做任何事，也不能阻止他做任何事。我可以尝试书中提到的所有技巧，但不能强迫孩子进行合作。合作不是强迫的，而是赢得的。只有鼓励而非命令才能让孩子做出正确的行为。但我可以利用我的聪明才智和幽默感来促成合作的意愿。"这实际上要求父母做更多的工作，而不是简单粗暴地使用武力。这些技能的发展使我们所有人天生的创造力得以发挥。一旦我们明确了以上规则，就能发展出各种各样的实践方式。重要的是，我们要意识到这样一个事实，即除了毫无意义地动用武力，我们还有很多事情可以做。

第十七章

从冲突中撤离

父母和孩子之间所发生的任何不愉快的情况都有两面性。这场骚乱是双方冲突的结果。如果一方退出,另一方就无法继续。如果父母从战场上撤离,就等于把孩子留在了真空中。孩子失去了观众,也不再有对手——没有什么人或物可对抗的了,也没有人可以统治了。"他的风还在吹,帆却已不在。"

这个短语比我们熟知的版本[1]更为准确,我们无法阻止孩子"兴风作浪",因此他的"风"是无法控制的。但是,我们可以把自己从孩子的风中撤出,这样一来,孩子的"兴风作浪"就变得无用且可笑了!

> 每天晚上七点半,睡觉之战准时打响。四岁的哈利是打拖延战的高手。"来吧,哈利,该睡觉了。"妈妈平

---

[1] 译者注:"Take the Wind out of Someone's Sails"直译为"撤走帆里的风",意即让人泄气。

静地说。"再等会儿,妈妈,我还不困。""可你睡觉的时间到了。"妈妈劝说道。"过一会儿就睡,等我把这幅画涂完。"男孩争辩道。"你现在就得睡觉,"妈妈严厉地说,"可以明天再涂。"妈妈想把东西收起来,哈利尖叫着用胳膊把蜡笔拢起来,不想被收走。妈妈犹豫着不想动手,只好做出让步:"好吧,那你就把它涂完吧。"哈利再次把注意力集中在涂色书上,嘴角挂着一丝微笑。妈妈坐在床上等着。孩子的蜡笔移动得越来越慢。妈妈变得不耐烦了:"你在故意拖时间,快点,把它涂完。""我想涂得好看点,必须得非常仔细才行。"男孩得意地回答。妈妈又不耐烦地等了一会儿,然后表示要把不再需要的蜡笔收起来。哈利抗议。妈妈坚持。哈利不情愿地让妈妈把一些蜡笔收起来,一边拿手挡着,一边又假装丢了一些,以此来捉弄妈妈。把这些东西收拾好后,哈利又想出各种办法来推迟上床时间。他在浴室里磨磨蹭蹭,在床上蹦蹦跳跳,一会儿又想喝水。最后妈妈终于给他盖好被子,回到了客厅。几分钟后,她的儿子又起来去上厕所,然后又想要一个晚安吻。到了九点钟,他还是没有一点想睡的意思。妈妈大发雷霆,打了他一顿,哈利尖叫起来。爸爸来到门口,责备妈妈:"我就不明白你们为什么每天晚上都要整这一出。哈利!闭嘴!上床睡觉!"终于,家里安静了下来。

哈利的直接目标是权力。他展现了自己有能力为所欲为，还能让妈妈卷入战斗。妈妈试图通过命令来让他服从，但最终认输，这让他对自己的力量有了更强的信心。哈利应该按时睡觉，但妈妈不知道如何引导他这样做。

要解决这个问题有好几种方法，其中一种就是从冲突局面中撤出。也许妈妈和爸爸能就该做些什么达成一致。让我们来看看这种方法可以怎样落实。

下午的游戏时间，妈妈对哈利说："晚上八点是你的睡觉时间，我会告诉你什么时候该去洗澡，爸爸和我会在八点钟跟你道晚安。八点以后我们就不再管你了。"到了晚上七点半，妈妈给哈利放洗澡水，叫他来洗澡。"我还想再玩一会儿。"男孩叛逆地回答。"洗澡水已经准备好了，亲爱的。"妈妈说着，回到了客厅。八点钟一到，妈妈和爸爸去了哈利的房间，哈利还在玩。"晚安，我的大男孩。"爸爸把儿子抱起来，给了他一个拥抱。"明天早上见。""晚安，亲爱的，做个好梦。"妈妈亲了亲他。接着爸爸妈妈回到客厅，打开电视。"可我还没洗澡呢。"哈利喊着，跑进了客厅。妈妈和爸爸表现得好像哈利已经睡着了。哈利爬到妈妈的腿上。"我想洗澡，妈妈。"哈利把脸凑到妈妈的脸前呜咽着说。"乔治，我们做点爆米花吃吧。"（妈妈耍了个小计谋来摆脱哈利。）妈妈站起身来，让哈利从她的腿上滑下来。哈利想尽一切办法吸引爸妈的注意。他尖叫、跺脚、倒立、拖着爸爸妈妈的腿，但没有起到任何作用。最后，他回到自己的房间，脱下衣服。过了一会儿，他又出来要求爸爸妈妈给他披被子，但爸爸妈妈在全神贯注地看电视，假装他已经躺在床上睡得很熟了。九点半左右，哈利独自爬上了床，没有人给他披被子，他哭着睡着了。

妈妈和爸爸一直保持坚决的态度。他们说了晚安，只为自己该做的事情负责。他们撤退了，把哈利独自留在战场上。他不顾一切地加倍努力，想把他们卷入让他上床睡觉的斗争中。他甚至通过哭泣来博取他们的同情，但他们毫不动摇。一种新的训练方式开始了，这从根本上改变了男孩与父母以及秩序的关系。第二天晚上，哈利可以按时准备洗澡，妈妈和哈利可以一起享受半小时的亲子时光。八点钟，爸爸妈妈会给哈利盖好被子，道晚安，然后让他自己睡觉。如果几分钟后，男孩起身去洗手间，要求喝点水，或再亲一下，妈妈和爸爸又会假装他已经睡着了。然后，他或许就会回去睡觉。大概率在一个星期之内，哈利就会欣然接受八点钟作为一天的结束。

另一种在哄四岁孩子睡觉时避免权力斗争的方法是坚定而安静地——一个字都不说！在适当的时候牵起他的手，帮他脱掉衣服，洗完澡，然后在他闹的时候表现出置身事外的态度，甚至可以回到自己的卧室，把门锁上。

三岁半的莎拉跑进厨房，妈妈正在做饭。"我想喝水，妈妈。"她哭哭啼啼地说。"别哭哭啼啼的，莎拉。你好好说话，否则什么也别想得到。""可我就是想喝水嘛！"孩子更大声地哭喊着。"我受不了你这么哭闹，快停下！"莎拉啜泣着，抱住妈妈的双腿，把脸埋了进去。"你能好好说话吗？""请问我能喝水吗？"莎拉依旧哭哭啼啼地问。"噢，看在上帝的分上，拿去吧！"妈妈把水给了她。

人们总说所有的孩子都会经历这样一个哭闹的阶段。大家都告诉我们要有耐心，他们总会长大的。然而，真的没有必要"忍受"这些哭闹。莎拉忽视了妈妈的要求，展现了自己为所欲为的能力。妈妈命令她"快停下"！但莎拉还是继续，于是妈妈让步了。

我们其实可以做点什么来改变这种状况。我们可以拒绝满足孩子哭闹着提出的要求。但我们必须撤出——一句话都不要说！如果我们站在原地，就会成为现成的靶子，最终肯定会屈服的。妈妈可以放下手头的事情，来训练孩子。她可以关掉燃气，去洗手间！

我们称之为"洗手间法"。按照习俗，这是房子里唯一一个象征着隐私的地方。这绝对是一个理想的大后方。我们应该在洗手间里放一个杂志架，摆上各种小说，还有一台收音机来隔绝噪声。每当莎拉开始哭哭啼啼，妈妈就消失在洗手间里。什么都不用说——没有那个必要。莎拉可能很快就会改变她的说话语气。

妈妈听到厨房里有声音,于是前去查看。她发现四岁的拉里正站在操作台上,伸手去够架子顶层的糖果。"你现在不能吃糖了,拉里。快要吃午饭了。"妈妈把儿子抱下来。"我现在就要吃。"他尖叫起来。"不,拉里。我现在就做午饭。""糖!"男孩大声尖叫。"拉里,听话。"孩子扑倒在地,又叫又踢。"你想让我打你屁股吗?"妈妈暴怒,"别吵了!""我恨你,我恨你。""拉里!这是什么话!"男孩的脾气更大了。"拉里,别闹了。过来,我给你一块糖,现在别叫了。"拉里渐渐平静下来,拿起了妈妈递给他的糖果。

妈妈一开始拒绝给糖,但拉里迫使她让步。拉里赢得了这场比赛,增强了对自己力量的信心。妈妈其实可以通过从现场撤退这一招来让孩子的发脾气失效。尖叫声一出现,妈妈就可以把糖拿走,去洗手间。让拉里在真空中发脾气吧。没有观众,发脾气是没有意义的。

那天下午,妈妈和五岁的艾伦去拜访了一位朋友。这位朋友的儿子查克通过大发脾气来达到自己的目的,这让艾伦看呆了。晚上在家吃饭时,艾伦离开餐桌去了洗手间。这个家里有一个良好的传统,即如果有人在吃饭时离开桌子，就不能回来继续吃了。趁艾伦不在，妈妈急忙告诉爸爸下午去朋友家的事。爸爸表示理解。妈妈拿走了艾伦的盘子。艾伦上完洗手间回来，发现自己的盘子不见了，于是立刻倒地撒泼，很明显是在模仿查克。妈妈和爸爸继续吃饭，假装艾伦不存在。不一会儿，他们听到他喃喃地说："噢，这有什么用啊？他们根本就不搭理我！"妈妈努力憋住不笑出声来。

妈妈熨衣服时，十个月大的艾利森在地板上玩耍。熨完衣服后，妈妈抱起婴儿把她放进围栏里。艾利森不愿意，哭了起来。妈妈试图分散她的注意力，但艾利森向后一扑，拱起背，大声尖叫。妈妈于是去了洗手间。十分钟后，她回来了，发现艾利森正在快乐地玩着球。

即使是十个月大的婴儿也想要为所欲为。妈妈正在训练艾利森接受指令。她尊重艾利森发脾气的决定，并把场地让给了她，但没有给予她期望的关注或服务。

从冲突局势中撤出是最令人印象深刻的一步。这绝不意味着远离孩子。爱、感情和友好还是得以持续。在发生冲突时撤退实际上有助于维持友谊。当一个孩子特别叛逆时，我们通常是感觉不到友好的——甚至更倾向于打他一顿。双方的敌意会对亲子关系造成很大的伤害。当我们能够熟练地应用即时撤退的策略时，就会发现孩子也会给出惊人的回应。由于他们十分渴求归属感，一个空荡荡的战场反倒是最令他们感到不安的。他们很快就会改变自己的行为，不再发那没用的脾气。一旦这一方针在家里建立起来，孩子很快就能感觉到边界。孩子一旦越界，父母就从战场撤出，孩子会迅速放弃冲突，并表现出渴望再次合作的态度。既然要培养孩子的合作精神，我们在这里为大家提供了一套赢得合作的绝佳方案。

或许很难看出这套方案正确在哪里。乍一看，我们似乎是在让一个孩子"混过去"。然而，如果我们仔细观察孩子的动机，就会发现，在大多数的冲突场景中，孩子都是想要博取我们的关注，或者想把我们拉入一场权力竞赛。如果我们允许自己参与其中，就是在屈服于孩子的计谋，同时强化了他错误的目标。因此，我们的训练必须针对问题的根本，而不是表面。口头上"纠正"孩子的不良行为是徒劳的。如果我们希望训练一个孩子做出更好的行为，就必须采取一些行动来引发他态度上的转变。如果发现自己想要随心所欲的尝试只会为他赢得一个空荡荡的战场，他很快就会转向一个新的方向，最终发现自己其实可以通过合作来获得更多好处。如果无法随心所欲，他就会一步一步学着应对形势的要求。就这样，他逐渐发展出了对现实和父母的尊重，这两者代表着现有的社会秩序。

一旦在家里建立了适时撤退的机制，在公共场合处理冲突就会容易得多。我们可以逐渐形成一种"精神洗手间撤退法"，这也是有效的。孩子们极其敏感，他们能感受到父母的撤退和不介入。我们在第七章莎伦的故事中看到了这种态度的影响。当莎伦发脾气时，妈妈安静地走在前面，退出了这场冲突。莎伦意识到了这一点，于是很快放弃，回到了妈妈身边，妈妈则立即接受了她，没有任何责备，接下来的散步过程变得十分愉快。当我们的孩子在公共场合调皮捣蛋时，我们面临着严峻的考验：感到羞耻和屈辱，因为他们把我们置于一个似乎不称职的父母的位置。孩子们在公共场合的表现就是家庭训练的副本。如果他们在家里"管不住"，在公共场合也会表现不佳，我们是在自食其果。问题是，孩子们总会在公共场合做出更多的不当行为，那是因为他们能感觉到我们的脆弱处境。然而，我们也可以采取"精神洗手间撤退法"，把所有的旁观者也牵扯进来。同样地，一旦把注意力集中在形势的需要，而不是我们自己的个人威信上，我们就握住了解决问题的钥匙。

第十八章
去行动！多说无益

"我到底要跟你们说多少次吃饭前要洗手？你们三个都赶紧的，把手洗干净之前谁也别回来吃饭！"三把椅子在地上拖动，三个孩子离开了餐桌，妈妈继续喂一岁的婴儿。

"我到底要跟你说多少次……"这句话在成千上万的父母口中被歇斯底里地重复了成千上万次。这句话的目的也就仅限于此：表达恼怒。作为一个训练的工具来说，它毫无用处。甚至当我们问出"说了多少次"这个问题时，恰恰表明了"说"并没有起到指导的作用。孩子们学得很快，"说"一次通常就能让他们明白某种行为是不被允许的。从这时起，他们就知道继续这样做是越界的。

那么，为什么这三个孩子还要继续不洗手就上桌吃饭呢？他们隐藏的目的是什么？这样做的结果是什么？妈妈又做何反应？她对此表现得大惊小怪。往常妈妈的注意力都集中在婴儿身上，当她突然发现三双脏手,注意力便转移到了另外三个孩子身上。他们违抗了一项规则,并得到了回应。妈妈的反应正中他们下怀,达到了他们的目的。听妈妈的话去洗手是多么的愚蠢啊!洗了手还怎么让妈妈围着自己转呢?

如果妈妈真的想改变孩子们的行为,就必须采取行动。言语是无用的。出于对孩子们的尊重,她不能决定他们要做些什么,但她可以决定自己要做些什么。"你们不洗手的话,我是不会和你们坐在一起吃饭的。"妈妈可以把盘子拿走,不给手脏的人提供食物。第二次妈妈发现有人不洗手就上桌时,她甚至都不用解释为什么不给他们上菜。现在情况发生了变化,妈妈不再围着他们转了,那么不洗手还有什么用呢?

妈妈从厨房的窗户往外一瞥,看到八岁的布莱恩——四个孩子中的老大——正在用他的BB枪瞄准邻居家的窗户。"布莱恩,过来,亲爱的。我想和你谈谈。"男孩放下枪,慢慢地向妈妈走去,妈妈为他打开纱门,把他领到书房,让他坐在脚凳上,她自己坐在椅子上。"好了,你知道,亲爱的,当我们给你BB枪的时候,我们就告诉过你它很危险。我们在娱乐室为你建了一条特殊的射击道,在那里玩BB枪不会伤害任何人,也不会破坏任何东西。对不对?"布莱恩睁大眼睛天真地看着妈妈,给人的印象是他对这场小小的谈话很感兴趣,但他没有回答。"你知道BB枪可以打破沃德太太家的窗户吗?"男孩的眉毛上扬了起来。"你看,亲爱的,那些子弹有相当大的力量。只要角度合适,就会打破窗户。你不会想这么做的,对吧?"布莱恩垂下眼睛。"毕竟,亲爱的,你知道,如果你真的打破了窗户,我们就得赔钱,你不希望这种事发生,对吧?"布莱恩又抬头认真地看了妈妈一眼,但还是什么也没说。"你现在想不想到楼下我们为你安排的地方去玩枪呢?我想那样会比较好。"男孩把头一偏,晃着脚说:"我想去外面玩。""好吧,儿子,那就把枪留在家里吧,好吗?""好吧。"他耸耸肩。

几天后,妈妈发现儿子在用BB枪近距离射击瓶子和罐头。她又把他叫来谈话,重复了一遍玩枪的注意事项,再次提醒他子弹弹跳的危险。布莱恩又表现出一副十分认真的样子。在这次"谈话"之后,他又把枪留在了家里,到外面去玩别的了。

妈妈在"和孩子讲道理"的观念指导下,不认为她应该惩罚或"压制"布莱恩。所以她除了言语之外也没别的可做了。许多父母总是没完没了地说一堆。但孩子的行为背后总是有目的的,所以他根本就不打算改变,他会觉得这些谈话无聊至极,很快就产生了免疫力,以至于"妈妈一说话就变聋"。这种选择性失聪会逐渐作用在所有想通过语言来为他提供指导的人身上。家长和老师都见过很多孩子"把我说的话当成耳旁风",但他们还是在继续这种徒劳的努力,甚至成倍地唠叨。

语言应该是一种交流的手段。然而，在冲突的情况下孩子是不愿意倾听的，语言就变成了武器。在发生冲突时，你无法通过语言传达给孩子任何信息。此时他已经完全失聪了，无论对他说些什么，都只会激起他的口头反驳。一场唇枪舌剑就此上演。即便孩子没有说任何反驳的话，他也采取了反叛的态度，并且将这种反叛付诸行动。故意挑衅或调皮捣蛋是孩子最常见的反叛行为。

布莱恩装出一副在听的样子，因为这样做能帮他达到目的。实际上他一个字也没听进去，也无意执行任何一条他接到的指示。为了达到他的目的，表现出听话的样子只是一个小小的代价而已。如果妈妈认真观察并解读他的面部表情，就会发现布莱恩其实是在嘲笑她。

如果讲道理没有用，妈妈又不赞成惩罚——那到底该怎么办呢？妈妈可以行动。她可以从布莱恩手里拿走BB枪。"我很遗憾你不愿意遵守规则。等你准备好了就可以把枪拿回去。"这样做一两次之后，如果还没有任何改善，就应该把枪处理掉，绝对不要再多说一个字。

布莱恩的故事有一个悲惨的续集。他继续随心所欲地玩枪。一天，他近距离瞄准了一个瓶子。一颗子弹崩进了他的眼睛，他失去了那只眼睛。

"珍妮特，把你的睡衣往上拉一拉，你那样走路会摔倒的，快上楼去睡觉吧。"妈妈转身向客人解释说，"那些睡衣是我昨天特价买的，对她来说太大了，但你们知道孩子有多么喜欢新鲜的东西,她现在一定要穿新睡衣。我本来想留着明年给她穿的。"这时,大家都注视着那个仍然站在楼梯上对大家开心微笑的女孩。她低头看了看自己那双藏在过长的裤腿里的脚,她试着晃了晃脚,多出来的裤腿显得十分可爱。她再抬起头来,调皮又开心地微笑着打量大家。妈妈再次命令道:"珍妮特,快把裤腿拉起来,别摔倒了。现在上楼去吧。"孩子慢慢地转过身来,拖着长长的裤腿向上爬了一级台阶,又抬起另一条腿,然后又转过身来,站在那里看着大家。妈妈背对着她,她就这样在楼梯上站了一会儿,听着大人们谈话。然后她坐了下来,伸直双腿,长长的裤腿晃来晃去。妈妈发现了客人们的笑眯眯的目光,于是转过身来喊道:"珍妮特!你想摔倒吗?快把裤子拉上,上楼去吧。卡尔,你去看着珍妮特。"珍妮特转过身,迅速爬上楼梯,任由长长的裤腿拍打着台阶。爸爸出现时,她已经爬到了楼梯顶上。

有多少次,我们看到孩子周围潜在的危险并警告他们要小心!如果他们认真听进去的话,就会非常害怕,不敢朝任何一个方向前进!妈妈的话太多了,她利用语言来威胁孩子,用恐惧来威胁孩子。

珍妮特很清楚该如何控制睡衣的裤脚。她的动作十分谨慎,不可能意识不到其中的危险。睡衣和妈妈都在她的掌控之中。妈妈对她如此关心，她感到很愉快。她知道自己该上床睡觉了，但她利用这个机会把妈妈的注意力从她的朋友们身上转移到了自己身上。对珍妮特来说，这证明了她有能力让妈妈来关心她。形势越具有挑战性，她就赢得越漂亮。妈妈的反应正中珍妮特的下怀。

很多时候，父母唯一应该做的就是把嘴闭上。第一次尝试的父母可能会觉得这样做非常困难。他们深感压力，总觉得自己该对这种情况做点什么。没过多久他们就会发现，正是这种沉默缓解了紧张的局面，恢复了家庭的和谐。然而，有些妈妈不用张嘴也能大喊大叫！

妈妈应该闭口不谈珍妮特的睡衣。她应该采取行动，让孩子选择是自己上床睡觉还是被抱上去。

一个星期天，五岁的特里站在主日学校教室的角落里哭泣。妈妈求他别哭了："如果你再不停下来，我就要走了，把你一个人留在这里。"男孩哭得更大声了。"现在我真的要走了。"特里尖叫着，跟着妈妈朝门口挪动。她都已经在门外了，但特里发出一声刺耳的哀号，于是她又立刻闪身进来。"好了，特里，你必须给我停下，不要再哭了！"这时老师介入了。"X太太，你要不还是走吧，特里会没事的。""我恐怕得带他离开教堂了，我们出门前他就在闹。""我相信特里准备好之后就会加入我们的。我们很高兴你能和我们一起上课，特里。记住，我们是朋友。"妈妈走了，特里停止了哭泣，但还是在角落里待了一会儿。老师去照顾别的同学了。过了不久，男孩加入了集体。

面对一个尖叫、叛逆的孩子，妈妈感到十分无助，她试图用语言——越来越多的语言，甚至是威胁来迫使儿子屈服，即便她一开始并不打算这样做。她想"让"他停止哭泣，而不是让自己从他的压力中解脱出来。哭泣往往是一种"泪水的力量"。

五岁的乔治在超市里爬过一辆辆的购物车，然后飞快地冲向围栏，坐在旋转闸门上。"乔治，快下来。你会受伤的。"男孩不理睬妈妈，双膝吊在栏杆上倒挂下来。"快点，乔治，快下来，别伤着自己。"妈妈边说边从一堆购物车里拉出一辆。她的儿子翻身坐在旋转门上，调皮地阻止另一位女士通过。妈妈喊道："乔治，快下来，让那位女士过去。"乔治爬了下来，然后爬上购物车。"乔治，别闹了！"妈妈离开他，一个人去购物了。乔治一直在栏杆和旋转门上玩耍，最后妈妈买完东西回来，跟在他屁股后面叫他回家。

很多时候，父母觉得说教本身就自带惩罚的效果。可当孩子怎么说都不听时，父母通常会选择撤退，让孩子成为不受约束、随心所欲、无人管教的胜利者。这样做在训练孩子的合作能力方面没有取得任何成功。父母模糊地意识到了这一点，但下一次，他们还是加倍努力，通过"和他讲道理"来"教育"孩子，结果往往是一样的。

为了摆脱这种困境，我们必须学会用行动代替语言。我们必须把这句话当作座右铭："在发生冲突时，闭上嘴，开始行动。"

乔治已经达到了"妈妈一说话就变聋"的境界。妈妈应该闭上嘴，开始行动。可事实恰恰相反，她用危险来威胁孩子，并期望能以此赢得合作。乔治比妈妈更清楚什么是危险。他完全了解自己的身体潜能，知道这样做几乎不会发生危险。很少有孩子在超市里爬过栏杆和旋转门时受伤。

当妈妈发现自己的话不起作用时，她退缩了，任由乔治成为一个无拘无束的胜利者。但最后她又去告诉他，自己准备走了，这样他就不会被一个人留在那里。显然，乔治把妈妈训练得更好，让她时刻照顾到他的需求，妈妈则没能把乔治训练好，让他做出得体的行为。

儿童在超市里的不良行为已经变得如此普遍，以至于被认为是正常现象。事实上，超市可不是游乐场。孩子们可以通过训练来理解这种差异，并据此做出相应的行为。

在他们进入超市之前，妈妈可以说："乔治，超市不是游乐场。你可以和我一起逛，帮我拿东西。"当乔治跳上购物车时，妈妈可以立即拉着他的手走出超市，把他带到车里。"很抱歉，既然你不想在超市里好好表现，那么你可以在车里等我。"

通过如此坚定的行为，妈妈可以让乔治明白她是认真的。她要坚守立场，下一次购物的时候不要带他，但在下下次购物时，她可以允许他选择和她一起去,前提是他认为自己能守规矩的话。她必须抵制住用言语威胁的诱惑——"如果你不守规矩的话,就得待在车里。你不希望发生这种事情对吧?所以你会乖乖的,是吗?"他不会乖乖的。

只有以下两种形式的行动不会表达敌意,因此也不会增加敌意:一种是使用自然后果,另一种是——如果无法使用自然后果——从当时的情境中撤离。

> 四岁的约翰尼在花园里跑来跑去,践踏着妈妈刚种好的花苗。"约翰尼,从我的花园里出去!"孩子继续在新播种的苗圃上跑来跑去,好像没有听到妈妈的话似的。"约翰尼!滚出我的花园。你把花苗都踩坏了!"他继续不顾一切地跑来跑去。妈妈又对他大吼了四次。他继续跑,直到跑累了为止,然后笑着跑向灌木丛,在阴凉处坐了下来。妈妈看了他一眼,继续干活。
>
> 几天后,约翰尼跑到了邻居院子里新种的苗圃上。他故意在一排排的苗土上快速地踩踏。邻居出来紧紧地抓住他的手,把他领到用篱笆围起来的院子门口。"看这里,年轻人,这个院子不欢迎你,快离开这儿。"她抬头一看,约翰尼的妈妈正朝他走来,这才意识到刚才的对话被偷听了。"他弄坏东西了吗?"他妈妈问。"当然了,"邻居生气地回答,"他太小了,还没有足够的理智远离花坛,我不想让他出现在这个院子里了,不管是现

在还是以后。""哦，对不起。"妈妈生气地回答。邻居继续说："他不听我的话，也不听你的话。最好别再让他到这个院子里来了。"约翰尼突然抽泣起来。"我可怜的孩子。"妈妈一边安慰孩子一边把他抱起来。她朝自己的院子走去，孩子靠在她的肩膀上啜泣着，她安慰他不要理"那个刻薄的老女人"。

约翰尼是一个误入歧途的男孩，他觉得除非自己能为所欲为，否则就毫无用处。他是个暴君，爱怎么做就怎么做，没有人能阻止他——至少无法用语言来阻止他！当他觉得把妈妈惹得够烦了，就决定不再践踏她的花园了。妈妈不断的告诫被当作耳旁风。既然她除了说话之外什么也不会做，约翰尼就会继续为所欲为。

而邻居则采取了行动。她把他带出了院子。当然，她说约翰尼年纪小不听话，以此表达了对约翰尼和他妈妈的愤怒。约翰尼的妈妈觉得他受到了攻击，便立即对他表示同情，这当然是不合理的。既然儿子的行为引起了他人的愤怒和敌意，她就应该允许他经历他人对这种行为的排斥，而不是用没头没脑的同情来保护他。妈妈为约翰尼感到难过，这进一步助长了他的暴君行为。他现在知道了，他不仅可以在家里随心所欲，在外面也可以为所欲为，反正妈妈会保护他的，不会让他承担任何不愉快的结果。但约翰尼的暴君行为在社会上是无法被接受的。一个暴君不具备社会功能。事实上，约翰尼只是想要获得归属感。他独自一人生活在一个成年人的世界里，爸爸妈妈老来得子，于是纵容他的每一次心血来潮,让自己成为他卑微的仆人。就这样,他们破坏了他通过做贡献来获得归属感的自然倾向,助长了他的错误假设,即只有当他能压倒所有高大的成年人时,他才能获得归属感。

为了帮助约翰尼摆脱错误的做法,父母必须首先认识到他们自己对如何表达爱的观念是错误的。接下来,他们必须采取行动,而不是空谈。

如果妈妈能牵着约翰尼的手把他领进屋里,约翰尼就会对花园事件留下更深刻的印象。"既然你不想守规矩,那么我很抱歉必须带你进来。等你准备好了再出去玩。"妈妈不需要对他的行为或这样做为什么是错的做任何进一步的解释。他自己心里很清楚,不应该践踏刚种好的苗圃。但由于约翰尼已经是一个暴君了,这种新的训练方法将遭遇激烈的抵抗。当他又开始在花园里乱踩时,妈妈可以再次把他带到屋里并说:"你守规矩就可以出去玩。"每次都应该给约翰尼再试一次的机会,当他表现出不愿意服从时,就应该把他带回屋内。只要妈妈保持冷静、安静地确立自己维持秩序的权利,就不存在权力之争。她的坚持会收获理解,最终,她的行动会带来尊重。约翰尼亟须学会尊重。要做到这一点,只能靠行动,不能靠语言。

第十九章
不要赶苍蝇

妈妈用婴儿车推着快两岁的康妮,突然孩子伸出一只脚,用鞋尖在人行道上拖行。"不,不,康妮!"女孩把脚缩了回去,但几分钟后她又故技重演。每当同样的情况发生,妈妈就说:"不,不,康妮。"最后,妈妈终于大发雷霆,伸手打了孩子的腿。"我说了别这样!"她喊道。接下来的散步时间里,康妮一直乖乖把脚放在婴儿车里,没有再伸出来。

"哈利,快点。你会迟到的。"妈妈一边对她七岁的孩子喊,一边继续准备早餐。"哈利!快点!"几分钟后她重复了一遍。然后又过了几分钟,她又重复了一遍。最后,她走到他的门口,提高嗓门:"你马上给我出来!"哈利跳了起来,走到桌子旁。

"别吸鼻子了,斯科特。"爸爸对他八岁的孩子说。

斯科特得了花粉热。全家人都在看电视，斯科特完全沉浸在剧情中，不一会儿，他又吸了吸鼻子。爸爸很生气，再次叫他停下。吸鼻子的声音断断续续地出现，终于，爸爸把全部的注意力转向斯科特，命令道："你能不能拿张纸巾来，别再吸鼻子了？"斯科特愤愤不平地照他说的做了。

在以上的每个案例中，孩子都刺激了他们的父母做出一种可以被描述为"赶苍蝇"的行为。每当被烦人的行为激怒时，我们就倾向于将其推到一边，说"不要""停下来""不，不""快点""安静"等，就像我们挥手赶走一只讨厌的苍蝇一样。在以上案例中，父母最终都变得强硬或诉诸暴力。虽然这是一种完全"自然"的反应，但作为一种训练方法来说，它是无效的——或者更确切地说，它只会让孩子相信，除非我们变得暴力，否则他就不必把我们放在眼里！但这不是我们真正想要的，所以当我们关注他的行为时，我们也应关注自己的行为。我们的"赶苍蝇"反应是我们对孩子要求关注的回应。我们不分青红皂白的警告对孩子来说并没有什么意义，对我们也没有任何价值，因为我们根本不想对这些越界的行为给予关注。如果我们想要阻止一个孩子做某件事，或者要求他服从命令，就需要从一开始就对这件事给予全部的关注，然后静待孩子完成我们的要求。

有时候我们需要花些时间来训练孩子。康妮的脚一伸出来，妈妈就可以不再推婴儿车。一个字都不用说。康妮很快就会明白，如果她想继续前进，就不能把脚伸出去。作为一种训练方法，妈妈安静的坚持要比她不断地说"不，不"和最后的一巴掌有效得多。

在其他时候，使用逻辑后果可能更有效。哈利的妈妈可以向他表明，她不会再催他准时吃早餐，然后让他自己看着办。一旦喋喋不休和最终的武力停止了，哈利可能就会明白妈妈是在说真的：是能按时吃上早饭，还是饿着肚子去上学，这完全取决于他自己。她无法通过唠叨来影响哈利，改变他的行为，那样做只会让他"听不见妈妈的话"。

斯科特得了花粉热确实很难受。只要他一吸鼻子，他的家人就会注意到他和他的不适。再说了，谁想从那么精彩的剧情中抽离出来去拿纸巾呢？然而，爸爸意识到吸鼻子很容易成为一种令人讨厌的习惯，他不希望斯科特养成这种坏习惯。于是他开始"赶苍蝇"。但斯科特还是继续吸鼻子。爸爸可以把他的全部注意力从电视上转移到儿子身上，用一句安静的"斯科特"来吸引他的注意力，然后就这么看着他。男孩很有可能会立刻去拿纸巾。就这样，爸爸可以通过安静的坚持来确立他的影响力。语言并不是我们唯一的沟通方式，且通常是最无效的一种。如果我们想影响孩子做出行为上的改变，就需要注意自己的行为。我们的行为是否带来了预期的结果，还是仅仅把烦恼推到了一边？

第二十章
取悦孩子须谨慎：要有说"不"的勇气

"妈妈，给我买个新游泳池。"史蒂夫要求道。"这是哪来的想法？""我不喜欢家里这个了，现在就带我去买一个新的。""史蒂夫，我太累了。我们明天去买吧。""现在就去！"男孩跺着脚嚷道。"史蒂夫，拜托，我们今天出去好多次了。先是游泳，然后上了骑马课，然后又去游泳。新游泳池就不能等到明天再买吗？""我想现在就去买新游泳池。"

妈妈继续辩解说她实在是太累了。她的儿子开始哭闹，尖叫，咒骂，甚至踢她。最后，她让步了，开车去商店，买了一个更大的新游泳池。

妈妈对史蒂夫深感亏欠，因为她和他爸爸离婚了。为了弥补这一不幸，她想尽其所能为史蒂夫提供一切好东西。史蒂夫感觉到了这种态度，并利用此来得到他想要的一切。如果妈妈对史蒂夫完全不合理的要求说"不"，他就会很沮丧。妈妈认为他承受的已经够多了，不应该再被"剥夺"他想要的东西。

妈妈实在没有理由不满足史蒂夫的每一次心血来潮，只要她确信自己能一直这么做的话。史蒂夫不需要学习如何应对挫折，只要妈妈能保证自己会永远为儿子抵挡挫折。在这种情况下，妈妈会继续扮演卑贱奴隶的角色，继续接受暴君的虐待和踢打，继续允许他扰乱秩序，不尊重她，把自己看作是一个可以予取予求的强大人物，越来越善于利用愤怒来操控她。

"妈妈，我今晚能和琳达一起去看演出吗？"卡拉在电话里问道，"她妈妈会带我们去的。""不行，卡拉，你明天还得上学呢。""可是，妈妈，这真是一场特别好看的演出，星期五晚上就没有啦。""它特别在哪里呢？""你知道，这是一个关于狗狗的好故事。妈妈——从书里改编的，你看到广告了吧。求你了，就这一次。明天我不会很累的——我保证。"妈妈想了想：我不想拒绝对她来说如此重要的东西。她多么喜欢动物故事啊！这确实是一个好故事。去看一次演出也不会有什么坏处。再说了，如果不让她去的话，她整个晚上都会摆臭脸，我可受不了。"好吧。但是演出结束后你得马上回家。"卡拉回到电话旁。"她说我可以去！"她高兴地喊道。

卡拉把妈妈训练得很好。她提出的要求既迷人又合乎逻辑，还利用了妈妈取悦她的愿望。但如果妈妈真的拒绝她，卡拉就会摆出一副让人无法忍受的臭脸来惩罚她。卡拉得到了她想要的。妈妈允许卡拉不遵守秩序，打破日常规范。当妈妈无法说"不"时，她表现出了对自己、对卡拉、对她的健康需求，对日常规范以及对秩序的不尊重。如果妈妈好好算一算，就会惊讶地发现已经有多少"就这一次"的要求被满足了。每一条听起来都很有道理，这种"胜利"的频率之高足以让妈妈重新思考。正是这种要求中暗含的威胁使之成为一种专横的要求。

父母感觉自己有义务尽可能地取悦孩子是一个错误想法，因为这是一种奴性的态度，只会促使孩子以自我为中心。卡拉认为生活就该随心所欲，不达到要求就不罢休。她的注意力全部集中在自己和自己的欲望上，而不是环境的需要。她发展出合作精神的能力被削弱了。当她不能随心所欲时，会让每个人都很痛苦。卡拉被宠坏了。她不知该如何处理挫折，如何优雅地接受"不"，并尽量看开。可悲的是，当卡拉在生活中遇到没有人想要取悦她的情况时，她将完全不知所措。

由于我们目光短浅，很难看到迁就孩子的每一次心血来潮所带来的长期后果，因为取悦他通常会给家庭带来暂时的和谐。因此，谨慎地取悦孩子才是明智的。孩子们需要学会如何处理挫折。成年人的生活中充满了挫折。认为孩子长大后自然就会处理挫折完全是无稽之谈。哪有什么神奇的东西可以在孩子长大之后为其提供一种本应在小时候就发展起来的技能呢？如何在取悦孩子和不取悦孩子之间取得平衡是父母需要仔细考量的。如果家里的日常规范和秩序都要求拒绝卡拉，如果妈妈能有说"不"的勇气，卡拉就能学会忍受挫折这一急需的技能。

四岁的保罗带着一把装满水的水枪陪妈妈去杂货店。妈妈一转身，正好看见他朝一位女士的脸上喷水。"保罗！真丢人。你知道不能这么做！现在快把那东西收起来。"孩子放下枪，假装要把它放进枪套里，噘起嘴盯着地板。几分钟后，他又见到了那位女士，又朝她脸上喷了一下。妈妈吓坏了，抓过枪并向那位女士道歉。保罗开始尖叫、跺脚。人们纷纷转过头来盯着看。妈妈很快就把枪还给了保罗。"好了好了，我们现在就走。"

妈妈没有勇气说"不"。她不能忍受别人听到她孩子的尖叫。妈妈已经把保罗训练成了觉得自己的所有要求都合理的地步，无论多离谱，他都一定要按照自己的想法去做。而他也把妈妈训练得很好，让她随时做好准备心甘情愿地屈服于他的暴政。

很多孩子在要求被拒绝时会暴力地表达他们的怨恨。尽管如此，妈妈还是有义务维持秩序：她不能让保罗向别人喷水。既然他不愿意控制自己，妈妈就不能让他拿到水枪。"如果你准备好把水枪放进枪套里，到我们回家前都不拿出来的话，你就可以继续拿着它。"妈妈必须尊重他表达不满的权利，但也要尊重自己说"不"的权利——并且说到做到！被人们盯着看确实是不愉快的，但孩子的训练和发展更为重要。我们必须学会关心形势的需要，而不去关心"别人怎么想"。这一刻，妈妈必须在自己受伤的虚荣心和作为母亲的义务之间做出选择。

三岁的威利站在一家廉价商店的玩具柜台前哭哭啼啼。"你想要什么,威利?""那个。"威利指着一个他一直想够却够不到的玩具手风琴说道。"不行,威利。这个太吵了,不能买。我给你买辆小汽车吧。"孩子呜咽着说:"我不想要小汽车,我就要那个。"妈妈不理他,继续看对面柜台上的一些商品。威利抓着妈妈的腿,哭喊着:"我就要,我就要,我就要。""啊,看在上帝的分上,好吧,我去给你拿。"当店员把包好的玩具递给妈妈时,男孩伸手去拿。"等我们回家再玩,在商店里玩太吵了。"威利疯狂地哭喊:"现在就要!现在就要!现在就要!""好吧,你可以拿着,但别把包装拆了。"威利立刻撕开玩具的包装纸。妈妈无助地看着。他用力拉着手风琴玩具,发出可怕的噪声。"好了,威利,现在你听到它的声音了,等我们回家再玩吧,不然我就把它拿走。"他还是继续拉。妈妈抢过玩具。他尖叫起来。妈妈把玩具还给了他。他继续拉。妈妈勃然大怒:"你就不能等我们走出商店再玩吗?"威利不为所动。最后,妈妈把儿子推出了商店。"你气死我算了,为什么不能至少等我们到外面再玩呢?"

妈妈没有勇气说"不",也没有勇气面对威利的不悦。无论如何，威利必须感到高兴和满足。他让妈妈对自己唯命是从。

我们绝对没有理由给孩子买任何他看见并想要的玩具，也没有理由每次带他一起去购物就得给他买东西。这样的行为纵容了孩子的心血来潮，让他觉得买这些东西是他的权利。"如果妈妈不给我买东西，她就不再爱我了。"孩子对玩具的兴趣远比不上证明妈妈必须不断给予的兴趣。玩具本身没有什么价值，它可能很快就会被丢弃。让妈妈为自己付出才是最重要的。

买玩具应该有一个实用的目的，或满足特定的需求。应该在该送礼的日子买玩具，或者根据季节的需要来买，比如春天买跳绳，夏天买棒球手套和水上玩具，冬天买室内游戏等。购物应该是有目的的。当孩子和我们一起购物时，他会逐渐形成关于金钱和购物的观念。如果对他的购物需求不加限制，他就会认为钱的供应是无限的，他对物质价值的认知就会扭曲。

如果威利的妈妈在取悦他时能够更加谨慎，对乱买东西保持"不"的态度，她就会对他表现出更多的爱和关心。事实上，她完全无法建立秩序，因为她缺乏勇气，害怕孩子的报复，因而不能说"不"，也无法坚定自己的立场。

"我们今天要买些麦片，劳拉。你想来挑一盒吗？"六岁的劳拉高兴地看着眼前的一排排麦片盒子，挑了其中一盒放进购物车。妈妈接受了她的选择，这时小女孩跑到了糖果柜台，挑了一盒糖果拿给妈妈。"不，劳拉。今天不买，家里已经有足够的糖果了。""可我今天想要这种糖果。""下次我们来购物的时候你可以买这种糖果,"妈妈笑着说,"来帮我挑一些橘子吧。"劳拉把糖果放了回去,和妈妈一起去水果柜台挑水果了。

妈妈表现出了取悦劳拉的合理愿望,让她来选择一盒麦片,孩子承担起了一部分的责任。然而,当劳拉提出一个不合理的要求时,妈妈友好地说"不",并建议在未来满足这个要求。更重要的是,还让劳拉在另一个领域提供帮助,从而赢得了合作。劳拉开始学习如何有目的地购物。

我们想要取悦孩子是很自然的,满足孩子的欲望会给我们带来强烈的满足感。然而,如果我们为了取悦孩子已经到了以牺牲秩序为代价或出于恐惧而满足他们的过分要求的地步,那么我们就需要警惕这些行为中所包含的危险因素了。我们不必武断地拒绝给孩子任何他们想要的东西。但每当孩子的愿望或要求与秩序或形势的要求相反时,我们必须有勇气坚持说"不",将我们认为最佳的判断表达出来。

第二十一章

克制第一冲动：要出其不意

唐娜三周大了，只要她一哭，妈妈就冲过去看她是否还好。妈妈会先把她抱起来，检查她的全身，然后把她搂在怀里，直到她再次入睡。最后再轻轻地把她放回婴儿床上。

唐娜一哭，妈妈就把她抱起来。每次她一哭，这套流程就会重复一遍。结果，每当婴儿想要被抱起时，她就会哭，这难道不是一个成功的技巧吗？即便是婴儿也能对周围的环境有所感知，清楚地知道自己能如何利用环境。唐娜一哭就会被抱起来，这让她更坚定地认为要求关注和服务能为自己带来一种被需要的感觉。小婴儿非常可爱，抱着他们会让人产生一种愉快的感觉，因此大人总是很容易对这种冲动做出反应。然而，如果我们意识到这样做实际上剥夺了孩子休息的权利，还会让他们对如何在这个世界上找到自己的位置产生错误的想法。我们的父母之爱难道不会促使我们为了孩子的利益而采取一些不同的行动吗？把婴儿的休息时间和拥抱时间固定下来，可以帮助他们在生活中找到规律，在既定的秩序中找到舒适感。因此，避免第一冲动是至关重要的。相反地，我们应该停下来想一想——当前的形势要求我们做些什么？

> 爸爸正在和八岁的贝文、六岁的玛丽，以及三岁的萨拉一起堆雪人。贝文很快失去了兴趣，开始了自己的游戏，在厚厚的雪地上奔跑和滑行。当爸爸伸手把雪人的头部安在雪人身上时，小男孩滑向了爸爸，把他手里的雪球撞掉了。"哎呀，爸爸，很抱歉。我不是故意的！""好吧，小心点。"爸爸生气地说。几分钟后，贝文又滑到了玛丽身上，把她撞倒在地，脚捅进了雪人的身体，把雪人弄坏了。她哭了起来。"贝文，进屋去。我们不希望你在这儿。"

爸爸一时冲动，做了贝文想让他做的事。贝文曾两次被妹妹们推下王座，他认为自己在这个家里已经没有立足之地了。这就是他对家庭活动"失去兴趣"的原因。他的行为方式向自己证明了他的假设准确无误，尽管他也不知道这些行为背后的原因是什么。他想方设法地让自己被排斥。事实上，他确实不太友好。难怪爸爸和姐妹们不希望他在身边。

贝文需要有人理解他，帮助他。如果爸爸能理解贝文对自己家庭地位的怀疑，明白他为什么会主动挑衅别人来排斥自己，就能避免把贝文赶走的第一冲动，也就不会如此轻易地落入贝文的圈套——当然，抵抗孩子的挑衅往往是最困难的！

如果爸爸做出出其不意的反应，整个情况就会截然不同。既然贝文想要在雪地上滑行，那么爸爸就可以建议大家暂停堆雪人，和贝文一起玩滑行游戏。爸爸可以不理会玛丽的抗议，热情地建议："贝文，你来领路，让我们一起在雪地上踩出一条宽阔的小道，这样我们就都能滑着玩了。"由于贝文对此情绪高涨，他很可能会参与合作。这样做会阻止男孩挑衅别人去排斥他，将他的角色转变为领导者，还能促进家庭和乐。就这样，恼人的行为转化成了具有建设性且有益的活动。

"罗伯特，你喉咙疼多久了？"办公室的护士对这个四岁的孩子发问。妈妈替他回答："他昨天早上还在抱怨喉咙疼。""他经常喉咙疼。"八岁的贝基插嘴道。护士转而提问罗伯特："你觉得热吗？"妈妈又回答说："今天早上他好像没发烧。""你吃早餐了吗？""他喝了一点牛奶。""妈妈总是替你回答问题吗？"妈妈笑了。"也没有经常啦。我尽量不这么做。他姐姐总是这样，我都要疯了。"

罗伯特巧妙地让别人替他说话。他是个小宝宝，没有机会为自己说话。一开始他很受挫，但后来他发现，自己可以坐在那里，一声不吭，不做任何回应——甚至毫无表情——让能干而健谈的女人们替他回答。他可能会怨恨这一点,但如果你仔细观察的话就会发现,他一次又一次地让她们为他服务,那些表面上的主人实际上是他的仆人!

如果妈妈想让罗伯特长大,她就必须闭嘴。她为他说话的第一冲动让她和男孩都陷入了麻烦。另外,她也必须忽略贝基为罗伯特做出的回答。同样地,贝基可能认为自己比小宝宝更优越;但实际上,她已经在为他服务了。

"罗伯特,你想要哪种麦片?"他本可以自己回答,但他就这么等着,总会有人替他回答的。果然,贝基大声说:"他想要玉米片。""罗伯特可以自己说话,我们为什么不让他来说说他想要什么呢?"在男孩说出自己想要哪种麦片之前,他不会得到任何一种麦片。

每当我们为孩子的行为做出冲动的反应时,就可以非常肯定,我们只是在做他想让我们做的事情而已,尽管孩子自己可能都没有意识到这一点。如果他在我们打电话时又叫又闹,我们的回应就给了他最想要的东西——我们的全部关注。如果我们因为他把泥弄到刚擦过的地板上而责骂他,他可能已经成功地把我们卷入了一场权力竞赛。如果由于他无法自己扣上外套,我们就为他代劳,那么他对自己是个无助的孩子这一自我认知就再次得到了肯定,而我们则为他提供了服务,这就是"弱"孩子的力量。

六岁的查尔斯从学校回来,发现晚餐的甜点布丁正在窗台上冷却。他把手指伸进盘子里,舔了好几下。妈妈把他抓了个现行。"查尔斯！今天晚餐你不能吃布丁了。"到了晚餐时间，妈妈先为爸爸盛了布丁，然后为其他孩子盛了布丁，唯独没给查尔斯盛。爸爸问为什么。妈妈解释了原因，查尔斯则垂着头坐在那里，面带悲伤的表情。最后，爸爸忍不住说："你真的一点布丁都不给他吃吗？""我说了他不能吃布丁，这是偷吃的惩罚。""别这么严厉嘛，他只不过是想尝尝而已。"在爸爸的坚持下，妈妈让步了，让查尔斯吃到了布丁。

爸爸为查尔斯感到很难过，因为他看起来是那么的伤心，所以爸爸和他一起联合起来反对那刻薄的、不讲道理的妈妈。聪明的查尔斯！他让爸爸和他一起给妈妈带去痛苦，因为她惩罚了他。多么美妙的复仇——一场不动声色的报复！爸爸遵循了他的第一冲动，增援了查尔斯的复仇计划，查尔斯那令人动容的悲伤表情给了爸爸一个信号。在这种情况下，爸爸应该克制自己的冲动，管好自己的事。冲突只发生在妈妈和查尔斯之间，与他没有关系。（详见第二十六章）

"弥尔顿，快回来拿你的衣服。我跟你说过多少次了，上学前要把房间收拾干净！把你的脏衣服放进洗衣篮里，把鞋子放进壁橱，把夹克挂到衣架上。看在上帝的分上！一个九岁的男孩应该知道如何保持房间整洁。我真不明白你为什么非得弄得这么邋遢！你桌上怎么会有这么多的垃圾？"

妈妈试图用言语来控制孩子，这是完全无效的。弥尔顿如此邋遢是因为他可以利用邋遢来打败那个希望他保持整洁的妈妈。他让妈妈卷入了一场权力斗争，他以一千比一的比分大获全胜。妈妈做了弥尔顿想要她做的事——保持冲突，这样他就能继续打败她。现在，他也许会带着极大的怨恨（这让妈妈怒不可遏）开始收拾，但明天，同样的戏码会再次上演。

妈妈可以采取以下几种出其不意的策略。他肯定不会希望她退出这场权力斗争。在一个友好的时刻，妈妈可以说："弥尔顿，我再也不操心你的房间是否整洁了，你想怎么样就怎么样吧，反正这是你自己的房间，不关我的事。"在弥尔顿去上学前说这些话是不对的。这个时候妈妈会对乱七八糟的房间感到愤怒，而弥尔顿会把这看作另一种强迫他整理房间的新策略，不会带来任何好结果。妈妈一定要真正地不去关心弥尔顿的房间。这是他的问题，让他自己去解决吧。她只洗篮子里的衣服。让逻辑后果顺其自然地到来，什么也不必说！在大扫除日，她可以问一下弥尔顿是否需要她来帮他打扫房间，然后遵从他的决定。在任何时候，她都不应该提及他房间里的混乱，做出任何评论，或为此生气。要做到这些并非易事，但如果妈妈想从权力斗争中解脱出来，激励儿子做出正确的行为，这样做就是必需的。如果妈妈觉得自己要想尽任何办法来让弥尔顿保持房间的整洁，她就会继续陷入权力斗争，让自己一次又一次地被打败，始终无法赢得合作。

从婴儿时期开始，孩子们就学着探索自己的位置，寻找一切让自己获得意义和重要性的方式。一旦他们发现一个能够帮助他们达成这一目标的方法，就会紧紧抓住不放，不管被责骂或惩罚多少次。父母的反应所带来的不快并不会让获得重要性的满足感有所减少。只要他们选择的方法带来了他们想要的结果，他们就会坚持下去，继续争取关注或权力。

孩子很少会意识到自己的不良行为以及各种障碍背后的真实目的。通常，他和他的父母都不会意识到，这其实只是他想要找到自己的位置以及在某个群体中获得归属感的一种尝试。如果他的行为违反了秩序，破坏了合作，那么他就是在使用错误的方法来达到他的基本目标，而我们的冲动反应通常会强化他的错误假设。他不仅会因此而进一步地受挫，还会更加确信除此之外没有其他的行事方法。

如果我们仔细观察我们的反应，就可以发现孩子从中得到了什么。如果我们停止之前的回应方式，他的努力就只能是徒劳，他有可能会去寻求其他更好、更有用的方法，尤其是当我们能努力给予他关注，为他指出一些更有建设性的获取地位的方式时。

第二十二章
避免过度保护

"约翰尼,约翰尼!"妈妈站在前门喊她七岁的孩子,约翰尼正在半个街区外玩耍。妈妈没有得到回应,于是她亲自走到孩子身边:"约翰尼,你不觉得应该穿件毛衣吗?今天早上有点冷。""不,不冷,妈妈,我挺暖和的。""可是,我认为你应该穿件毛衣,我去给你拿。"妈妈回到屋里,拿起毛衣,走到约翰尼身边,帮他穿上。

一位过度保护的妈妈掌握着至高的权威,她决定着约翰尼什么时候觉得暖和,什么时候觉得冷。约翰尼接受了她的决定,因为这样做就能让妈妈围着他转。妈妈为孩子提供了不必要的服务。自从妈妈决定他需要穿毛衣,他就一直待在原地不动。他用自己的被动强迫妈妈走回家拿衣服,再回到他的身边。妈妈完全没有意识到这一互动,还误以为自己掌握了整个局面。

"嘿,妈妈。我们能去商店买些东西吗?我们想摆摊卖柠檬水。""不,吉米,我不能让你们自己去商店。""噢,妈妈,就四个街区而已。求你了。"七岁的吉米恳求道。"求你了,妈妈,求你让我们去吧。今天天气很热,我们可以卖出很多的。"五岁半的马文补充道。"我现在不能带你们去,你们还太小了,也不能自己去。再说了,你们得买一大堆的东西!纸杯、柠檬什么的。还有,你们准备在哪儿摆摊呀?""就在门前,很多人都会来买的。""不,我可不这么认为。"妈妈说服她的孩子们打消了这个念头。当他们出门时,吉米不屑地说:"唉,她就是胆子小!"马文点点头。

妈妈确实"胆子小"。她担心如果让孩子们离开她的视线,他们就有可能出点什么事。她试图保护他们免受伤害,这是一种自然且正常的欲望。但妈妈做得有些过了。在她眼里到处都是潜在的危险。她是在过度保护孩子。

我们无法保护我们的孩子免受生活的伤害,也不应该这么做。我们有义务训练孩子具备勇气和力量去面对生活。妈妈保护儿子不受伤害的愿望可能会产生打压的效果。这会让他们一直感到无助,时刻依赖她。这从一个方面证明了妈妈的态度是错误的。

打着为孩子好的旗号,我们让孩子保持无助和依赖的状态,这样就能显得我们十分强大、有力且总能保护他们,无论是在孩子还是在我们自己的眼中都是如此。这让我们处于优越的支配地位,让我们的孩子处于顺从地位。然而,今天的孩子们并不会容忍这样的努力，他们会反抗。

我们对孩子过度保护的第二个原因是我们对自己解决问题的能力持怀疑态度。因此，我们更加不相信那么小的孩子会有能力照顾好自己。

暂时，吉米和马文接受了妈妈的建议——但伴随着轻蔑，而不是尊重。他们对她的胆怯不以为然。

孩子对待过度保护的父母的方式取决于孩子的目标。最危险的反应是第四个目标——无助。完全受挫的孩子可能会干脆放弃，并期望永远受到保护，免受生活中的任何困难。

> 两个月前，六岁的乔被发现患有糖尿病。他必须每天服用一剂口服胰岛素，妈妈称之为他的"维生素"。关于乔的病情，她一点都没让他知道。妈妈为自己的行为辩护，理由是她不想让乔变得"古怪"。所有与医生的讨论都是在乔不在场的情况下进行的。她每天提醒他只能吃妈妈给的东西，这样"维生素"才会起作用。

妈妈的担心是可以理解的。当一个孩子存在某种生理缺陷时，我们会努力让他尽可能地正常生活。然而，逃避与欺骗很少能达到这个目的。妈妈在过度保护孩子。她想掌控这个局面，并为他的食物摄入承担责任。总有一天，乔将不得不知道自己的病情，因为他将不得不亲自处理它。如果乔得了麻疹，妈妈会告诉他发生了什么，并照顾他渡过难关。人总能克服麻疹，所以它看起来不像糖尿病那么可怕，但糖尿病可能是一个终身的问题，更难向孩子解释清楚。然而，六岁的乔已经足够大了，能够理解他需要药物来协助身体机能的运作。一开始就对此表现出轻松的态度能帮助孩子培养一个健康的心态。"你的身体里有一个腺体无法正常工作，所以我们必须用一种叫作胰岛素的药物来帮助它。但如果你让胰岛素做太多的工作，它就起不了作用，所以我们必须仔细地控制吃进去的东西。"乔可能会逐渐意识到他有一种独特的疾病，但他可以掌控它，并且仍然过着正常的生活。这是乔的问题，他需要帮助和鼓励来面对它。最好的鼓励就是承认他能处理好这个问题。随着年龄的增长，他对身体机能的了解会越来越多，对自己疾病的认知也会随之增长。对于频繁的尿检，妈妈可以这样解释："这能帮助我们判断那个腺体是否得到了足够的帮助。"如果妈妈没有被这个问题吓退，就可以给乔提供一些必要的方法来解决问题。可一旦她为孩子撑起一柄保护伞，她就剥夺了他学习自己解决问题的权利。

再没有什么比自己所做的事情被认为是不可能完成的更令人沮丧了。我们无法安排一切，也无法掌控生活，无论是为我们的孩子还是为我们自己。这种绝望的尝试是导致我们周遭苦难的主要原因。孩子从我们身上学会如何与不可避免的事物做斗争，尤其是当我们试图保护他们免受一切苦难和不适的时候。当我们这样做了一段时间后，孩子会觉得我们应当继续这样做。由此产生的幻灭会导致愤怒和怨恨——不仅是对父母，还是对生活本身，因为生活不会让我们依据自己的喜好来随意安排。"被宠坏的顽童"

是指那些因为生活不能随时满足他的愿望而永远愤怒的孩子。多么徒劳而可悲的要求啊！不幸的是，当一个孩子长大成人后，他不一定会失去那种"被宠坏的任性"，它可能会成为一种骨子里的生活态度。当我们娇惯孩子，试图保护他们远离生活的真相时，这就是我们送给他们的礼物：对这不像话的世界的无能狂怒。

为了避免这种严重的错误，我们必须认识到我们绝不是全能全知的。但同时我们也有义务去教导我们的孩子以怎样的方式、手段和态度来应对生活。有这样一个公式：先来看看我们面对的是什么。然后让我们来找一找这个问题的答案："我能对此做些什么？"即便是很小的孩子也可以被引导着用简单的问题来分析一个令人不安的状况。孩子们的大脑非常活跃，让我们来训练孩子使用他们的大脑。

"妈妈！乔治撕了我的书。"布鲁斯对小弟弟的行为发出愤怒的尖叫。

布鲁斯陈述了他的问题，并表明了他对此的反应。他想让妈妈为他解决这个问题，做点什么。最好是惩罚乔治。

"哦，亲爱的，我很抱歉书被撕破了，我们也没办法。但你要怎么做才能不让乔治再撕书呢？""我不知道，"布鲁斯愤怒地大喊，"你快做点什么让他不要撕了！"面对布鲁斯的愤怒，妈妈保持了冷静。"你可以先思考一下你能做些什么，布鲁斯，我们过会儿再谈。""我现在就想做点什么!"妈妈离开现场,去了洗手间。过了一会儿,布鲁斯恢复了平静,妈妈再次提起这个话题。布鲁斯想起了那件"不公平"的事,一开始还是充满敌意,但妈妈对此避而不谈。"我们没办法让乔治不再撕书,你知道的,布鲁斯。那我们还能做些什么呢?"通过不断巧妙地提出问题,妈妈终于让布鲁斯明白,他其实可以把书放在弟弟够不着的地方。

正是我们自己对孩子的优越感,让我们认为他们还太小,无法解决问题,也无法从容应对挫折。我们必须承认这种错误的印象,要对孩子的能力建立信任和信心,表达我们为孩子提供指导的愿望。当然,这并不意味着我们该让孩子听天由命,也不能让他一下子面对生活的全部冲击,我们要动动脑筋!我们不应做一扇门,把孩子挡在身后,让他们沐浴在无知中,而应做一个筛子,去过滤生活的真相,让孩子一步一步地去面对生活。我们应时刻保持清醒,一旦发现机会就后退一步,让孩子自己去体验他的力量。而一旦问题对他来说太过棘手,我们就要随时准备介入。从孩子出生那天起,我们就要开始这一过程。伴随着关心和指导,我们一点一点地把生活的真相以及随之而来的各种问题、挑战和满足感全部交到孩子自己的手中。

第二十三章

激发孩子的独立性

永远不要为孩子做他能自己做的事情。

这条规则非常重要,需要多次重复。

五岁的玛丽是妈妈心尖上的宝贝。她长得特别好看,妈妈总是把她打扮得漂漂亮亮的。妈妈每天给她洗澡,给她穿上小裙子,为她系好鞋子,给她梳头发。玛丽简直像个洋娃娃一样:她迷人,可爱,十分讨人喜欢。但她永远学不会扣扣子和穿袜子,既分不清衣服的前后,也分不清鞋子的左右。

一天晚上,在一场妈妈学习小组的会议上,我们提出了一个观点:我们永远不应该为孩子做他能自己做的事情。玛丽的妈妈一听便怒了:"可我想为玛丽做所有的事情。我就是喜欢照顾她。她是我的一切!"

如果玛丽的妈妈能意识到自己正在对孩子做些什么,她会吓坏的。其实，她对女儿的爱只是在爱自己。她认为自己是一个充满爱心的妈妈，一生都致力于为孩子服务。而事实上，玛丽被教育得认为自己是低人一等，生活无法自理，永远依赖着妈妈，没有能力做任何事情，毫无用处。玛丽可能觉得，只有当别人为自己做好一切，只有当妈妈为自己服务时，她才拥有一席之地。在行动方面，她几乎没有任何贡献；她所能提供的就只有她的魅力，而就连这种魅力也不是她主动表现出来的。

再过不到一年，玛丽就得去上学了。到那时候，妈妈不可能去学校为她打点一切，玛丽可能会不知所措。她的勇气会被削弱，无助感会进一步放大。她可能会面临一场完全没有准备的危机。

每当我们为孩子做一些他自己能做的事情时，我们就是在向他表明我们比他更强大、更优秀、更有能力、更灵活、更有经验，也更重要。我们不断地在孩子眼中证明我们的优越和他的低劣。而与此同时，我们还在想为什么他会感到无能，甚至表现出越来越多的缺点！

替孩子做他自己能做的事情会让孩子极度受挫，因为这剥夺了他体验自己力量的机会。这表明了我们对他的能力、勇气和正当性完全缺乏信心，会剥夺他的安全感，而这种安全感是建立在他认识到自己有能力应对和解决问题的基础上的，也会剥夺他发展自理能力的权利——这一切都仅仅是为了保持我们自己不可或缺的形象。就这样，我们对孩子作为一个人表现出极度的不尊重。

妈妈、四岁的吉恩和快三岁的温蒂正在穿衣服，准备去雪地里玩。这一时刻是女孩们的最爱，因为妈妈非常喜欢和她们一起嬉闹，一起堆雪人。吉恩毫不费力地穿上了所有的衣服，包括她的靴子。温蒂则磨磨蹭蹭，噘着嘴。她站在那儿看着她的儿童雪服，并没有试图去穿上它。"来吧，温蒂，穿上你的衣服。"妈妈一边给自己系靴子，一边劝道。温蒂把大拇指塞进嘴里，无助地站在那儿。"啊，看在老天的分上，温蒂！你怎么了？快坐下，照我教你的去做。""我不会，"孩子呜咽着说，"你来帮我穿。""噢，好吧，过来。"妈妈不耐烦地给温蒂穿上衣服。吉恩非常满意地围观着这一切。

温蒂是家里的宝宝，她知道自己的无能和无助会带来妈妈的关注和服务。姐姐什么都会做，这让她进一步地受挫。吉恩对温蒂的无助感到满意，因为这样可以保证她自己的优越地位。妈妈总是急匆匆的，毫无耐心，这也为两个女孩的诡计添了一把火。妈妈屈服于温蒂的无助，为她做了她其实能为自己做的事。要是妈妈一直这样缺乏耐心，匆匆忙忙，避重就轻，温蒂就永远没有机会发展独立性。

温蒂需要很多很多的鼓励，她需要对自己有一个全新的认知，需要找到自己的位置。她最不需要的就是她现在所得到的服务。鼓励她可能需要一些时间和耐心。既然妈妈已经向温蒂展示了如何穿上衣服，她就可以假设温蒂也已经知道该怎么做了。现在她必须后退一步，给温蒂留出自己活动的空间。一个明智的方法是给温蒂多一点的时间穿衣服,让她早点开始穿,然后耐心地鼓励她——不要着急。"你能做到的,温蒂。你已经是个大女孩了。"当温蒂说她做不到的时候,妈妈要当即拒绝接受温蒂的自我评价,用话语表示支持:"你当然能做到,再试一试吧。等你穿好了就可以跟我们一起出去玩啦。"温蒂可能会最大限度地利用这个局面。她也许会可怜地哭泣,不再做进一步的尝试。这样的话,她就不能与妈妈和吉恩一起玩雪了。妈妈必须忍住怜悯的冲动,绝不能屈服于温蒂的无助,以至于最终回到屋里给她穿好衣服,带她出去一起玩。当温蒂发现她错过了快乐的玩耍时光,没有人对她可怜的处境有所反应时,她可能就会改变主意,下定决心自己来解决问题。

  妈妈正在熨衣服,三岁的贝丝·安在她脚边玩耍。"妈妈,我希望你现在不要熨衣服了。""我还有两件衬衫要熨,亲爱的,很快就结束了。""可我现在得去厕所。"贝丝·安呜咽着说。"你可以自己去。"妈妈温柔地回答。"不,我不能,妈妈。我要你和我一起去。""我很抱歉。我现在正在熨衣服。""但是我一个人去不了。"妈妈对女儿笑了笑,没再说什么。孩子扑倒在地,开始发脾气。过了一会儿,她似乎想通了,站起来自己去了洗手间。

  此前,妈妈在一个指导中心进行了咨询。贝丝·安是家里的独生女,妈妈完全听命于她。妈妈正在从女儿的过分要求中解脱出来，让她变得独立。过往的经验告诉贝丝·安，她再也不能通过发脾气得到她想要的了——这就是她一开始发了顿脾气，接着又重新考虑的原因。当妈妈拒绝女儿的要求而继续熨烫时，贝丝·安试图利用自己的无助让妈妈再次为她服务。妈妈平静而温柔地拒绝为贝丝·安做她自己能做的事，她也拒绝与女儿争辩。贝丝·安对此做出了反应，变得越来越独立，自理能力越来越强。

妈妈和三岁半的基蒂一起走进公寓大楼的电梯。基蒂尽可能地伸出手，按到了五楼的按钮。另一位乘客冷冷地一笑："看来我们每层楼都要停一下了！""哦，不，她按的没错。"妈妈辩解道。"真的？"那人惊奇地问。"是的，她知道我们要去五楼。"基蒂的眼里闪着自豪的光芒。

尽管基蒂还很小，妈妈必须和她一起去这座公寓大楼的游乐区，但妈妈还是允许她尽可能多地去做她所能做的事情，以此来教会基蒂独立。基蒂因为自己有能力够到正确的楼层按钮而万分自豪。她知道她可以为自己做很多事情。当她意识到她可以让那部大电梯移动和停止时，她是多么的激动啊！

从婴儿时期开始，孩子就向我们表明，他们想为自己做一些事情。婴儿伸手去拿勺子，因为他想自己吃饭。为了避免弄脏弄乱，我们常常会阻挠这些早期的尝试，导致孩子受挫，产生错误的自我认知。太不应该了！比起让孩子找回失去的勇气，把他的身体清洗干净要容易得多。一旦孩子表现出为自己做事的愿望，我们就必须好好利用这种愿望，让孩子尽可能地继续做下去——孩子可以帮助自己和他人的机会比我们通常想象的要多得多。他可能会需要帮助、监督、鼓励和训练。这些是我们必须为他提供的。我们没有权利为他做一切事情，也没有权利阻止他做出他渴望做出的有益贡献。

孩子的弱小是非常吸引人的。当我们看到一个孩子做事情时遇到了一丁点的麻烦，第一反应就是伸出手来帮助他。但我们必须小心这种第一冲动。在对事情的发展没有清晰认识的情况下，我们经常允许自己在必要的时候一直帮助我们的孩子，因为我们已经习惯了这样做。孩子们喜欢别人为他们做事情，因为能够指挥别人为自己服务给他们一种拥有权力的感觉。但如果孩子有机会提供帮助的话，他们也会为自己的能力感到快乐。随着孩子的成长，他的自然倾向使他试图为自己和他人做更多的事情。然而，这种倾向可能会被父母的恐惧、保护和服务所扼杀。在这种情况下，孩子会受挫，并很快在自己的弱点中发现一些正面价值。他会认为自己什么也做不了，总是认为自己无法胜任，对自己的能力评价很低；接着，他又在别人的服务中找到了安慰，他那已经岌岌可危的自立意愿与自信心便受到了进一步的损害。警觉的父母可以通过遵循本章开头的规则来阻止这种发展趋势。这听起来很简单。然而，当我们急于把事情做好，或习惯于自己搞定一切的时候，这种做法就变得困难了。我们甚至可能没有意识到孩子已经有能力去做这些事情了。或者，正如时常发生的那样，我们低估了孩子的官能。我们总是倾向于低估孩子的能力，放大他们的无助。我们必须注意到对孩子的期望过高和对孩子的能力有信心之间的微妙区别，前者是把我们的要求强加给他，后者则是一种尊重。

为了完成一项女童子军的项目，琼必须采访当地的一位兽医。"妈妈，求你了，你替我打电话给他吧。""我为什么要给他打电话，亲爱的？""我不知道该说什么。"琼回答。"那么，你想从他那儿获得什么消息呢？""为了我的项目，我想和他谈谈马的健康问题。""那你就这么跟他说吧。""但我不知道该怎么开口。"琼痛苦地嚷道。"亲爱的，我相信你能想清楚的。""妈妈，求你了，帮我给他打电话吧。"女孩恳求道。"但我又不想知道马的健康问题，琼。这不是我的项目。你能做到的，试一试吧。"琼沮丧地转过身去，拒绝打电话。妈妈没有再做什么。在下一次童子军会议上，琼的领队问她采访结果如何。她不好意思地承认自己没有打那个电话。"琼，下个星期你能把这事搞定吗？这样你就可以完成你的项目了。"那天晚上，琼又想让妈妈替她打电话。妈妈再次拒绝。"可我不知道电话号码。"妈妈带着慈爱的微笑把电话簿递给女儿："去吧，亲爱的。你能做到的。"琼花了很长时间才找到那个号码，然后又花了更长的时间站在那里看着电话机。终于，她鼓起勇气开始拨电话。妈妈离开了房间。过了一会儿，琼喜笑颜开地跑了过来。"天哪，他人真的很好，妈妈。他跟我说了很多很多。现在我终于可以完成我的项目了！"妈妈微笑着表示满意："我很高兴你愿意自己去做这件事。"她给了琼一个拥抱。

妈妈意识到琼在面对陌生人、向陌生人提出要求以及处理一个全新的状况时感到恐慌。她的第一冲动是为琼铺平道路。但她很快便意识到女儿需要成长，于是她利用这个机会让琼自己解决问题。她知道完成这个项目并获得童子军奖章会激励琼坚持下去。她对琼的能力很有信心，但也没有强迫她采取行动。妈妈的后退给了琼发展的空间。妈妈拒绝为琼做她能自己做的事情。琼的收获是越来越强的独立性，妈妈的收获则是有效激励所带来的欣慰。

这是一个微妙的状况，需要妈妈的敏锐觉察。我们必须保持警觉，不能要求太多。另外，我们也必须认识到孩子的能力。妈妈坚定地相信琼能做到，为琼的勇气提供了支持。当女孩终于开始拨打电话时，妈妈离开了房间，这样琼就不必在意妈妈对自己处理方式的评价，因而能够自由地进行自己的谈话。

很少有父母会去有意识地削弱孩子的自理能力。正因如此，我们必须意识到过度保护的危险，在激励独立性的机会到来时有所察觉。

每个妈妈都记得宝宝迈出第一步时的兴奋。许多家庭影片或照片都记录了这一激动人心的时刻。如果父母能即时察觉到孩子的每一个发展阶段，那么在孩子的一生中，同样激动自豪的感觉会出现无数次。婴儿迈出第一步的过程需要在孩子成长的所有其他方面多次重复。妈妈后退一步，离开宝宝的身边，向他伸出手——就在他刚好够不着的地方。就这样，她鼓励着他自己向前走。她给了他独立行动的空间。他开始做出尝试。当他成功地走到妈妈怀里时，他骄傲得满脸通红，妈妈也为他的成就而激动不已。在其他领域也是如此——我们必须退后一步，给孩子自己成长的空间，收回我们的帮助，给出我们的鼓励。

第二十四章
远离孩子的争端

大多数父母都对兄弟姐妹之间无休止的争斗深感忧虑。他们爱每一个孩子，看到他们所爱的人互相憎恨、互相伤害，着实令人伤心。养育孩子的大部分精力都花在解决争吵和试图"教"孩子们和睦相处上。许多孩子最终"长大了"，不再争斗，并在成长过程中开始欣赏和关心彼此。另一些人则在成年后仍心怀敌意，从未与他们的兄弟姐妹和睦相处。再多的说教似乎都无法缓解这种摩擦，它总是不断地出现。大多数父母都尝试了所有已知的停止争斗的方法，但争斗仍在继续。手足之间的争斗是如此普遍，以至于它已被视为一种"正常"的儿童行为模式。然而，仅仅因为它发生得如此频繁并不能证明它就是正常的。孩子们不是非要彼此争斗的。孩子之间和睦相处的家庭也是有的。孩子们一旦发生争斗，就说明他们之间的关系肯定出了问题。说实话，没有人会在争斗时感觉良好。因此，如果孩子们持续不断地争斗，就说明他们势必能从中获取某种满足感，不是从争斗本身获取，而是从争斗的结果中获取。

做出这种评估的前提是我们认识到行为总是有目的的。这样一想，我们便不能满足于对争斗的常规"解释"——争斗是由好斗的天性、驱力或遗传等因素"引起"的。从我们的角度来看，我们需要根据孩子的行为所发生的领域及其所达成的目的来理解这些行为。

> 妈妈准备晚餐时，八岁的露西亚和五岁的卡尔文正在看电视。卡尔文向露西亚挤了过去，她挪开了。卡尔文把腿搭在露西亚的腿上，她把他推到一边。卡尔文把全身的重量都压到了露西亚身上。"别闹了。"露西亚轻声说，有点恼火，但仍全神贯注地看电视。卡尔文也在看电视，但不像露西亚那样专心，他开始用手指去描她衬衫的图案。她一拳把他的手打飞："别闹了，我说过了。"卡尔文咯咯地笑。他伸出手，用手指绕着露西亚的耳朵玩。她一把抓住他的手，用牙齿咬住他的胳膊。"哇——啊——啊！"卡尔文尖叫着哭了起来。妈妈冲进房间。"到底发生了什么事？"她狂乱地问道。她很快就从卡尔文痛苦的哭声和他乱晃手臂的样子中看出了端倪。她冲过去把他抱起来，将他拉到自己怀里。他伸出手臂，上面有两排明显的牙印。"露西亚！""谁让他一直来烦我。""我不管他做了什么，你没有权利这样对待你的弟弟。"

这场争吵的目的是什么？结果又如何？

卡尔文作为家里的宝宝，十分需要妈妈的保护。所以他这样做是为了促成一个让自己得到保护的局面。露西亚觉得自己受到了虐待，因为妈妈确实保护了卡尔文，她想利用妈妈的干预来放大这种被虐待的感觉。因此，她做了妈妈最讨厌的事情，因为她知道妈妈会支持卡尔文，并给她最大的惩罚。由于卡尔文很爱挑衅，她自然会遭受虐待，首先是来自卡尔文，然后是来自妈妈，在她忍受了弟弟无止境的骚扰之后，妈妈还站在弟弟那一边反对她。如果没有露西亚的报复，妈妈可能不会站在儿子那一边，甚至可能会意识到他才是挑事的一方。

妈妈该怎么办呢？首先，她应该克制自己听到尖叫声就跑过去的冲动。这对任何一位妈妈来说都是一个很难的要求。但是停下来想一想。尖叫声引起了妈妈的注意——戏剧性地。它表示出现了某个严重的问题。然而，这是目前唯一一个表示危险的声音。接着传来的是哭声。哦，对了，房子没有塌，电视机也没有爆炸，除了哭声之外什么动静也没有。肯定是孩子们在打架，卡尔文受伤了。好吧，这是孩子们的争斗，我还是置身事外吧。

对于一个妈妈来说，要想采取这样的行动，她需要具备一些在孩子争斗时置身事外的经验。那么让我们来假设，她还是屈服于自己的第一冲动，想去看看发生了什么。现在，她必须再次学会控制自己，不要被眼前的牙印吓倒。发现是孩子打架引起的尖叫后，她可以一言不发地退回到厨房里。毕竟，如果卡尔文不喜欢被咬，他就得停止挑衅。妈妈的这一举动将卡尔文和露西亚处理姐弟关系的责任推回到了他们自己身上,这是他们应该承担的责任。我们没有"权利"来安排孩子之间的关系,只能通过自己的行为来影响他们的互动。如果我们能以这样一种方式行事,就会消除争斗所带来的令人满意的结果,促使他们找到一种新的相处模式。但想要做到这一点,妈妈必须学会认识到行为背后的目的。

"看在上帝的分上,别打了,你们要把我逼疯了。"妈妈在另一个房间里喊道。"盖尔不让我看我的节目。"基思也喊道。"我有权看我的节目。"盖尔愤怒地回答。妈妈叹了口气,疲惫地走进客厅,准备摆平这场争斗。

妈妈的行为为这场争斗的目的提供了线索。孩子们为了看电视而争吵,妈妈很生气,"你们要把我逼疯了"。或许很难让人相信,但这就是争吵的目的——让妈妈"发疯"。事实证明,争吵是吸引她注意力的有效方法。她总会以仲裁者的身份介入。孩子们的争斗让她心烦,让她犹豫不决,让她停下手头的工作,去"摆平争端";事实上,她是去为孩子提供过度的关注和服务。

一旦妈妈意识到她其实不必为孩子的争斗做些什么,她就不会再为此而生气了。我们的愤怒很大程度上源于我们对孩子和他们的福祉承担着过度的责任,因此,我们无法从他们的问题中抽身。关于电视节目的争执发生在盖尔和基思之间,与妈妈无关,妈妈无须插手。一旦她意识到这个简单的原则,她就不会再觉得有必要生气了。因此，她只需继续做她自己的事情，让盖尔和基思去解决他们的问题。如果妈妈没有跑过去查看，其中一个孩子可能会主动跑过来告状。妈妈可以这样回答："我很抱歉你们闹矛盾了，但我相信你们自己能解决。"她把责任交还给孩子们，这本来就是他们自己的责任，她拒绝参与和她无关的事情。这样做，她还剥夺了孩子们希望从这场争吵中获得的结果。

无论孩子争斗背后的原因是什么，当父母进行干预、试图平息争端或把孩子们分开时，只会让事情变得更糟。每当父母干涉孩子们的争斗，就是在剥夺孩子们学习解决冲突的机会。我们都会经历包含利益冲突的时刻，每个人都必须培养应对冲突的技能。我们必须学会面对生活的馈赠与索取。

每当妈妈决定谁应该看哪个节目时，她都是在为自己立威，孩子们学不到一丁点关于合作、协调或公平竞争的能力。只要我们还在为孩子做事，他们就永远无法学会自己去处理问题。这也同样适用于处理争斗和发展独立性的问题。一个习惯了让父母为自己摆平争端的孩子可能永远都不知道该如何摆脱困难的处境，每当他被激怒或不能随心所欲时，他就会漫无目的地与他人发生争斗。

父母极难理解为什么孩子之间的争斗与他们无关。他们认为"教育"孩子不要发生争斗是他们的责任。这一点没有错。我们是应该教育我们的孩子不要发生争斗，关键是如何成功地做到这一点。不幸的是，干涉和仲裁并不会带来理想的结果，虽然它可能会暂时地阻止孩子争斗，但并不能教会他们如何避免下一次争斗或如何以另一种方式来解决冲突。如果我们对孩子们争斗的干预能让他们获得满足感，那他们为什么要停止争斗呢？如果一场争斗除了造成瘀伤甚至流鼻血（很快就会好的）之外没有任何结果，孩子会不会更倾向于用另一种方式来解决他们之间的冲突呢？如果打架的伤痛不能通过一些令人激动的附带结果（例如父母的关注）来减轻，孩子们可能就会更加小心地避免下一次的伤痛。通过这种方式，每个孩子甚至都可以培养出对兄弟姐妹的责任感。（当然，妈妈可能会帮着处理流鼻血的问题，但并不会偏袒任何一方，也不会评论谁对谁错。一句"很遗憾你在打斗中受伤了"就足够了。）

以下是一位妈妈在我们的一个学习小组中所做的报告。

> 我和丈夫开始无视两个孩子的争吵。通常情况下，一个孩子会跑过来说另一个的坏话，我们就会立刻加入争吵，选出一个罪魁祸首。这简直就是一场折磨，我会大喊大叫，打孩子的屁股。一整天我都会因为这样一场混战而神经紧绷。后来，我开始对他们说："我认为你们可以自己解决问题。"然后不管他们说什么，我都保持绝对的沉默。很快，我就能忽略他们之间发生的任何事情了，孩子们也很快就不再来寻求我们的帮助了。一天，我听到老二在说："我要去告诉妈妈你做了什么。"老大回答说："你告诉她也没用，她只会说你可以自己解决。"然后就没有然后了。我无法告诉你这给我带来了多大的

改变——我不再需要站队了,也不再需要在一个孩子占另一个孩子的便宜时感到怒不可遏了。我真的学到了,其实大多数的争吵是为了引起我的注意,而且一个年幼的孩子也完全可以照顾自己,他们比你想象的要能干得多。我现在非常坚定地认为,父母应该完全置身于孩子们的战斗之外。不仅是为了孩子好,还因为这能消除抚养孩子带来的百分之九十的压力。

妈妈坐在院子里和邻居聊天。四岁的玛吉走进屋子,后面跟着她的弟弟鲍比。他花了很长的时间才爬上台阶,所以当他到门口时,玛吉已经进屋了。鲍比想进去时,她小心翼翼地把门关上了,脸上带着一种严肃、冷漠而紧绷的表情。鲍比尖叫起来。妈妈冲上台阶,猛地推开门,抓住玛吉,狠狠扇了她一巴掌:"你这是什么意思?你怎么能这样对待你弟弟?差点就夹到他的手指了。现在你就待在里面吧,什么时候表现好了什么时候出来。"妈妈把鲍比抱了起来,回到椅子上,让他坐在自己腿上。很快,他就爬了下来,继续玩他的游戏去了。与此同时,从房子里可以听到微弱的啜泣声。就这样过了一会儿,最后,妈妈还是去找玛吉了。"你现在准备好做一个好女孩了吗?"更多的哭泣声传来。妈妈把女儿抱起来,玛吉把头靠在妈妈的肩上。妈妈抱着她走到外面,让她坐在自己腿上。"好了好了,现在你又是妈妈的好女儿了,我知道你不会再变坏了。"

并不是所有孩子之间的争吵都是口头上的。宝宝鲍比得到了很多保护性的关注。能干的玛吉对于被弟弟推下王座这件事怀有一种天生的怨恨。每当妈妈"保护"鲍比时,这种感觉就会增强。每隔一段时间,玛吉的情绪就会溢出来。玛吉渴望得到妈妈的关注,这是她爱的象征。她发现被惩罚过后就会得到爱。如果妈妈仔细观察一下到底发生了什么,就会注意到玛吉关门时其实是小心翼翼的,并没有夹到鲍比的手指。这表明她渴望的是妈妈的关注,而不是报复。如果玛吉想要的是后者,她就会真的用门夹住弟弟的手指。她的意图并不是伤害她的弟弟,而是想把妈妈牵扯进来——先激怒妈妈,然后在变坏之后体验妈妈的爱。这个小计谋大获成功!

大多数情况下,当一场争吵导致最小的孩子受到虐待时,父母可以肯定的是,大孩子正在制造一场大骚乱,而不是真正地造成伤害。

一位妈妈在指导中心做了以下报告。

> 当时她正路过游戏室的门口,刚好看到四岁的凯瑞举着一辆玩具卡车在十个月大的林迪头上。他似乎准备要打她的头。林迪尖叫起来。妈妈想起了在指导中心学到的一系列不要介入孩子争斗的劝告,就鼓起勇气从门边走了过去。不过,她还是从门缝中偷看了一眼,眼前

的景象令她大为惊讶。凯瑞注视着她刚刚经过的那扇门，与此同时，他轻轻地放下了玩具，从林迪的头顶掠过，几乎没有碰她一下。

现在妈妈可以真正地相信指导中心的意见了。凯瑞和林迪是在合作，让妈妈卷入他们的纷争。即便只有十一个月大，林迪也知道只要她一尖叫，妈妈就会跑来，凯瑞就会有麻烦。凯瑞也知道，只要他惹得林迪尖叫，妈妈就会跑来。孩子们齐心协力让妈妈向自己跑来。

通常，当一个孩子用危险物品威胁另一个孩子时，妈妈可以安静地过去把它拿走。重点是要安静地做这件事，不要激动，不要说话，也不要大惊小怪，孩子们非常清楚该如何刺激父母做出这些举动。

每到吃饭的时候，爸爸妈妈永远没有机会好好地交谈一番，总会被某个孩子打断。这个家的家庭成员包含四岁的露丝和六岁的比利——妈妈与前夫所生的孩子，五岁的卡尔和七岁的玛丽莲——父亲与亡妻所生的孩子。露丝晃了晃脚，踢到了卡尔的腿。"爸爸，露丝在踢我。"卡尔抱怨道。妈妈出面了："露丝，别乱动脚了，注意你的举止。"露丝开始乖乖吃饭。"爸爸，比利不肯把盐给我。"玛丽莲呜咽着说。"把盐递过去，比利。"妈妈要求道。比利照做了。"妈妈，卡尔老是撞我的胳膊肘。"比利抱怨道。这回爸爸出马了:"把胳膊放在该放的地方,卡尔。"那男孩于是夹起了自己的胳膊。"妈妈,玛丽莲拿走了我的餐巾。"露丝又抱怨道。"把她的餐巾还给她,玛丽莲。"爸爸命令道。孩子们一个接一个地你惹我,我惹你,受害者总是立刻要求爸爸妈妈为他们主持公道。最后,爸爸勃然大怒:"你们这些孩子什么时候才能停下来别闹了?我们就不能安静地吃顿饭吗?我真是受够了这些叽叽歪歪。现在谁再闹,谁就挨打。"孩子们总算安静了下来,和平地吃完了这顿饭,但每个人都神经紧张,闷闷不乐。

孩子们的争吵让父母忙得不可开交——这并非无心之过。为此,他们甘愿以放弃快乐为代价。我们会发现,每个孩子都向他的亲生父母抱怨,而冒犯者的父母则会试图纠正这种情况。每个孩子都会去惹恼继父或继母的孩子,因为这是挑起争端最可靠的方式。父母太容易认为对方的孩子"没有安全感"了,觉得有必要维护公平的秩序。因此,每个孩子都在试图激怒继父或继母的孩子,这样自己的父母就会对自己发难。这一招十分奏效。

在一些家庭中,父母会保护他们的继子女;在另一些家庭中,父母会保护他们的亲生子女。但在任何一种情况下,孩子们都会去激怒最能给出有效回应的人。

当受到挨打的威胁时,孩子们停止了争吵,这一事实表明,他们挑衅行为的目的就是吸引爸爸妈妈的注意力,否则这样的威胁只会让情况进一步恶化。他们已经达到了目前所能达到的最佳效果，于是决定收手。另外，每个孩子在成功地获得父母的关注之后都顺从了父母的要求。这也表明，这场战斗是为了获得父母的关注。

父母双方只有停止这种过度的关注，让孩子们自己去解决问题，才能真正地帮助他们的孩子。如果孩子们在餐桌上的行为扰乱了家庭的安宁，父母可以拒绝和他们一起吃饭，直到他们愿意和谐愉快地就餐为止。一旦出现不和，就可以请这四个孩子一并离开餐桌。通过这种方式，孩子们可以学会在餐桌上友好相处。在请他们离开的过程中，父母不要介入冲突，不要参与争吵，只需表现出坚定的态度。

六岁的苏珊坐在九岁的哥哥哈利身边，后者正在搭他的吊车模型，七岁半的艾伦在给哥哥打下手。一切都很平静，直到苏珊突然狡猾地用脚跟踢了哈利一下。"别闹了，苏珊。"在她又一次伸腿时，哈利大声制止她。"什么？"苏珊假装天真地反问。毕竟她只是动动腿而已，哈利挡道了，她又有什么办法呢？于是她又踢了哈利一脚。哈利打了苏珊一拳。她呜咽着跳起来，跑到窗前往外看，然后又跑到房子另一边的窗户往外看，最后跑到了后面的卧室。从这个房间的窗口，她看到妈妈正在玫瑰花坛边工作。这时候，她终于爆发出一声刺耳的尖叫，大哭起来。"妈妈，"她向窗外尖叫着大喊，"哈利打我——很重。"妈妈停下手头的活,走进屋里。她看着苏珊手臂上的红印,安慰了她,然后去了男孩的房间。"哈利,你为什么打苏珊?""是她先挑事的。"男孩辩解道。"我没有,是你无缘无故打我,"苏珊尖叫着说,"我什么也没做。""你明明做了!"哈利大喊,"你先踢我的,好几次。""妈妈,我没有踢他。我只是动了一下,脚不小心碰到了他,我没有故意踢他。""你这个告状精!"哈利气炸了,"我也没用力打你呀。"妈妈打断了他:"你应该为自己感到羞耻。苏珊是家里最小的,而你是家里最大的。你应该为弟弟妹妹树立一个好榜样才对。欺负弱小的人就是恶霸。现在,向你妹妹道歉,不许再打她了。"当妈妈责骂哈利时,艾伦坐在旁边观察整个局面。"我没有打她,妈妈。"他提醒道。"我知道,亲爱的。你是个好孩子。哈利,你真是把我惹毛了!你为什么就不能规矩点?现在快道歉。"苏珊擦干了眼泪,站在那里饶有兴趣地看着哈利。她的下巴几乎缩到了胸前,低着头从眉毛底下往上看,嘴角露出一抹嘲讽的微笑。"对不起。"哈利看着地板咕哝了一句。"现在一起好好玩吧,"妈妈告诫道,"你们应该彼此相爱才对,因为你们是兄妹,不可以打架。"妈妈离开了房间。哈利回去继续搭他的模型。"告密贼。"他咬紧牙关低声说。"妈妈说你应该对我好,因为我是最小的。"苏珊嗤之以鼻。"神经病!离我远点,这是我的东西,别在这儿捣乱。"苏珊转身离开了房间。"再去告密吧,小宝宝。"哈利在她身后嘲笑道。苏珊去厨房找到妈妈,哭哭啼啼地说:"妈妈,哈利不让我和他玩,他嘲笑我。"妈妈回到了男孩的房间。"看在老天的分上,哈利。你到底是怎么了?你为什么就不让苏珊和你一起玩呢?""她老是把我的东西弄乱。"哈利愤怒地瞪着苏珊。"哈利,你真是太调皮了。到厨房里来罚坐,直到你想和你妹妹玩为止。"妈妈一把抓住哈利的胳膊,苏珊一副义愤填膺的样子在一边看着。妈妈把哈利领到厨房,把他推到椅子上。他垂下双眼,噘起嘴,表现出全然的反抗。苏珊满意地对艾伦说:"我们出去玩吧,艾伦,好吗?""好,我们去帐篷里玩吧。"两人一起冲出房间,离开时砰的一声关上了纱门。

很多时候,我们恨不得后脑勺也长双眼睛才好。在这个案例中,如果妈妈能真正地看到孩子们的表情在说些什么,就能收获很多。作为家中最大的孩子,哈利肩负着沉重的责任,可以说是腹背受敌,很难适应自己的"好"弟弟和"宝宝"妹妹。孩子们之间的关系中充满了激烈的竞争,矛盾一触即发。妈妈真诚地希望通过把打架双方分开来解决争端,并宣扬反对打架的言论和手足之爱,但这只会使事情变得更糟。她站在了挑事的宝宝这一边,保护她不受大孩子的伤害。她的过度保护强化了苏珊把自己当成"小宝宝"的自我认知,认为自己有权要求特殊的照顾。六岁的苏珊其实已经能很好地照顾自己,不再需要保护了。即便大孩子们真的要为难她,她也完全有能力保护自己。妈妈把哈利定性为罪魁祸首,正好落入了苏珊的圈套,她就是想以此来贬低哈利,抬高自己。当父母在孩子之间的争斗中站队时,这个跷跷板就会一直处于运动状态。被打败的一方会和占上风的一方扯平。因此,这场斗争似乎才刚刚结束,另一场斗争就又在酝酿之中。每当父母站队,一个孩子会成为胜利者,另一个孩子就会成为战败者。可以肯定的是,胜利者,也就是那些让父母相信自己无辜的孩子,通常就是这场斗争的始作俑者,他们总能通过或明显或微妙的方式挑起争端。赢得父母的青睐,让他们站在自己的一边,这是多么大的好处呀,被哥哥打一顿又何妨。争斗的背后是手足的敌对。考虑到这一点,任何关于手足之爱的言论或道德说教又怎么可能起到作用呢?尤其是当这些话其实是在支持假装成受害者的罪魁祸首时。道德说教只会起到反效果,因为它向孩子提出了一个根本做不到的"要求",为整个局面平添了紧张感。

妈妈哪怕能认真看苏珊一眼,就有可能对孩子们之间的关系产生新的认识。那个没有挨骂的孩子脸上总是带着满意的表情。(被骂的孩子再次失宠了,哈!苏珊故意挑起这场争端,让哈利陷入麻烦——尽管她也不知道为什么!)这是多么令人激动,也再次强化了她作为"宝宝"的家庭地位。苏珊先找到妈妈才开始哭,这一事实就是出卖她的铁证。艾伦利用这一情况来提醒大家自己有多"好",以巩固自己的地位。哈利发现自己又一次扮演了"淘气包"的角色。由于他已经认为自己与这个角色无可救药地绑定在一起了,他甚至没有试图去远离苏珊的麻烦事。无论如何,他知道这一刻终将到来。当妈妈干涉他们的争吵时，她强化了每个孩子的自我认知，强化了他们对自身价值的错误看法。此外，她非但没有教会孩子们停止争斗，反倒向他们展示了争斗的各种好处。

如果妈妈能无视整个局面，对苏珊照顾自己的能力表示出信心，让孩子们自己去解决他们之间的分歧，这种争斗很快就会失去其吸引力。苏珊刺耳的尖叫只是一种计谋，而不是被打的结果。如果妈妈不再对苏珊的尖叫做出反应，苏珊可能会决定放弃这一无用的计谋。

自然，如果爸爸妈妈发生争执，孩子们也会模仿他们。孩子们把成年人使用的这种方法看作是解决分歧的一种手段，所以他们自己也有可能会使用这种方法。在这种情况下，把争斗作为解决问题的手段或许会成为一种家庭价值观。然而，一个叛逆的孩子也有可能会朝着相反的方向发展，形成与父母相反的价值观。

争斗中总会出现权力竞争的影子。平等的个体不需要把冲突当作获得优势的机会。他们可以在没有胜利或失败的情况下解决分歧。然而，当一方感觉到自己的地位被另一方的举动所威胁时，冲突就变成了一种竞争。敌意应运而生，以证明无视礼貌和体谅的行为是合理的，一方试图以牺牲对手为代价来恢复他假想中失去的地位。当我们站在"宝宝"的一边，保护最小的孩子不受最大的孩子的伤害，为看似被"虐待"的孩子挺身而出时，我们就强化了他的自卑感，教会受害者如何利用自身的缺陷和弱点来获得特殊的照顾，从而加剧那些我们原本想要消除的困境。当我们对孩子们的争斗秉持一种顺其自然的态度时,他们往往会建立起一种远比我们所能提供的更为平等公正的关系。他们在现实的冲击中学习如何发展对外关系、平等、公平竞争、正义、体谅以及相互尊重。这些都是我们希望孩子们学到的。对此,我们最好的办法就是从他们的冲突局面中撤出,给他们留出空间,让他们自己解决问题。

我们可以,也应该,与孩子们就争斗问题进行友好的讨论,不要有丝毫的指责或道德说教,和孩子们一起找出解决问题的方法和手段。然而,当争斗正在发生时,友好讨论是不可取的,因为在这个节骨眼上,语言无法起到"教导"或"帮助"的作用——只会为这场正在进行的争斗增加弹药。

第二十五章
不要被孩子的恐惧打动

"啊,我必须得在五点之前回家。"妈妈告诉她的朋友。"为什么呀?""因为我答应贝蒂我会在五点前回家,她会在窗口等我的。如果我不能按时回家的话,她就会非常害怕,会哭到喘不过气来。"

贝蒂把妈妈训练得很好。这孩子一伸手举起金属圈,妈妈就会从中间跳过去。恐惧是控制妈妈的手段。贝蒂的恐惧是真实的,且极具破坏力。她的生活因此而变得悲惨,而妈妈自然也不想给贝蒂增加痛苦。这种情况究竟是怎么发展起来的呢?

我们所有人都有情绪。情绪是让我们点燃行动之炉的燃料。没有情绪,我们就会优柔寡断,软弱无力,失去方向。在毫无意识的情况下,我们创造了那些强化我们意图的情绪。我们可以选择燃料,以此来为我们提供一些必要的推动力。贝蒂并没有被恐惧"附身"——就好像恐惧是某种幽灵一样伸手抓住了她!贝蒂掌控着恐惧,并利用它来控制妈妈。她为自己创造恐惧这一事实并不会使恐惧本身变得不真实。这恐惧并不是假装出来的，而是十分真实的。

利用恐惧作为一种计谋可能是贝蒂偶然的发现。当她意识到她可以通过这种方式获得好处时，自然而然地，她就利用了它。现在，她陷入了自己编织的网中。妈妈也有她的一份责任，因为正是她被贝蒂的恐惧所打动，为女儿提供了成功利用恐惧的经验。

所有人都经历过恐惧，我们也都能认识到，当我们受到惊吓时是无法正常工作的。因此，恐惧似乎是一种负担不起的奢侈品。事实上，有证据表明，一个人在经受生命危险的当时并不会感到恐惧，恐惧的感觉只会出现在生命危险发生之前或之后，当我们的感知和想象力被"会发生什么"或"本该发生什么"所控制时，我们才会感到恐惧。如果一个人卷入了一场交通事故，他会忙于处理这种状况而无暇感到恐惧。只有在危机结束后，颤抖和心悸才会出现。这表明我们并非天生需要恐惧来规避危险。相反地，恐惧通常会助长危险。恐惧暗示着一种我们无法控制局面的假设。当我们害怕自己做不到某件事时，我们选择麻痹自己，这样我们就真的做不到了。

我们必须把惊吓和恐惧区分开来。一声巨响或突然的摔跤可能会对年幼的孩子造成"惊吓"。但这只是短促的、暂时的反应。作为第一次"惊吓"体验的延续，恐惧的情绪只有在父母也受到"惊吓"时才会发展出来，父母也因此会受到孩子持续恐惧的影响。

一个年幼的孩子，在突然面对一个全新的、令人惊讶的、似乎有威胁的状况时,他有以下几种选择:他可以停下来,等着看大人会怎么做,也可以选择撤退逃跑,或者试着感到恐惧。

十六个月大的马克第一次见到狗是在妈妈带他去拜访朋友的时候。面对这个奇怪的移动物体,他紧紧抱住妈妈。他周围的大人们都对此大惊小怪:"它不会伤害你的,马克。看到了吗?来吧,拍拍它吧。它很喜欢你。不要害怕。"

马克迅速评估了形势。他不确定自己该做些什么,鉴于大人们对他的恐惧所做出的反应,他选择用恐惧来掩盖自己的困惑,让大人们持续围着自己大惊小怪。这有可能是他第一次学会利用恐惧。在这种情况下,大多数成年人的语气和行为都特别有助于恐惧的发展。他们的声音中有一种过度焦虑且刺耳的语调,他们的行为中有一种闹哄哄的忙碌感。仅仅因为害怕就能让成年人做出这一系列的举动,这实在令人震惊。这通常只是一个开始。更强烈的恐惧会带来更加夸张的安抚,甚至是极其特殊的关注,比如被抱起来安慰。一种自然的不情愿就这样被转化为恐惧,而恐惧成了刺激成年人安抚行为的有效手段。

孩子是天生的拙劣演员。他们总喜欢哗众取宠。他们无所顾忌,因为他们还意识不到自己行为的后果。逐渐体验到某些行为的后果,会导致孩子们发展出一层"面具",并逐渐成长为老练的大人。我们都有一些连对自己都不敢承认的意图,因为它们不为这个社会所接受。年幼的孩子不太关心什么是可被社会接受的,因此他们能够自由地做出任何反应。他们的感情都表现在脸上。当他们遇到意想不到的新情况时,他们会克制自己,评估局势,从成年人的反应中寻找线索。大人们向马克发出暗示,他们期待他感到害怕。他满足了他们的期待,让他们全都为他服务。

妈妈应该相信马克有能力迎接新的体验。她可以后退一步,给他空间让他自己去适应。最重要的是,她可以停止假设马克会如何回应,不再试图去为他安排他的反应。让马克直面问题,自己去解决问题。如果他表现出恐惧,妈妈可以不为所动。事实上,妈妈很担心马克会害怕狗,于是她就让她原本极力避免的事情变成了现实。然而,如果马克不再能利用他的恐惧打动妈妈,这种情绪就不再有用了。

有时恐惧可以被用来制造戏剧性的冲击。

五岁的玛莎原本一点都不害怕蚱蜢。然而,有一天,一只非常大的蚱蜢跳到了她的身上,吓了她一跳。她发出一声小小的惊叫,努力想把蚱蜢从身上弹掉,结果反而把蚱蜢吓得钻进了她的衣服里。这种感觉很不舒服,于是她又喊了起来——但这主要是因为她的惊叫声让她九岁的哥哥在一旁嘲笑她。她越是努力摆脱蚱蜢,在他看来就越是滑稽。而她,则尖叫得越来越大声,因为她实在是被他气坏了。妈妈不顾一切地从屋里冲出来,被尖叫声吓得面色苍白,浑身发抖。

那天晚上，哥哥双手合拢走到玛莎跟前："我有东西要给你。""什么？"他张开双手，一只蚱蜢跳了出来。玛莎发出一声令人毛骨悚然的尖叫，爸爸妈妈都匆忙地做出回应。他们严厉地斥责了哥哥，并责备了玛莎的愚蠢。从那以后，玛莎一看到蚱蜢就会发出惊恐的尖叫。但她内心深处知道，她并不是真的那么害怕蚱蜢，只是因为她的恐惧实在是太有冲击力了。

玛莎的父母所能做的最没用的事情就是告诉女儿她很傻。这是在挑战她是否能继续坚持被恐惧击倒的立场。如果妈妈和爸爸能对她的尖叫无动于衷，就能消除恐惧的目的。

四岁的本尼在圣诞树下玩电动火车。突然，他猛地往后一跳，尖叫起来。一个松动的连接件使他被电了一下。坐在旁边的妈妈意识到发生了什么，立马把他抱起来安慰他。"没事，亲爱的，你只是被电了一下而已——没什么大碍。这列火车出了点毛病。等爸爸回来把它修好就好了。"

那天晚上，爸爸找到了问题所在并修好了它，但本尼还是拒绝玩火车。他不敢靠近火车，表现得很害怕。每次爸爸想叫他过来操作遥控器时，他都把头埋在妈妈的腿上。最后，在本尼埋头逃避时，妈妈和爸爸交换了一下目光。妈妈轻轻地摇了摇头。爸爸点头表示同意，他离开了火车,坐下来看晚报,没有再多说什么。本尼仍然没有去玩火车。两天后,爸爸把火车和其他圣诞装饰一起拆了下来,小心翼翼地放进盒子里。本尼严肃地旁观着整个过程,什么也没说。然而,到了该睡觉的时候,他噘着嘴说:"爸爸,我想玩火车!""我们很快就会再次把它取出来的,本尼。今晚你想让我读什么故事呢?"

在经历了如此不愉快的事件后,本尼不愿玩火车是很自然的。他的父母也明白这一点。但是当本尼继续抵抗,拒绝相信爸爸已经修好了火车这一事实,并开始把他们卷入到他可怕的忧虑中时,妈妈和爸爸决定对这件事彻底放手,"从他的风中撤走了他们的帆"。他们意识到本尼还太小,无法理解电学原理,也没有试图通过解释一些超出本尼理解能力的东西来让他克服恐惧。因此,本尼没能获得更多的好处。火车被装进了盒子,那时他才发现自己还想再玩火车,他的恐惧无法变成有用的工具。爸爸并没有指责儿子愚蠢,也没有责备他。他接受了儿子的反应,把火车收起来了。当本尼又想玩火车时,爸爸答应会很快再把它拿出来,然后转移了话题。

妈妈试图帮助三岁的玛西娅克服对黑暗的恐惧。她为孩子掖好被子,打开大厅的灯,然后关上了卧室的灯。"妈妈,妈妈。"玛西娅惊恐地尖叫起来。"没事的,宝贝，"妈妈安慰道，"我不会离开你的。睡吧，真的没什么好害怕的。看到了吗？妈妈就在这儿陪你。""可我想要灯亮着，我怕黑。""大厅的灯还亮着呢，宝贝。妈妈就在这儿。""你不会走吧？""不，我就坐在这儿，直到你睡着为止。"玛西娅过了很长时间才睡着。其间她还不时地起身，看看妈妈是否还在。

妈妈认为自己可以通过把灯光移远一点来让玛西娅逐渐适应黑暗，但她没有看到玛西娅是如何利用自己的恐惧把妈妈留在身边，让她继续为自己服务的。

表现出恐惧的孩子是很有说服力的。在我们看来，他们是如此的弱小而无助，生活对他们来说可能确实是可怕的。然而，如果我们能理解孩子行为背后的原因，就能意识到，我们的反应其实并没有帮助到孩子，而是进一步地训练他们把恐惧作为一种控制他人的手段。

妈妈可以关掉卧室的灯，让大厅的灯亮着，给玛西娅盖好被子，然后不去理会她的恐惧，只留下一句鼓励的话："你会学着不再怕黑的。"当玛西娅尖叫时，妈妈可以表现得好像女儿已经睡着了一样。

除非妈妈能够摒弃那种普遍的观念，即如果她忽视孩子的痛苦，她就是残忍的，否则她将永远无法做到这一点。我们总是感到十分有必要去安慰一个受苦的孩子。然而，一旦我们意识到这样做只会增加孩子的痛苦，因为孩子得到了我们的充分关注和同情,我们就能明白停止这种做法的意义所在了。

如果孩子心中充满恐惧,就无法解决生活中的难题。恐惧并不能提升处理问题的能力,相反,只会削减这种能力。一个人越是害怕,就越容易招来危险。然而,恐惧作为一种获得关注和让他人为自己服务的手段,确是十分有效的。

教育孩子在潜在的危险情况下要小心是必要的。但小心和恐惧是截然不同的。前者是合理而勇敢地认识到可能存在的危险,而后者则是由于受挫而束手束脚的退缩。当然,我们必须教育孩子在过马路时要小心,不要接受陌生人的关注,枪支是致命武器而不是玩具,只能在与自己技能相当的水深区域游泳。这一切都可以在不灌输恐惧的情况下教给孩子。这是一个学习行事的边界,学习如何应对困难或危险的问题。恐惧只会削弱勇气。恐惧是危险的。对孩子来说,恐惧能帮他们达成一些目的。如果父母不对孩子的恐惧做出反应,孩子就不会发展出恐惧,父母和孩子都将免于由此产生的折磨和痛苦。

> 自从曼弗雷德记事起,他就总能听到妈妈讲自己分娩的痛苦和手术的折磨。三个月前,曼弗雷德的腿上发现了一个骨肿瘤,需要手术治疗。当他被告知必须做手术时,他惊恐地尖叫起来。整整三个月,他不停地恳请、哀求,闹得歇斯底里。他宁愿死于肿瘤也不愿做手术。妈妈试图安慰他,但于事无补。到了手术的那天,医护人员费了九牛二虎之力来控制男孩。他的恐惧是如此

强烈，以至于手术前常规剂量的镇静剂都没能让他平静下来。

痛苦是生活的一部分，没有人能逃避它的存在。妈妈把自己的痛苦讲给孩子们和朋友们听，可能是想向人们展示她是一个怎样的女英雄，她经历了那么多的苦难。但曼弗雷德几乎没有经历过真实的疼痛，他在想象中构建了一些远超现实的关于手术的概念。另外，与他的妈妈相反，他并不想当英雄！而面对现实的痛苦威胁，他也没有任何关于勇敢接受痛苦的训练。妈妈十分同情他的恐惧，因为她自己也知道手术的"恐怖"。她非但没有帮助儿子面对困难和不可避免的状况，反而在试图安慰他的过程中无意识地助长了他的恐惧。

没有一个父母愿意看到自己的孩子受苦。然而，有些时候疼痛是不可避免的。勇敢的孩子实际上更少受苦。对痛苦的恐惧只会把痛苦无限放大。恐惧使人陷入紧张的抵抗，实际上增加了疼痛。我们必须帮助孩子接受痛苦和困境。只有当我们被孩子的恐惧深深打动时，他才会变得胆怯和害怕。

一位育有三个"勇猛骑手"的牛仔爸爸有自己的一套方法来强化孩子天生的勇气。每当孩子让他检查自己身上的肿块、瘀伤或破皮的地方时，他总会说："哎呀，我猜这有点疼，对吧？不过别担心，很快就会好的。"一天，他六岁的儿子被一匹还没训好的小马驹摔了下来。

孩子愣住了，坐在原地摇晃着脑袋。爸爸跳过栅栏，淡定地大步走去查看孩子的伤势。男孩想站起来，但痛得皱起了眉头，他伸出胳膊来看，显然胳膊已经断了。"看来你的胳膊断了，孩子。""别担心，爸爸，很快就会好的。不过真的很疼。"他开始哭起来，摔倒的惊吓逐渐消失，疼痛加剧了。"我想是的，孩子，这肯定疼得厉害。我们把胳膊吊起来，去看医生吧。"爸爸用围巾做了一个吊带，轻轻地把受伤的胳膊放在里面。爸爸一动他的胳膊，男孩就尖叫起来。"是啊，我猜你的胳膊肯定很疼。"他扶着孩子站起来，但没走几步孩子就开始打晃，最终昏倒在爸爸怀里。几分钟后，男孩从昏厥中醒了过来，呜咽着说："好疼啊，爸爸，但很快就会好起来的，对吗？""当然啦，孩子。不会一直疼的——过一阵子就好啦。你现在是个名副其实的'勇猛骑手'了，是不是，孩子？"

第二十六章
管好自己的事

亚瑟号啕大哭着跑进厨房："妈妈，爸爸打了我一巴掌。"他抽泣着说。妈妈放下手中的工作，搂住儿子安慰道："他为什么打你呀？""他说我没礼貌，就打了我一巴掌。""好吧，亲爱的，交给妈妈来处理。好了，别再哭了。"亚瑟终于平静了下来。妈妈去了车库，她知道爸爸正在那儿干活。两人之间随即爆发了一场争吵，妈妈（第一百次）明确表示她不赞同体罚，而爸爸同样明确表示，亚瑟也是他的儿子，当他让亚瑟把自行车收起来时，他不希望儿子出言不逊。亚瑟站在一旁，把一切都看在眼里。

两个人之间的关系只属于这两个人，与他人无关。亚瑟和他父亲的关系只属于他们父子俩，妈妈无权试图控制这种关系。当男孩来找妈妈说爸爸的坏话时，妈妈最多只能说："我很抱歉，亚瑟。如果你不想要爸爸打你的话，也许你可以想个办法来避免这种情况。"稍后，当眼前的冲突平息下来，妈妈可以和亚瑟一起讨论，帮助他了解一个人要如何才能避免被打。如果妈妈想教育儿子，就不能偏袒任何一方。然而，就目前的情况来看，亚瑟对这段关系相当满意。这个家庭的三个成员实际上合作得很好。让我们来研究一下这一行为模式，看看它如何证明以上说法的正确性。

亚瑟十分善于挑拨父母之间的矛盾。妈妈显然是这个家庭的主导成员，她和儿子团结在一起，试图压制爸爸。亚瑟很聪明地利用了他们之间的分歧来达到自己的目的。他确保妈妈一直是他的捍卫者，会保护他，帮助他对抗爸爸的要求。亚瑟善于操纵父母达到目的的同时，他的成长发展是失衡的。他一遇到困难就会寻求他人的保护，而不去寻找克服困难的方法。妈妈没有意识到参与了亚瑟的操纵游戏，也没有意识到这对他自我认知的伤害，盲目地落入了他的圈套。爸爸决心抵消妈妈对儿子的纵容，于是每当亚瑟激怒他的时候都继续打他。妈妈则决心控制儿子的整个成长环境，试图强迫爸爸遵守她的制度，于是严厉地斥责爸爸。亚瑟在每个方面都大获全胜。儿子与妈妈合作，让爸爸失势。爸爸与亚瑟合作，让妈妈参与父子间的纷争。妈妈与爸爸合作，试图向对方展示谁才是老大。

但这并不是和谐的家庭生活，亚瑟也没有被引导去尊重他人，尤其是他的爸爸。他自然不喜欢挨打。但为了让爸爸妥协，赢得妈妈的捍卫，他甘愿承受挨打的痛苦。妈妈，正如她对体罚的态度一样，受不了亚瑟被打，于是她借题发挥来控制她的丈夫。妈妈应该管好自己的事，不要试图控制一切。她有权利坚持自己的信念，不去打儿子，但她没有权利告诉丈夫该如何对待儿子。亚瑟与爸爸之间的关系不该由她来掌控：那是他们自己的事。

这一点对于我们大多数人来说都是难以理解的。难道我们不应该确保孩子得到适当的对待吗？是的，在某种程度上，我们是该这么做。但究竟什么是"适当的"对待呢？回答这个问题需要一个"权威"，而在一个民主的家庭中，并没有这样的权威。此外，既然我们承认孩子具有创造力和做决定的权利，我们就会发现，其实每个孩子都以自己的方式在很大程度上促使了别人形成对待他的方式。因此，我们有责任了解整个状况，了解孩子的行动目标，了解各种关系的相互作用。有了这些认知，我们能够且必须训练孩子接受秩序，激励他去配合环境的需要。这是我们促进孩子做出正确行为的唯一途径。

父母双方作为不同的个体，自然对许多事情有不同的看法。如果他们能就抚养孩子的方式达成一致，当然是一件好事。但这种一致并不是必需的。孩子会自己决定接受或拒绝他所处环境中每个人的行为。另外，由于孩子在所有关系中都有积极作用，即便父母在一般原则上达成一致，他们对待每个孩子的方式也不尽相同。这就是为什么孩子不会因为妈妈、爸爸、祖父母或其他亲戚对他的不同对待而感到困惑。他通常非常清楚如何从每一段关系中为自己获得最大的利益。

此外，我们发现，妈妈在对自己处理孩子问题的能力上是否有信心，与她是否怨恨他人对待孩子的方式之间，存在一种特殊的相关性。她越是觉得自己无力应对孩子出现的问题，就越是确信别人应该怎么对待她的孩子。当她能够有效地激励孩子做出适当的行为时，她就不那么关心别人对孩子做些什么了。别人的行为只是她必须处理的整个现实情况的一部分而已。

七岁的埃斯特是家里唯一的孙辈。奶奶十分溺爱她，在任何需要送礼物的场合都给她大量的礼物。妈妈和爸爸则把礼物限制在他们认为合理的范围内。埃斯特在复活节收到了奶奶送的六份礼物，生日时收到五份，圣诞节收到十份。她打开爸爸妈妈送给她的礼物，向他们道谢，然后自然地欣赏着礼物。但当她打开奶奶送的最后一份礼物时，她抱怨道："就这些吗？"几天后，妈妈发现埃斯特在日历上用粗粗的红蜡笔标出了所有可能收到礼物的日子。这种拜金的态度让她深感不安。妈妈跟爸爸说了这件事，请求他跟奶奶商量一下，是否可以少送一些礼物。爸爸拒绝了。他认为妈妈的要求不合理。一场激烈的争吵随之而来。妈妈确信奶奶无可救药地把埃斯特宠坏了。

可怜的妈妈，她对自己对孩子的影响力完全没有信心，她眼中的危险远远超出了现实。由于妈妈和爸爸在送礼物这件事上保持着正常的平衡，埃斯特对他们并没有表现出贪婪的态度——只对奶奶有这种态度。妈妈不能控制奶奶的行为，这不关她的事。奶奶和埃斯特的关系只属于她们自己。在这种情况下，妈妈可以自信地认为，正常交换礼物的家庭氛围已经形成了，可以抵消奶奶的宠溺。然而，至关重要的是，孩子不仅要学会收礼物，还要学会送礼物。她必须记住奶奶的生日，送她礼物——甚至更好的做法是，在圣诞节和情人节时亲手为她制作礼物。至于其他的，妈妈应该放手，让埃斯特和奶奶建立属于她们自己的关系。

每个孩子都生活在一个除了父母之外还有其他成年人的环境中。祖父母和其他亲戚通常是孩子最近也是最亲密的接触者，其次是邻居、父母的朋友、老师，然后是不断扩大的社交圈。父母不可能控制这些人对孩子的影响。然而，每当孩子遇到不利的影响时，我们总是倾向于站在与相关的成年人相反的立场，希望减少或完全消除这个人对孩子的影响。这样做是徒劳的。孩子不需要我们保护他免受环境的影响，也不需要我们为他重新安排环境。他真正需要的是我们指导他如何做出回应。孩子所受到的刺激远不如他对这些刺激的反应重要。

孩子是一个独立的个体，因此，他会与每一个与他密切接触的人发展他自己的个人关系。孩子们需要和各种各样的人打交道，这样他们才能学会理解和评估他人。我们有义务寻找机会来支持孩子进行正确的评估。

如今，与孩子祖父母的关系是我们家庭中许多冲突的根源。这一事实本身就表明我们的文化正在发生变化，我们正在与传统决裂。女儿和儿子对如何抚养孩子有着完全不同的看法，并对父母的干涉感到不满。如果他们试图强迫父母接受他们的育儿方式，他们就是在犯错误，只会破坏所有的关系。孩子的父母可以通过对孩子的祖父母说："你有可能是对的。我得考虑一下。"然后继续做他们认为正确的事。祖父母非常喜欢他们的孙辈。他们可以享有所有的特权，却不用承担抚养孙辈的责任。妈妈或爸爸对孩子祖父母的"溺爱"感到不安，这表明他们对自己影响孩子的能力感到悲观和怀疑。任何试图"纠正"祖父母行为的努力都是错误的、徒劳的，只会增加紧张和冲突。孩子和祖父母之间的关系是孩子和祖父母之间的事。然而，我们必须帮助孩子对这种关系做出反应。溺爱孩子的祖父母可能会给孩子留下这样的印象：即他有权得到他想要的任何东西，谁反对他的愿望谁就是敌人。在这种情况下，我们必须帮助孩子改变他的观念。通过帮助孩子做出正确的反应，妈妈能够阻止祖父母给孩子提供关于生活和自身权利的错误印象。

六岁的博比去看望他的爸爸，爸爸和妈妈离婚后已经各自分别再婚了。当他回到家时，鼻子周围都是干掉的血迹。妈妈非常担心，问他发生了什么。"她打了我一巴掌，打得我鼻血直流。""这到底是为什么啊？当时你在做什么呢？""我在读书给她听。""那她为什么打你呀？""因为我有一个字不会读。"妈妈勃然大怒。那个女人有什么权利打她的孩子！那天晚上，她愤怒地打电话给她的前夫，第二天又打电话给她的律师。随之而来的是一场大骚动，但没有任何具体的结果。

在如今错综复杂的人际关系中，此类事件并不罕见。离婚和再婚给孩子和成年人都带来了复杂的状况。曾经导致离婚的陈旧敌意再次得到了强化，很多时候孩子也不仅仅是无辜的旁观者。他们在混乱中站好了队，经常利用一方来对抗另一方。我们完全可以想象，一个孩子为了得到同情和特别的"安慰"，可能会挑起更多的骚乱。最重要的是，妈妈不能轻信这种行为，也不能将其放大。如果博比无法再在这种复杂的情况下制造麻烦，如果他去另一个家时妈妈对所发生的事情没有什么反应，那么博比可能会与爸爸的第二任妻子建立更好的关系。妈妈最好的办法就是建议博比好好表现，避免被打耳光。"这是你的选择，博比。我相信你会找到办法不惹她生气的。"

一个邻居找到爸爸，向他抱怨帕特骑自行车撞到了他的儿子艾迪，导致艾迪摔倒受伤了。（两个男孩都是九岁。）邻居显然很生气，想让爸爸惩罚帕特，让他别再惹事了。"……他们俩总是打个不停，每次都是帕特挑头！""我很抱歉你为这件事这么难过，但你不认为男孩子之间的争斗是他们自己的问题吗？"邻居吃了一惊，盯着他看了一会儿，然后问："你这话是什么意思？""我的意思是，控制帕特和他朋友的关系不是我的事。我相信如果我们不去干涉这两个男孩，他们会自己解决问题的。""可艾迪每次都会受伤，帕特总是做一些伤害他的事情，我真的烦透了。"爸爸不得不忍住笑，因为艾迪明明比帕特高,也比他重。"帕特也有很多次受了伤回家。我只是觉得,如果你我少管孩子们的闲事,他们或许会对受伤感到厌倦,自己想别的办法解决冲突。""我想你真该管管你的儿子了。""我不知道该如何让帕特停止做任何事情,除非把他绑起来,或者每时每刻都盯着他。我也不认为这样做会帮助他与其他孩子相处或解决他们之间出现的问题。当然,我会和帕特谈谈,看看我能否帮他理解目前的状况。但这也是我唯一能做的了。"

帕特从另一个房间听到了他们的谈话。邻居走后,他走了进来,态度一半是趾高气扬,一半是犹豫不决。父子俩互相打量了一会儿。爸爸保持沉默。"这个,他在路边骑车,然后——""我不想听这些细节,帕特。我只是想知道你和艾迪是不是也不喜欢打架,但你们知道这似乎会让家人非常生气。"帕特的嘴角扯动了一下,发出一声压抑的轻笑。"也许你和艾迪可以找到其他的娱乐方式。这是你的选择。让我们看看你会怎么做吧。"

与他人的接触是现实生活的一部分。我们的任务是帮助孩子培养正确的态度和有效的方法来面对现实。艾迪的爸爸试图去控制或改变现实。他并不是在帮助艾迪,而是在给他一个错误的印象,让他觉得爸爸会一直在那里为他"解决问题",艾迪不需要自己去努力培养参与社会的能力。而帕特则被赋予了自己处理人际关系的责任。爸爸没有说教,只是建议帕特重新评估自己的处事方式,并在最后一句话中表明了他对此的兴趣。

玛德琳向妈妈抱怨道:"我讨厌凯斯小姐。她就是个蠢老师!太不公平了。""发生什么事了,玛德琳?""噢,她总是在全班同学面前取笑我。她骂我不会拼写,我举手的时候也从来都不叫我。今天她拿着我的拼写试卷,把所有的错误拼写都读给全班同学听。我真想杀了她!"玛德琳被愤怒和屈辱所吞噬,眼泪涌了出来。妈妈也怒不可遏:"我要和你的老师谈谈,玛德琳,怎么能这样对待一个孩子!"

妈妈是对的。孩子们无法从屈辱中学到任何东西。然而,妈妈也不可能对老师起到任何培训的作用。她向老师彻底表达愤慨只会火上浇油。如果全部的真相被揭露出来,那么毫无疑问,玛德琳肯定也做了什么导致老师对她表现出那样的态度。她的肩膀微微一扭,眼睛一眯,表现出她对"这样一个蠢老师"的轻蔑。

毫无疑问,玛德琳和老师之间的关系很差。但是改变老师并不是妈妈的义务,她的义务是帮助女儿认识到她自己对这段糟糕的关系做出了哪些贡献,以及建议玛德琳采取一些行动,让自己在校园环境中更加舒适。要让玛德琳看到她自己的错误必须采取间接的方式。直接的做法只会让事情变得更糟。妈妈可以说:"你认为当学生不喜欢老师时,老师会感到高兴吗?"或者:"如果你是老师,而你的一个学生讨厌你,你会怎么做呢?"然后,还可以说:"凯斯小姐也许像你说的那样是个笨蛋,我也不知道。但不幸的是,没有人能一直拥有完美的一切,我们只能顺势而为。我知道你现在肯定很不舒服。所以,就让我们来看看你能做些什么来让自己更舒服一些吧。"

妈妈不应去质疑玛德琳对老师的评价,因为这只会增加孩子的敌意,导致她不顾一切地捍卫自己的态度。如果妈妈站在老师的一边,就会激起女儿的敌意;如果她站在玛德琳的一边,就是在支持她在学校里的挑衅行为。指出玛德琳的不适并坦率地讨论这个问题能够帮助玛德琳寻求更具合作性的行为模式,以减轻她的不适。

> 哈利是家里的独生子,他的学习成绩很差,父母不得不逼他完成家庭作业。每天晚饭后,爸爸都会坐在他身边,确保他完成作业。每节课后爸爸都会对男孩提出很多问题,进行很多操练。这些课后辅导多数以哈利的号啕大哭和爸爸的愤怒沮丧告终。而男孩的功课并没有丝毫的进步。

事实上,爸爸正在接受现实的教育,哈利每天晚上都在证明没有人能强迫他学习。只要爸爸还在坚定地想要儿子在学校表现出色,并继续"帮助"他完成作业,哈利就会继续表现差劲。

说来奇怪,其实爸爸是在多管闲事。学习是哈利的任务——不是爸爸的任务。

依据传统，许多老师仍然要求家长确保孩子完成家庭作业。如果我们正面处理这个问题，就会引发一场权力竞争。然而，如果我们与孩子商量，和他们一起确定学习的时间，然后帮助孩子维持这种秩序，我们就可以激励孩子主动去学习。

如果孩子在学习上特别困难，我们应该请一位家庭教师。父母来扮演家庭教师的角色是有待商榷的做法，即便父母碰巧是教师也是如此，因为孩子不愿意学习，不愿意承担责任，或者不愿意完成他觉得不愉快的任务，通常本就是因为他与父母的关系不佳。更有可能的是，他其实是在以此抵制来自父母的压力，这样的父母总是干涉他的学习，完全无法忍受他不学习；父母这样做要么是因为担心孩子的未来，要么是想让孩子明白他必须承担责任。在这种情况下，父母的进一步压力只会加剧权力竞争。对于这样的孩子，我们最好的帮助就是把自己从这场权力竞争中解脱出来，给他找个家教，让他明白，如果他不想学习，没有人能强迫他。"一切都取决于你自己，你可以选择是否要学习。"

类似的问题也出现在不愿练习乐器的孩子身上。其实有许多孩子想要演奏乐器，但不希望把这变成一项必要的工作！父母的干涉和压力把原本令人期待的音乐享受变成了令人讨厌的苦差事。这里我们也要少管闲事，让音乐老师来激励孩子练习吧。

少管闲事并不意味着把孩子全权交给他的乐器老师。我们可以给予鼓励——不是通过施加压力或批评，而是为他提供一个可以在一小群成年人或同龄人面前演奏的环境。我们甚至可以为他安排一些和别人一起演奏音乐的机会。这样，音乐就具有了实际的功能,而非仅仅是令人厌恶的练习。

在这种情况下,我们需要明确知道孩子的问题是什么,然后把责任留给他自己。

> 妈妈和南希一起制订了零花钱计划。妈妈是寡妇,必须自己赚钱养活母女俩。她们考虑到了南希的需求,她得到了足够的零花钱来购买午餐、车票、学习用品、偶尔的电影票和课后点心。一天,南希和她最好的朋友一块儿回家,妈妈注意到两个女孩都戴着崭新的字母手镯。她问南希手镯是哪儿来的。"我是从零花钱里省下来的。"妈妈当时没说什么,等到南希的朋友离开后,她痛斥了南希,指出她自己辛苦工作养活娘俩,省吃俭用就是为了让南希有充足的零花钱,而南希却把钱花在了不必要的地方,这让她伤心透顶。

妈妈想控制南希所做的每一件事,甚至连她怎么花自己的零花钱都要管。当父母给孩子零花钱时,这笔钱就属于他们了。他们用这笔钱做些什么与父母无关。毫无疑问,南希为了攒钱买手镯,省掉了母女协定中的某项开支。为了得到自己想要的东西,她做出了牺牲。如果一个朋友试图强迫妈妈按照她认为合适的方式去花钱,妈妈肯定会非常愤怒。妈妈会觉得这位朋友在干涉与她无关的事情。出于同样的原因,出于同样的尊重,妈妈应该管好自己的事,让南希按照她认为合适的方式去花钱。妈妈唯一的责任就是严格控制零花钱的数额，绝不能为南希在零花钱上的轻率行为承担后果。

当然，如果我们看到孩子正在形成某种错误的价值观，我们总是可以进行友好讨论的。然而，这样的友好讨论绝不能掺杂批评，因为批评只会使孩子更加执着于他自己的评价。"我想知道你是否考虑过……""你想过……吗？""如果每个人都这么想，你觉得会怎么样呢？"要给孩子一个讨论的余地，不要逼孩子立刻叛逆地拒绝。重要的是，要为孩子呈现所有的可能性，即便许多可能性对我们来说也许是不可接受的，但客观性对于任何真正的评估来说都是必不可少的。这样，我们就可以和孩子们一起去发现那些对现在和将来都最为有益的价值观。

第二十七章
不要为孩子感到难过

怜悯是有害的,即便是有正当理由或在合理的情况下。

七岁的克劳德满心期待着在一个郊区农场举行他的生日派对,届时会有一场野餐和骑乘干草车的活动。这种到乡下的游乐活动并不常有,妈妈和他讨论了所有的计划。宾客名单上共有十八人,其中包括另外两位负责接送孩子的妈妈。随着这一天的临近,克劳德和朋友们的期待与日俱增。生日当天,他一觉醒来,发现天空乌云密布。他惊恐地跑向妈妈。"今天不会下雨吧?我们还能去农场的,是吗?"妈妈也很害怕出现这种麻烦的局面,担心孩子会非常失望。的确,她和农场方面讨论过"因下雨而改期"的方案,但另一天就不是他的生日了——这种事情对孩子来说太重要了。她试图安抚男孩。"哦,孩子,我想天会放晴的。让我们等一会儿再看吧。"克劳德早餐也没吃几口,整个上午都在窗前度过。一行人原定于下午两点出发。正午时分开始下起了小雨。到了十二点半，小雨变成了倾盆大雨。很显然，当天的安排将不得不取消。克劳德伤心欲绝地啜泣起来。可怜的孩子，妈妈心想，他该有多失望啊！她温柔地把他搂在怀里。"亲爱的，我明白你的感受。我很抱歉，你肯定失望透顶了。要是能让雨停下，我愿意付出任何代价，但我也无能为力。我们可以明天再去，农场的人是这么说的。""但明天不是我的生日！今天才是！我今天就要我的生日派对！""我知道，亲爱的。老天非得在今天下雨，实在是太遗憾了。""这不公平，不公平。我就没有一件顺心事！""亲爱的，请不要哭得这么厉害。我实在没有办法让雨停下来。"克劳德伤心欲绝。妈妈自己也几乎要流眼泪了，她为克劳德如此失望感到难过。

克劳德的大部分痛苦都是不必要的。孩子们对成年人的态度十分敏感，即便这些态度并没有明显地表达出来。因此，如果我们怜悯一个孩子，他也会认为他有权怜悯自己。如果他为自己感到难过，那么他的痛苦就会变得更加强烈。他本应面对自己的困境，去做自己力所能及的事情，但如今他只会越来越依赖别人的怜悯，等待别人的安慰。在这个过程中，他一步一步失去了接受现实的勇气和意愿。这样的态度会贯穿他的一生。他会越来越确信这个世界对他有所亏欠，应该补偿他错失的东西。他不去做那些自己力所能及的事情，却总是指望别人能为他做些什么。

当事情没能如他所愿时，克劳德便感到被虐待了。他可能会成为一个"虐待收集者"。妈妈总认为由于他还太小，失望对他来说必定是极其痛苦的，这也为他证明自己受虐打开了一扇门。他非但没有因为第二天可以举办生日派对而感到安慰，反而觉得他的整个人生都被这场暴雨毁掉了。

当妈妈认为克劳德难以忍受失望时，她表现出对儿子的不尊重。她认为他太软弱无助了，无法面对生活的真相。正是她的这种做法促使克劳德做出了这个错误的假设。

只有当我们不去怜悯孩子的时候，孩子才能学会接受失望。

如果妈妈不曾期待孩子出现极度的失望，这种情绪原本是可以避免的。在和克劳德讨论计划时，她可以提出下雨导致计划受阻的可能性，在这种情况下，他们只需延期到第二天即可。一旦她自己能打心底里轻松地接受这一适应天气条件的办法，克劳德也能很快接受，这将使他更加坚强，避免深深的失望。生日那天下雨，他感到很难过，这是十分自然的。妈妈可以通过保持轻松来帮助儿子面对这一事实。如果她为他感到难过，将不会有任何的帮助。

> 九岁的露丝因小儿麻痹症在医院住了几个月后回到了家。她必须戴着矫正背带、挂着拐杖行走。医院理疗科花了大量的时间精力来教她如何自理，如何借助器械走路。医院的工作人员教妈妈如何照顾露丝，并坚决要求妈妈帮助露丝自己生活。然而，妈妈的心被孩子所遭

受的痛苦深深地折磨着，她总觉得自己为她做得还不够。露丝很快就对妈妈的深切关怀做出了回应。每当她哭哭啼啼地说"太难了，我做不到"的时候，妈妈就会立刻跳出来帮助她。由于走路很困难，妈妈给予露丝的帮助越来越多。露丝总是坐在轮椅上，走路越来越少了。她的手很笨拙。妈妈想让她过得轻松些，于是主动给她喂饭。妈妈把自己全部的时间都花在了孩子身上，为她做这做那。她总想着要补偿露丝，因为生活已经给了她残酷的打击。她恳求露丝试着走一走。但当小女孩呜咽着说"疼"时，妈妈让步了，她只会说："可怜的孩子，太可惜了。"爸爸试图鼓励露丝，但遭到了妈妈的阻挠，妈妈责备他对孩子"要求太多"。爸爸和妈妈在露丝面前争吵这个话题。露丝开始远离爸爸，越来越依赖妈妈。短短一个月的时间，露丝从一个在医院里快乐、勇敢、自力更生的孩子变成了一个在家里百般任性、苛求无度、无法自理的废人。当妈妈按原计划带着露丝去医院复诊时，发现她的病情竟然恶化了。医生建议她再次住院。妈妈对此伤心欲绝，对那个发现露丝不合作的理疗师明显的"冷酷无情"感到愤怒，她拒绝了医生的建议。这时，爸爸介入了。在和医生商量后，不顾妈妈的反对，露丝重新住院了。露丝需要齐心协力的帮助、理解和坚定的信念，才能克服妈妈的怜悯对她造成的不良影响，重新走上进步的道路。直到妈妈去看了精神科医生，她才明白自己的怜悯态度是如何伤害了露丝，导致她的病情恶化的。妈妈和露丝都取得了令人钦佩的进步，她们学会了如何把悲剧转化为有益的努力。

由于新生儿产伤而导致生理缺陷的孩子，或失明、失聪以及残疾的孩子，都很容易成为同情的对象。不为这样的孩子感到难过几乎是有违人性的。但其实这样做只会为他们的缺陷雪上加霜。照顾残疾儿童的护士和治疗师们总是惊讶于这些孩子时常表现出来的勇气和克服或避开障碍的聪明才智。治疗师们也非常清楚怜悯的危害。他们眼看着那些好不容易取得进步的孩子，被误入歧途的父母和亲戚们过分的同情与慈爱的怜悯所击垮。护士、医生和治疗师经常受到父母的严厉说教，后者错误地认为前者的坚定态度是严酷、残忍或缺乏同情心的表现。诚然，对治疗师来说，不去怜悯孩子要容易得多，因为他们的情感投入比父母要少。然而，每当他们长时间照顾一个孩子，便也会对他逐渐投入爱，但并不会对他的困境做出同情的反应。相反地，他们激励孩子在困境中为自己的每一个成就感到自豪。

五岁的佩吉出现了高烧和一些没有立即被发现的症状。她病得很重，被安置在医院里作为案例研究。妈妈除了为孩子感到忧心之外，也心生一丝怨愤，不明白为什么这样的事情偏要发生在她的宝贝身上。佩吉必须接受药物注射和静脉采血，尽管处于半昏迷状态，但每当被扎针时，她还是会哭叫出声。妈妈提出抗议，她觉得这样对待一个生病的孩子实在是太残忍了。她对佩吉的怜悯之情与日俱增。经过诊断和适当的治疗，佩吉慢慢好了起来，最终获准回家。康复的过程十分缓慢。妈妈无微不至地照顾着佩吉。她认为自己所做的一切都不足以弥补这场长期而严重的疾病所带来的伤害。佩吉的身体越来越好，要求也越来越多了。而妈妈则由于长时间的精神紧绷和睡不了整觉而疲惫不堪，开始不再冷静了。终于有一天，她忍不住发了脾气。佩吉震惊又困惑地哭了起来："我病得这么厉害，你怎么能对我这么刻薄？"妈妈后悔难当，更加努力地对孩子保持耐性。

佩吉吸收了妈妈的怜悯，也变得自怜起来。妈妈为自己发脾气而感到内疚，再次屈服于孩子的过分要求。恶性循环已然形成。孩子生病时，我们总是最常为他感到难过。这很自然，一个生病的孩子需要我们的关注和理解。他无法照顾自己，我们必须帮助他。但我们也必须对自己的态度保持谨慎，一定要小心，绝不能向这种诱惑屈服，去同情这可怜的受苦的小家伙。不幸的是，我们无法保护孩子免受痛苦。痛苦是生活的一部分。我们最多只能在他生病的时候满足他的需求，帮助他忍受痛苦，教会他如何面对困境。生病的孩子比健康的孩子更需要我们的精神支持，我们对他的勇气的信任，以及我们的理解和同情。疾病自带一种令人气馁的影响力，令他觉得自己渺小又无助。与此同时，怜悯进一步打压了他的士气，降低了他的抵抗力，削弱了他的勇气。对孩子表示怜悯暗含着一种傲慢的态度，并不会鼓舞勇气。一位育儿技巧娴熟的妈妈会对她的孩子表现出最大的仁慈，即坚决地拒绝把孩子看作比实际情况更无助的人来对待。大病初愈期对于妈妈和孩子来说都是最为困难的。如果用同情和勇气来替代怜悯与过度服务，事情就会变得容易得多。

　　三岁的桑德拉正开心地玩着她的新秋千。隔壁邻居家五岁的梅莉（婴儿时期就被邻居收养）从家里跑来，把桑德拉从秋千上撞了下去，自己坐上去玩了起来。桑德拉站起来，扇了梅莉一巴掌，然后走向了另一个秋千。妈妈从厨房的窗户往外看。桑德拉刚坐到另一个秋千上，梅莉就离开了她的秋千，要玩桑德拉的。争吵声越来越大。梅莉的妈妈跑过来和两个女孩谈话。她鼓励梅莉选择她想要的秋千，帮她坐上去，然后开始推她。梅莉很快就改变了主意，她想要玩另一个秋千。她的妈妈于是说服桑德拉换一个秋千，然后她又去推梅莉，接着又想推桑德拉。"我可以给自己摇晃。"桑德拉说。桑德拉刚一站起来，梅莉又要求换秋千。她妈妈又一次成功让女儿换了秋千。出于好奇，桑德拉的妈妈对邻居发问："你为什么总是让梅莉随心所欲？""唉，可怜的孩子，我从来没惹过她。我也永远无法弥补她人生中糟糕的开端。""这是什么意思——糟糕的开端？"梅莉的妈妈转过身，小声说："哦，你知道，她是非婚生的孩子。"

梅莉的妈妈认为自己是一个慷慨的女英雄，拯救了一个可怜又不幸的私生子。然而，在她看来，世界上所有的爱和纵容都无法弥补这个孩子身上可怕的缺陷。

梅莉妈妈的观点完全是不切实际的。她的同情心非但没有帮助孩子，反而产生了全然不同的结果。这个婴儿原本并没有受到非婚生的伤害，但她养母的观念着实伤害了她，而且还将继续伤害她。梅莉被宠坏了，她不可能做出任何有建设性的贡献。在毫无意识的情况下，她也形成了"我很不幸，这个世界必须补偿我"的心态。

同情是养父母很容易落入的陷阱。这同样是灾难性的。一个被收养的孩子并没有比其他孩子更多的障碍需要克服，除非养父母通过错误的同情为他提供了这些障碍。婴儿在他的初生之年，并不能区分自己是这个家里亲生的还是收养的。他对周围人的意识会逐渐增强，就和这个家里亲生的孩子一样。为了他将来能够适应生活，他永远都不应该有一个"特殊"的位置。认为自己在任何方面"特殊"的孩子都会获得错误的价值观，并产生错误的期望。被收养的孩子需要得到和亲生孩子同样的尊重和照顾。

一位收养了两个孩子的妈妈让孩子们知道自己是被收养的，她会时不时地在孩子们的听力范围内不经意地、自然地提起这件事。有一天，他们想知道收养到底是什么意思，她解释说，有些人没有能力抚养孩子，而另外一些人有能力抚养孩子，却无法生育。所以，让一个婴儿从一个家庭转换到另一个家庭，难道不是一件幸运的事情吗？

像这样轻轻松松地讨论一个难题及其愉快的解决方案，让扭曲的观感烟消云散。被收养的孩子并不会对被收养这件事大做文章，除非他们的养父母这样做。

> 九岁的邦妮、七岁的杰基和六岁的克莱德与玛丽安姨妈以及他们的两个表姐妹——八岁的弗里达和五岁的比乌拉——住在一起，因为他们的妈妈住院了。爸爸每天晚上和他们一起吃晚饭，然后去医院陪妈妈。有时玛丽安姨妈也去，亨利叔叔就会留在家里，用他的游戏和故事逗孩子们开心。玛丽安姨妈情绪十分紧张，一方面是因为她突然多了三个精力旺盛的孩子，另一方面是因为她很担心她的妹妹，她们俩非常亲近。大人们知道妈妈的情况危急：她得了癌症。他们小心翼翼地避免让孩子们知道情况的严重性。一年半以前，妈妈住院了，但很快就回到了他们身边。于是现在每当孩子们问起妈妈什么时候回家，大人们总是愉快地告诉他们："马上就回来了。"孩子们察觉到这些愉快的断言是虚假的，并且敏锐地注意到爸爸和玛丽安姨妈之间忧虑的目光和低声交谈。他们无法理解，但还是感到不安，于是变得不守规矩，暴躁易怒，浑身不自在。邦妮比其他孩子更想念妈妈的照顾，也更了解她的处境。因为她是所有孩子中年

龄最大的。玛丽安姨妈让她帮忙照顾弟弟妹妹,并让她牢记做老大的责任。邦妮欣然承担了许多责任,但却养成了一种非常专横的态度,这使年幼的孩子们感到厌恶,也使大家的生活更加混乱。

后来,妈妈去世了,大人们的悲伤再也掩饰不住了。孩子们也必须得知这个噩耗。爸爸要求让他和他的三个孩子单独待一会儿,让玛丽安去告诉她的两个孩子。玛丽安的悲伤几乎到了歇斯底里的地步。爸爸让三个孩子聚在身边,强忍着悲伤对他们说:"孩子们,我有件非常严肃的事情要告诉你们。"孩子们意识到房间的气氛发生了变化,全都安静了下来。"是妈妈出事了吗?"邦妮问。"妈妈今天去了天堂,和耶稣在一起了。她在那里会很幸福的。现在,我们都必须非常勇敢,互相照顾。"过了几秒钟,孩子们才感受到爸爸的话的真正含义。邦妮震惊地哭了起来。"她为什么要离开我们,爸爸?为什么她必须现在就去天堂?我们需要她啊。""我们也无能为力,邦妮。上帝把她召回到他身边,我们不能质疑上帝的决定。""你是说妈妈再也不会回家了吗?"杰基问道。"是的,儿子。"爸爸温柔地回答。"可是我需要妈妈。"克莱德抽泣着说。爸爸轻柔地安慰他们,意识到他们的悲伤也需要表达出来。等到孩子们安静下来,爸爸说:"没有妈妈的生活会很痛苦,我们需要花一点时间来适应。我们必须共同努力,互相帮助。很快我们就会知道接下来该怎么办了。"

这时,玛丽安和她的孩子们走进了房间。比乌拉和弗里达在哭泣,主要是因为其他人都在哭,而不是因为她们对这场悲剧有什么切身的感受。玛丽安把孩子们搂在怀里,一边抽泣,一边一遍又一遍地喃喃自语:"可怜的小羊羔,可怜的没有妈妈的小羊羔。"爸爸对玛丽安姨妈摇了摇头,但她没有领会。孩子们又开始抽泣起来,很快就变成了歇斯底里的哭号。爸爸向亨利叔叔打了个手势,亨利叔叔默默地让他的女儿们去自己的房间待会儿。三个孩子离开了玛丽安姨妈,回到了他们的爸爸身边。亨利叔叔终于说服玛丽安姨妈去躺一会儿。然后爸爸把孩子们搂在怀里,声音里带着一丝坚定:"现在,孩子们,我们都感到悲伤。但要记住,我们必须用勇气来纪念妈妈,而不是绝望。这是她的愿望,我相信你也会按照她的愿望去做的。现在,大家都振作起来。"他静静地等着孩子们缓过来。等到他们稍稍平静下来后,他说:"该吃晚餐了,但玛丽安姨妈需要我们的帮助。我们一起去做晚餐吧。""爸爸,我现在吃不下东西。"邦妮哽咽着说。"生活还要继续,邦妮。如果你今晚不想吃也没关系,但也许等晚饭准备好了,你就会发现你有胃口了。"爸爸又说了些鼓励的话,赢得了孩子们的心,并给他们每人安排了一些任务。

玛丽安姨妈的怜悯使孩子们士气低落。这时，爸爸表现出了形势所需的勇气和敏锐，把目光着眼于接下来该做的事情，让孩子们踏上一条修复之路。

我们每个人的生活中总有这样或那样的悲剧发生。作为成年人，我们被期望去"接受悲剧"，尽力而为。对于一个处于悲惨境地的无辜孩子，我们的自然倾向是为他感到难过。然而，我们善意的怜悯可能带来比悲剧本身更大的破坏力。只要大人怜悯一个孩子，无论理由多么的正当，都会让他觉得自我怜悯是正当的。他很容易用一辈子的时间来自怨自艾，就这样，他再也无法承担起处理生活任务的责任，只会徒劳地寻找某个人来弥补生活强加给他的剥夺。他很难成为一个对社会有贡献的人，因为他的注意力完全集中在他自己身上，集中在他认为自己应得的东西上。

对一个孩子来说，最严重的困境之一就是失去父母。这种丧亲之痛随之而来的恢复期可能会影响孩子的一生。如果去世的是妈妈，情况就会倍加困难。这样的孩子需要周围所有人尽可能地同情和支持。他们最不需要的就是怜悯。怜悯是一种消极的情绪——它会贬低个体，削弱他的自立能力，摧毁他对生活的信念。死亡是生命的一部分，每个人都必须接受死亡。如果没有死亡，生命将不复存在。当然，我们不愿意看到孩子因为父母的去世而受到伤害。但我们的愁苦也并不能让死者复生。死亡发生的同时，生活仍在继续。尽管困难重重，孩子们还是需要意识到，即便在这些极端困难的情况下，他们也有义务勇敢地继续建设自己的生活。在这种时候，怜悯只会削弱孩子迫切需要的勇气。

我们无法保护我们的孩子免受生命的伤害。成年之后，我们面对生活打击的力量和勇气都是在童年时期培养起来的。只有这样，我们才能学会如何"从容应对"并继续前进。如果我们希望引导我们的孩子勇敢地接受生活的挑战，如果我们希望教会他们认识到克服障碍所带来的满足感，如果我们希望增强他们去做必要之事的能力，我们就绝不能让自己沉溺于怜悯的泥淖。首先，我们必须认识到是我们的文化让我们容易落入怜悯的陷阱，要拒绝第一冲动。接着，我们要支持孩子悲伤的权利，鼓励他勇敢地寻找前进的道路，以此来表达我们的同情和理解。这绝不意味着我们让孩子在困境中自生自灭。恰恰相反，我们要团结起来支持孩子，正如我们支持一个陷入困境的成年人一样。

每个人都或多或少地遇到过这样的成年人：他憎恶怜悯，他远离任何把怜悯作为一种同情手段的人，因为他太骄傲了，绝不接受怜悯。在这种情况下，我们必须要谨慎地表达理解的情感，不能暗地里怀疑对方勇敢面对考验的能力。对待我们的孩子也必须如此。我们对孩子的尊重要求我们支持他的尊严感，而不是通过刺激他的自怜来降低他的尊严感。在危机时刻，孩子们会在大人身上寻找线索，学习该如何处理不熟悉的状况。他们会感知我们的态度，并以此为指导。

区分同情和怜悯并不困难。同情意味着："我理解你的感受，我知道这有多痛，对你来说有多困难。我对此感到遗憾，我会帮助你克服困难。"怜悯则暗含着一种相当微妙的对被怜悯对象居高临下的傲慢姿态。"你这个可怜的家伙，我为你感到难过，我会尽我所能弥补你所遭受的痛苦。"对已然发生的"事件"感到抱歉是同情，为"你"感到难过则是怜悯。我们往往会忍不住去怀疑那些我们认为弱小的人的能力，结果就是，我们削弱了他们原本可能表现出来的能力与智慧，是我们的怜悯使他们退回到悲戚的消极状态，变得只会抱怨和索取。

第二十八章
提要求要合理　不要太频繁

汤米和他的父母一起去朋友家做客。大人们坐在前廊上聊天时，汤米独自溜达。"汤米，快回来。"妈妈要求道。接着她又转向她的朋友，继续和他们谈话。男孩拐过屋角，缓慢地走向后院的秋千。他在这儿停了下来，继续舔他的冰棒。妈妈出现在小路上。"汤米，过来。"她命令道，手指向下伸了伸，示意他必须来这里。汤米转过身来，抬起下巴，眯起眼睛，嘴唇扭曲成一个嘲弄的微笑，坐到了秋千上，又舔了一口冰棒。"汤米，我叫你马上给我过来。"妈妈生气地喊道。汤米继续气定神闲地荡秋千。"我这就去告诉你爸爸。"妈妈一边喊一边走开了。汤米舔完了他的冰棒，把小木棒朝花坛里一扔，开始专注地荡起秋千来。什么也没发生。他继续荡秋千。最后，他玩腻了，没精打采地回到了前廊。

汤米对妈妈的意愿没有表现出一丝尊重。在这种情况下，妈妈确实是自作自受。她提出了一个不合理的要求。汤米公然违抗她的"命令"。在这个特殊的时刻，妈妈和儿子之间正在进行一场权力的较量。汤米赢了。他没有什么真正的理由不能玩秋千。妈妈试图显示她的权威，而汤米坚决抵抗。妈妈没有采取行动，而是继续用言语作为武器。最后，她威胁孩子说要向爸爸告状。汤米显然知道爸爸什么也不会做，后来的事情也证明了这一点。威胁要"告诉爸爸"总是不明智的。爸爸永远都不应该扮演必须行使权威的角色，因为如今无论是爸爸还是妈妈，扮演权威的角色都不再奏效了。

合理要求的特点是尊重孩子和承认秩序。因为孩子不"照我说的做"而发狂的父母可能会提出一些不合理的要求，仅仅是为了"控制"孩子。这通常会引发权力斗争。父母没有意识到自己其实是在试图建立一种上下级的关系。然而，成年人的优越感再也不被孩子所接受了，因此，孩子下定决心不听话，以此作为行事的原则，以逃离父母的统治。如果一个孩子觉得自己被强迫了或者被颐指气使了，他就会以不服从的方式进行报复。如果我们以非权威的方式提出合理而必要的要求，就可以避免这些冲突。

十岁的琳达正在离家半个街区的地方玩耍。妈妈想让她去商店，所以在前门叫她的名字。琳达继续玩耍，好像听不见妈妈的声音似的。由于琳达没有回应，妈妈放弃了。过了几分钟，她又开始叫琳达。琳达仍然没有任何回应。最后，其中一个玩耍的孩子说："琳达，你妈妈在叫你。""哦,我知道——可她还没大声喊,至少现在还没喊!"妈妈是认真的,但她并没有大喊大叫,而是拿着一条小皮带出来。她走到琳达跟前,琳达吃惊地抬起头。"你没听见我叫你吗,小姐?快给我回家去!"她用皮带在女孩的腿上抽了一下,强调了这些话的分量。琳达疼得直跳,哭了起来,急忙往家里赶。妈妈跟在她后面,每走一步就抽她一下。几分钟后,琳达向商店走去。

琳达已经成了"妈妈一说话就变聋"的孩子——这一不幸发生在大多数的家庭中。

孩子们应该履行某些有助于家庭福利的义务,去商店就是这些义务之一。然而,这项任务必须得到孩子的同意,并应该始终如一地执行。

妈妈和琳达应该一起制订一个计划,既要满足家庭的需要,又要体现出对琳达和朋友们一起玩耍的权利的认可。吃午饭的时候,妈妈可以说:"我们需要在今天五点之前从商店买些东西。你想什么时候去?"当琳达做出选择的时候,妈妈可以问:"到时候需要我叫你吗?"现在琳达知道了到时候会发生些什么,并有机会选择时间。既然这个要求是合理的,琳达将更有可能以一种对自己的责任感到自豪的态度来做出回应。

妈妈坐在客厅里缝补衣物,八岁的波莉在看电视。

"波莉，把我的香烟拿来好吗？"孩子跳起来帮妈妈拿香烟。几分钟后，妈妈又说："亲爱的，你能把白色的织补棉线拿给我吗？"波莉帮妈妈拿了棉线。过了一会儿，妈妈又请求道："亲爱的，去把土豆下面的火关小点。"女孩心甘情愿地照做了。

妈妈把波莉当成仆人对待。这个女孩子对不合理的要求都言听计从，因为她想取悦妈妈。她并没有学着做一个独立自主的人。

妈妈和爸爸坐在后院里，和一位意外来访的朋友聊天。九岁的黑泽尔正和隔壁的两个女孩在附近玩耍。十八个月大的大卫正在闹，因为到了他的午睡时间。妈妈抱了他一会儿，但他闹得她心烦。"黑泽尔，"她叫道，"过来，把大卫推出去散步。""噢不，妈妈。""黑泽尔！"那孩子叹了口气，离开了她的朋友们，照妈妈说的做了。

妈妈提出了一个极不合理的要求。"己所不欲，勿施于人"，我们对孩子也应如此。妈妈想和她的朋友聊天，于是她就让黑泽尔离开她的朋友，去照顾那个令人心烦的婴儿。这是对黑泽尔的权利严重的不尊重。妈妈本应该暂时向朋友告辞，把大卫哄睡着。

当我们想向孩子提出要求时，必须敏锐地体察情况和孩子的做事能力。许多孩子喜欢照顾年幼的孩子，但即便如此，也应事先就何时让孩子承担这一责任达成一致。当然，如果妈妈确实需要额外的帮助，她也可以叫大一点的孩子来帮忙。

当我们"要求"孩子"立刻"去做某件事时，我们总可以对这种情况持怀疑态度。这是一种表达权威的方式，提出的通常是不合理的要求。孩子的反应是"啊，她总是大喊大叫着要我做这做那"，这就表明亲子关系并不和谐，缺乏合作。如果我们少提要求，争取孩子的帮助，而不是命令孩子为我们服务或服从，就能促进友好且令人满意的亲子关系。

第二十九章

坚持到底——始终如一

鞋店售货员拿来几双鞋给温妮弗雷德试穿。"亲爱的,你自己决定要买哪双鞋吧。"妈妈说。那双海军蓝的似乎很不错,但温妮弗雷德若有所思地说:"妈妈,我想要一双红色的鞋。"售货员拿来一双红鞋,孩子看着十分欣喜。"可是,温妮弗雷德,海军蓝的鞋子更实用,它们和所有的衣服都很搭。你确定要买红色的吗?"是的,妈妈。"她一边在镜子前摆姿势一边回答。"来,再试试这双海军蓝的。"温妮弗雷德在镜子里端详着那双深色的鞋子。"我们就买这双海军蓝的。"妈妈对店员说。"不,妈妈。我想要红色的。""好了,温妮弗雷德!红色的太不实用了。你很快就会看腻的。来吧,做个好女孩,咱们就买海军蓝的这双。"孩子噘着嘴接受了妈妈的决定。

一开始,妈妈告诉温妮弗雷德她可以自己选择要买的鞋子,可后来妈妈还是替她做了选择,甚至说服她同意。妈妈言行不一,也不遵守诺言。

如果我们想教孩子们如何做出明智的选择,就必须给他们选择的机会,如果有必要的话,甚至要给他们犯错误的机会。他们只能从经验中学习,而不是从我们的说教中学习。在温妮弗雷德眼中,妈妈总是自己说了算,永远不会让她得到她想要的东西。她的眼里只有对妈妈的怨恨,因此无法真正地去理解自己的选择是否可行。如果妈妈遵守她的诺言,让女儿买了那双红鞋,那么温妮弗雷德可能会发现,红鞋并不能和她所有的衣服搭配。由于在红鞋穿坏之前不能再买别的鞋子了,温妮弗雷德必须接受自己的决定所带来的后果,那么下次她就会更多地考虑实用性的问题,当然,是出于她自己的意愿。这样一来,妈妈所扮演的角色就不再是自说自话的老大,而是一位真正的教育者了。

> 酷暑来临的第一天,三岁的霍莉顶着太阳在沙坑里玩耍。妈妈觉得她在太阳下晒得够久了。"快把你的太阳帽戴上,霍莉。"她一边叫着,一边继续给花坛除草。霍莉似乎没有听见妈妈的话,继续往桶里倒沙子。"霍莉!我叫你把帽子戴上。"孩子跳出沙坑,跑向秋千。"霍莉,回来。给我把帽子戴上。"女孩背对着妈妈坐到了秋千上。妈妈耸了耸肩,不再继续发难。

很明显,霍莉正在接受不服从的训练。妈妈说得太多,行动太少。她提出要求却不坚持到底。霍莉于是发现她可以无视妈妈的话。

　　妈妈可能会觉得她的要求是出于对霍莉的关心和不想她被晒伤的愿望——一种对秩序的尊重。然而，她的做法是对霍莉和她自己的不尊重，也是对阳光的不尊重。霍莉对晒伤一无所知，只觉得这种不让自己晒太阳的要求简直就是暴政——尤其是当它以命令的形式提出时，就会立即引起反抗。妈妈的"请求"是一场权力竞争的邀请。如果妈妈真的觉得应该用太阳帽来保护霍莉，那么当孩子第一次忽略她的要求时，妈妈就应该坚持到底，亲自把霍莉的帽子戴到她的头上。如果孩子继续反抗，妈妈既然下定决心要让女儿不被暴晒，就必须把霍莉转移到室内。妈妈必须学会在要求孩子服从之前先认真思考，然后以坚定的行动贯彻到底。

　　"妈妈。"母女俩一块儿走过购物中心的廉价商店时，六岁的宝拉拽着妈妈的裙子。"怎么啦？""能给我一毛钱吗？""为什么呀？""我想骑马。""不行，宝拉。今天不能骑马。""求你了，妈妈。"孩子哭哭啼啼地说。"我说了不行，宝拉。好了，别闹了，我还有很多事要做。"宝拉开始可怜地哭起来。"啊，看在上帝的分上！好吧，我让你玩一次。但记住，只有一次。"妈妈把宝拉抱上摇摇马，投入一枚硬币，让女孩玩了起来，自己在一旁等候。

　　起初妈妈说"不"，后来她让步了。她缺乏说"不"的勇气和坚定的态度，因为她为得不到自己想要的东西而哭泣的可怜孩子感到难过。

妈妈正在训练宝拉不尊重自己的话，让她觉得只要她使用"泪水的力量"，就能得到她想要的一切。这个问题有一个很简单的解决办法。宝拉应该有自己的零用钱。当她向妈妈要一毛钱时，妈妈可以回答："用你的零用钱吧，宝拉。"如果女孩没有攒下一毛钱，那话题就结束了。妈妈既不回答，也不说教，既不怜悯，也不让步，更不允许孩子预支下一笔零用钱。如果宝拉攒到了一毛钱来玩摇摇马，那么她就可以玩。如果她没有钱，那就是她的问题。妈妈必须始终如一地说"不"，并从孩子的挑衅中抽身。

妈妈彻底受够了每天早上叫亚历克斯和哈里起床的折磨。她参加了一个指导中心，在那里她得到了一个建议，她决定付诸实践。她买了一个闹钟，并告诉孩子们，他们可以自己设置闹钟，叫自己起床。第二天早上，她听到闹钟响了，过了一会儿又停了。她竖起耳朵听，等了一会儿，什么也没发生。最后，半小时过去了，她意识到男孩们又睡着了。于是她过去叫醒了他们："我说过你们必须自己起床，我是认真的。闹钟半小时前就响了。现在快给我起床！"

妈妈一开始做得很好，但她没能坚持到底，因为她并不是真的想让孩子们自己起床！她没有做到始终如一。她仍然想"让"

他们起床，仍然觉得唤醒他们是她的责任。

如果妈妈真想让孩子们自己起床，就必须把责任交还给他们，自己完全置身事外。如果他们关掉闹钟继续睡觉，那是他们的事情。当他们最终醒来时，不管有多晚，他们都必须去上学，并面对迟到的后果。就这样日复一日地执行，毫不留情。妈妈必须始终如一，坚持自己的决定。当男孩们发现他们不能再让妈妈花心思叫他们起床时，他们可能就会愿意自己承担责任了。

十一岁的迈克尔和九岁的罗比一直想养一条狗。终于，爸爸妈妈决定满足他们这个要求，条件是男孩们要负责给它喂食和梳理毛发。兄弟俩果断答应了。爸爸妈妈选好了小狗，兄弟俩非常高兴。起初，孩子们认真地照顾小狗，但随着新鲜感的消退，他们逐渐开始忽视它。妈妈发现自己喂狗的次数越来越多了。她催促、提醒、说教，但孩子们还是忘记喂狗。终于有一天，她威胁说，如果男孩们不尽到自己的义务，她就把狗扔掉。迈克尔和罗比只有头两天把这话当回事。一个星期后，妈妈接受了自己必须喂狗的现状。毕竟，她不想剥夺孩子们与狗狗玩耍的快乐时光。

可怜的妈妈，她承担着所有的责任，孩子们则享受着所有的乐趣。

在孩子们第一次忘记喂狗的晚上，妈妈就可以问："如果你们忘记喂狗的话,我们该怎么办?"随后一家人可以进行友好的讨论,妈妈应该明确表示她不会对此承担责任。忽视动物是残忍的行为。"这种行为能被允许多少次呢?"男孩们可以给出一个数字。"那我们说好了,在你们忘记喂狗第N次之后,我们就把它送走,对吗?"在孩子们第N次忘记喂狗之后,妈妈必须坚持到底,把狗送去别处,不是作为惩罚,也不是为了泄愤,只是作为孩子们忽视动物的逻辑后果。

一致性是秩序的一部分,因此有助于确立边界和限制,为孩子提供安全感。如果我们随心所欲地使用我们的训练方法,就不可能期望其奏效,只会让孩子摸不着头脑。反过来,如果我们始终如一地遵循我们的训练计划,孩子就会拥有确定感和安全感,才能学会尊重秩序,明确自己的立场。

第三十章
将他们置于同一条船上

爸爸发现三个女儿中的一个用蜡笔装饰了新砌的壁炉。于是他把三个孩子叫过来,挨个问是谁干的。每个孩子都否认了罪行。"你们中间有人在说谎。我要知道是谁干的。我不能容忍骗子。现在告诉我,到底是谁干的?"没有人回答。"那好吧,你们三个就一起受罚吧。"他轮流抓住每个孩子,挨个打了她们的屁股。然后他又问:"现在告诉我,壁炉上的涂鸦到底是谁干的?"终于,老大承认了自己的错误。"这才像话。现在把它擦干净。"爸爸拿了桶、水、刷子和清洁剂,站在她旁边盯着,直到她把壁炉擦干净为止。

一种流行的观念认为,我们应该单独对待每个孩子,并根据孩子的行为给予表扬或谴责。持这种观点的人也许很难看到一个家庭的所有孩子是怎样联合起来对抗成年人的,不是把他们彻底打败,就是让他们忙个不停。众所周知,同龄的孩子们之间都有一个准则,那就是厌恶"告密者"。在以上这个例子中,这三个女孩结成了联盟。她们宁愿一起受罚,也不愿告密。

当我们在孩子出现不良行为后对他们分别对待时,就往往会推动一种类似跷跷板的行为模式,其中一个孩子会寻求父母的认可,以牺牲另一个孩子的利益为代价,从而获得上升,而另一个孩子则被迫下坠。因此,我们的行为加剧了孩子们之间的竞争,因为我们让一个孩子去对抗另一个孩子。就这样,我们实际上鼓励了孩子去寻求获得家长认可的满足感,而不是做出贡献的满足感。因为任何人都不可能持续不断地获得认可,所以获得认可必须被视为一个错误的目标。然而,在任何情况下,我们都可以做出贡献,因此,这是一个切合实际且可以实现的目标,能够促进团结。当我们刺激孩子相互竞争时,就强化了他们错误的目标。"乖孩子"之所以乖,不是因为他喜欢乖,而是因为他想要变得更好,想要领先于那些不太被认可的孩子。他的兴趣只围绕着自己,而不是公共福祉的需要。"坏"孩子或有缺陷的孩子也是如此,因为他也可以通过"坏"或示弱得到认可——但这在生活中是毫无用处的。

可以这么说,如果我们把所有的孩子视为一个群体,将他们置于同一条船上,就可以克服现有的激烈竞争及其破坏性的影响。这也许是妈妈们所能迈出的最具革命性的一步。把所有的孩子当作一个整体来对待违背了竞争精神、道德判断精神和个人偏好精神。它可以实现一些曾经是圣经理想的东西,但在现代社会已经失去了它的影响力:一个人是其兄弟的守护者,而不一定是他的致命竞争对手。

在前面的例子中，爸爸可以把三个女孩都叫来，让她们一起把壁炉清理干净，而不必费力去找出是谁干的坏事。这可以防止"好"孩子证明自己的好，也可以防止"坏"孩子推动权力竞争或寻求报复。

"但是，"你说，"让无辜的孩子去清理别人画的东西，这不是不公平的吗？"孩子们可能会提出同样的反对意见。我们的孩子从我们这里得到公平或不公平的观念，并利用它来对我们产生不利。如果我们能够克服我们的假设或信念，不认为这样的程序是不公平的，孩子们就有可能会发现这样做的合理之处。他们可能会意识到他们是如何作为一个团队来对抗我们的——一个扮演好孩子，另一个扮演咄咄逼人的坏孩子，第三个扮演无助的宝宝，等等。他们的竞争是为了我们的利益。如果我们为她们消除了争取父母认可的竞争，这三个女孩就有机会培养对彼此的尊重。

如果从更广泛的角度来考虑什么是公平，那么对每个孩子来说，强化他的错误目标以及他对自己的角色与价值的错误概念似乎才是不公平的，这会破坏和谐与合作。一切都取决于我们对孩子的期望。如果我们将他们全都置于同一条船上，让他们作为一个团队对每个人的行为负责，就能从他们的风中撤走我们的帆。他们给对方留下深刻印象的渴望不复存在了，因此，他们用不良行为扇起的风也就变得毫无意义了。

孩子之间的嫉妒也是如此。嫉妒极其有用，总能让父母大惊失色，让他们做出各种各样的滑稽动作，试图去纠正这种局面。

如果父母不为所动，那么嫉妒就没用了。但又有多少家长能做到不为所动呢？因此嫉妒的痛苦总是随着它所滋生的土壤而增长！

将所有孩子置于同一条船上的建议通常比预期的效果更佳。一位妈妈参加了一个建议这种方法的讲座。她尝试了一下，后来报告了以下内容：

> 她有三个孩子，分别是九岁、七岁和三岁。宝宝根本不理睬两个大孩子，后者则经常抱怨大人给予宝宝的特权。一天晚上，就在她听了讲座后不久，宝宝开始玩他的食物，弄得一团糟。妈妈于是叫三个孩子一起离开餐桌，因为他们不知道该怎样正确地吃饭。两个大孩子表示了轻微的不满，但三个人都离开了。从那时起，宝宝就再也不玩他的食物了。妈妈对她的行为所产生的戏剧性结果感到惊讶，但不明白为什么会这样。

宝宝的不良行为为他赢得了特别的关注，他不断被大人提醒要好好吃饭。那天妈妈的做法不仅剥夺了他这种特殊的关注，而且让两个大孩子也共享了他引起的关注。既然这种特别的关注被大孩子分走了，那么调皮捣蛋也就没那么有趣了！

这种共同承担责任的影响在另一个例子中更为明显。

> 查尔斯今年八岁，作为第二个孩子，他夹在一个能干的哥哥和一个"好"妹妹的中间。他是个可怕的坏家

伙。他撒谎、偷窃，甚至两次在地下室放火。他的主要爱好是用蜡笔在墙上乱画。妈妈怎样都无法阻止他。当她来寻求帮助时，有人建议她把三个孩子当作一个整体来对待，让他们都为查尔斯的行为负责。这与她责备查尔斯而赞扬其他人的做法形成了鲜明的对比。

两个星期后，妈妈和查尔斯回来参加了另一场对谈。妈妈完全惊呆了。她报告说查尔斯已不再有任何无礼行为了。他用蜡笔在墙上乱画过一次，妈妈当即要求孩子们一起来清理。查尔斯没有参与清理工作，但他也没有再用蜡笔在墙上乱画了。当有人问他为什么不再在墙上乱画时，他回答说："不好玩了，妈妈让他们来清理干净。"

查尔斯认为，如果不引起争吵，不让妈妈和他进行长时间的谈判，那么不良行为就没有任何意义。他当然不想让别人得到他想要的东西！

在一场战斗中很难界定有罪的是谁。这不是一个孩子行为不当的结果——他们每个人都为这种混乱的局面出了一份力，这是他们共同努力的结果。好孩子可能会怂恿坏孩子，挑衅他，甚至逼迫他，或者以各种方式挑起不良行为，以达到把妈妈牵扯进来的理想结果。孩子们对彼此负有责任，他们相互配合，无论是为了家庭的幸福，还是为了加剧家庭的紧张和对立。通常当"坏的"变好时，"好的"就会变坏。所有的孩子都在他们的统一战线中紧密协作，一致对抗父母。如果妈妈能看到这一点，把她所有的孩子当作一个整体来对待，就有可能取得显著的成效，孩子们也会看到手足之间的相互依存，从而学会照顾彼此。

第三十一章
去倾听

我们大多数人都对这样的笑话十分熟悉：一个孩子问："妈妈，我是从哪儿来的？"于是妈妈从鸟类和蜜蜂的角度进行了冗长的解释。"这些我都知道，妈妈。我就想知道我是从哪儿来的。"于是妈妈进一步解释了关于生孩子的事。男孩仍然不满意。"妈妈，罗伊来自芝加哥，皮特来自迈阿密。我是从哪儿来的呢？"

我们对孩子存在普遍的偏见，其一就在于我们总是倾向于认为自己明白他们的意思，而没有真正地去倾听他们所说的话。我们自己的嘴太忙了，以至于听不见别人的嘴在说什么。然而，我们中的许多人却非常喜欢看一些关于别人家的孩子童言无忌的流行书籍和电视节目。其实没有必要为了这种乐趣而去看别人家的孩子，我们自己家里就有。我们要做的就是认真倾听。

六岁的艾尔正在帮爸爸把行李装进汽车后备厢，为全家的度假之旅做准备。一个旅行提包无法放进后备厢。"爸爸，把妈妈的坐垫拿出来放在后座上就好了。"爸爸没有理会艾尔的建议，重新整理了行李箱，又试了一次，但还是没有成功。当爸爸回到屋里时，艾尔把妈妈的坐垫拿了出来。爸爸回来后，他惊讶地发现旅行提包可以放进后备厢了。

孩子的建议明明是正确的，爸爸却没有听进去。孩子们其实十分善于判断形势。他们确实有一些聪明的解决方案。他们甚至拥有与我们截然不同的视角，这对我们十分有利。

一位五个孩子的爸爸前来寻求专业的帮助。在他解释了他的问题之后，咨询师对情况进行了分析，提出了解决困境的具体建议。然后爸爸被要求离开房间，五个孩子被邀请进来。咨询师问他们认为冲突的原因是什么，他们解释得很清楚。然后又问他们应该做些什么来解决冲突，他们提出了与咨询师一模一样的建议！

如果爸爸能多听听孩子们的意见，他本可以省下这笔咨询费。

很多时候，我们的孩子很清楚我们做错了什么。然而，我们却如此确信，只有我们才有权利告诉他们，他们做错了什么。我们的自负使我们不听他们的。如果我们能平等地对待他们，真正地倾听他们的意见，我们将从他们的敏感觉察中获益良多！

凯利、梅布尔和萝斯在为看什么电视节目而争吵。凯利坚持要看牛仔表演，而女孩们想看喜剧片。最后，妈妈被激怒了。"凯利，我烦透了这种争吵。回你的房间去吧。""你到底为什么总是找我的麻烦?"凯利咆哮道。"不许顶嘴,凯利。离开房间。"

妈妈应该听听凯利在说什么。他问了一个很好的问题:她为什么总是找他的麻烦?因为她掉进了两个女孩设下的陷阱,她们故意让凯利陷入困境。如果妈妈认真听听凯利说的话,她可能会发现她自己在让孩子们不断争斗中扮演了什么样的角色。

九岁的约翰尼和他的狗正在客厅里嬉戏,尽管这是被严令禁止的。男孩和狗在桌子上滚来滚去,打翻了一盏灯,还打碎了灯泡。妈妈生气地冲进房间,狠狠地训了约翰尼一顿,最后她说:"看看你干的好事,你今天下午别想去游泳了。""我不在乎。"男孩闷闷不乐地反驳道。

约翰尼并不是真的不在乎——事实上他非常在乎。但他的自尊心不让他承认。他的回答进一步表现了他对妈妈的抗议,也进一步击败了妈妈。

很多时候,我们需要倾听孩子使用的词汇背后所隐藏的含义。约翰尼的"我不在乎"实际上是在说:"就算是惩罚也不会使我屈服。"当一个孩子尖叫着说"我恨你"时,他的意思其实是:"谁不让我随心所欲我就讨厌谁。"当他问一连串的"为什么"时,他其实是在说:"快理我一下。"

在校车上，十岁的乔治坐在他的朋友皮特旁边。校车司机无意中听到了下面的对话。"乔治，你昨天为什么没来上学？""我就是不想来上学，所以我就想生病，结果真的生病了。""你是怎么生病的？"皮特问。"我肚子疼。""为什么你要让自己生病？""因为我不想在这么冷的天气出来。今天早上我也觉得肚子疼，但是妈妈把屋子里弄得太热了，我可不想在那个地方再待一天。所以一开始我让自己生病，后来又改变了主意，还是决定来赶校车。但我一口早饭都没吃，因为我还是觉得肚子不舒服。"

孩子们彼此之间出奇地坦诚。然而，他们很少让我们有机会听到他们的对话。我们通常为无意中听到的一切而大惊小怪，所以孩子们总是极其小心，不让我们听到只言片语。然而，校车司机听到了孩子们的对话。她了解到，孩子们会让自己生病，以逃避他们不喜欢的东西。她也明白了孩子之间平等的意义。皮特接受了乔治和他所做的一切，认为这是他生活的一部分，并没有去说教。

每个妈妈都要学会如何分辨婴儿哭声中各种音调的含义。除了声音之外，她什么信息也得不到，所以她一听就知道他什么时候难过，什么时候生气。我们原本都有这种天赋，但似乎在孩子大一点之后就忘了它的存在。我们一听到孩子的尖叫声，就疯狂地冲过去看看出了什么事。很多时候我们的急切反应恰恰就是孩子尖叫的目的。如果我们能停下来倾听，静等一分钟，就可以不做出这样的反应，不为孩子的错误目标服务。

只要我们愿意倾听，我们将有多么大的收获啊！

第三十二章
注意你的语气

当我们和孩子说话时,他们听到的往往是我们的语气,而不是我们使用的词汇。注意听我们自己的语气会使我们获益匪浅。有时候,当你在商店、公园,或者在爸爸妈妈和孩子都在场的聚会上,一定要注意去听,听大人说话的语气。他们很少用平常说话的语气和孩子们说话。另外,当你回到家中,也要去听你自己的语气。你用这种语气表达了什么?你的孩子到底听到了什么?

很多时候,正是我们自己使用的语气促使孩子做出一些不良行为。

> 比利宣布他要给草坪浇水。"哦,不,你不能这么做,年轻人,"妈妈坚定地说,"你就给我待在屋里。"比利看了妈妈几分钟,然后溜走了。不一会儿,妈妈听到了流水声。比利在给草坪浇水。

妈妈专断而坚定的语气，本来是想表达她的决心，却促使比利挑起了一场权力之争。一个十六岁的女孩当时在场，被问及比利妈妈说话的语气时，她说："她其实很胆怯，那只是一种虚张声势的语气罢了。"明白了吧？

爸爸在为十岁的乔迪辅导功课。乔迪似乎不太明白该做些什么。"好吧，看来你也就懂这么些了。"爸爸轻蔑地说。乔迪俯身靠近他的书，看起来更加困惑了。

爸爸的语气表明，就连他也对乔迪的学习不抱太大的希望。就这样，他对男孩造成了进一步的打压。

在商店里，妈妈遇到了一个自从辛西娅出生后就没见过面的朋友。"她多大了呀？""十一个月了。""噢，这难道不是世界上最可爱的小 baby 吗？"这位朋友用下巴贴着婴儿的脑袋，对着她咯咯地傻笑。

我们对小孩子说的那些傻乎乎的"宝宝话"和居高临下的"幼稚话"其实是在表明我们觉得孩子低人一等。我们永远不会用我们和朋友说话的语气和孩子们说话。如果我们经常去听自己说的话，很快就会发现我们对孩子有多么的不尊重。我们总是用高高在上的口气和他们说话，用假模假式的或愉快或激动的腔调来试图激起他们的兴趣，用夸张的甜言蜜语来试图赢得合作。一旦我们意识到自己的语调其实是错误的，我们就有机会改变。如果我们把孩子当作与我们平等的朋友来对待，我们就能让沟通的大门一直敞开。

第三十三章
放轻松

五岁的谢丽尔和七岁的凯茜站在厨房岛台前,目不转睛地盯着妈妈,她刚把两块巧克力放在磅秤上,称了称重量,然后又放了两块。"谢丽尔的更重。妈妈,这不公平。我的比她的少。"凯茜哭哭啼啼地说。"是一样多的,一样多的。"她的妹妹喊道。"不,谢丽尔。凯茜说得没错。我再称一次。"妈妈继续称巧克力的重量,直到每个女孩得到的巧克力重量完全一样。

妈妈想尽最大的努力做到公平,但她对公平的过分关注却造成了与她的意图背道而驰的有害结果。她制造了一种紧张的气氛,加剧了姐妹之间的竞争。两人都变得锱铢必较,想方设法确保对方不会得到更多。与此同时,姐妹俩结成联盟,让妈妈陷入对公平的焦虑之中。那么妈妈究竟是怎么陷入这种困境的呢?

她有一个错误的信念,即她必须完全"公平"地对待两个孩子,绝不能有一丝偏颇。但谁能做到永远公平呢?妈妈怎么可能安排好生活中的每一件事，让谢丽尔和凯茜永远都得到同样的份额呢？妈妈的过分关心使孩子们把重点放在"索取"而不是"贡献"上。只要谢丽尔和凯茜还把这个错误的观念当作行事的准则，她们就无法获得幸福。

妈妈需要放轻松，别那么紧张，放弃对公平的担忧。如果她决定让女孩们每人吃两块巧克力，那就给她们每人两块，这样就可以了。如果她们纠结于谁得到的更多，妈妈就可以离开现场——如果必要的话，可以去洗手间。让女孩们自己去解决吧。

> 妈妈十分忧虑，三岁的雷蒙德似乎患上了慢性便秘。自从他六个月大，当她开始训练他排便时，她就经常很难让他"规律"地排便。当他还是个婴儿的时候，他就偶尔需要灌肠。现在她发现几乎有必要每天都给他灌肠。

妈妈过于担心雷蒙德的排便问题了。她对儿子健康的过分担忧实际上掩盖了她的真实决心：她想让儿子什么时候排便，儿子就应该什么时候排便。妈妈和儿子实际上在进行一场权力斗争。他拒绝排便，所以妈妈就得帮他排便！妈妈是可以为孩子的健康担心，但只要她还在为雷蒙德承担责任，他就永远不会为自己承担责任。他被训练得很好，能让他的肠子为自己说话。他可能一辈子都会这样。

妈妈应该放轻松，让雷蒙德自己想什么时候排便就什么时候排便。这是他自己该关心的问题。当他不再需要用他的肠子来表示抗议时,自然的力量会让正常的生理功能得以恢复。

妈妈带着五岁的多萝茜到一家大百货商店购物。多萝茜总是落在后面。她在每个陈列柜前驻足,欣赏里面的东西。当妈妈停下来买东西时,多萝茜就会自己走开。妈妈有一半的时间都花在跟着多萝茜、追赶她上。最后,她完全找不到女儿了,急得快要发疯了。当她终于找到女儿时,她说:"噢,多萝茜。你吓死我了。看在上帝的分上,待在我身边吧,我可不想在这大商场里把你弄丢。"那孩子睁着圆圆的眼睛,神情严肃地看着妈妈。

多萝茜每次和妈妈出门都要玩捉迷藏的游戏。看到妈妈发疯真是太有趣了。多萝茜并没有迷路,她很清楚自己在哪里。是妈妈需要时刻和她待在一起。

妈妈可以不再担心多萝茜会迷路,腾出一些时间来训练女儿。母女俩可以一起玩这个游戏!当妈妈注意到多萝茜不在她身边时,她就可以安静地躲起来。孩子很快就会意识到妈妈并没有在找她,她就会回到离开妈妈的地方。妈妈不见了!这时多萝茜会变得有点焦虑,主动开始寻找妈妈。妈妈可以一直不露面,直到女孩真正地担心起来。然后她才安静地走进女孩的视线,但看起来似乎只是在悠闲地购物而已。如果多萝茜惊恐地哭着跑来,妈妈不要被这种恐惧所打动,要平静地说:"很抱歉,我们刚刚错过了彼此。"每次孩子走开的时候都要重复这个策略。如果妈妈不想玩捉迷藏的游戏，那就放轻松，不用担心多萝茜会迷路，孩子很快就会确保自己能找到妈妈的。

一个朋友和妈妈在客厅里谈话。每隔几分钟，妈妈就会站起来看向窗外，看看她那六岁和四岁的孩子都在干什么——他们和邻居的孩子们一起待在旁边的院子里。最后朋友忍不住问："外面发生了什么事看起来这么有趣？""没什么，真的。我只是想确定孩子们都没事。"

放轻松，妈妈。如果出了什么事的话，你很快就会知道的！

十岁的丹尼使妈妈一直处于不安的状态。妈妈让他一放学就直接回家，而他经常不服从命令。有一天已经五点半了，丹尼还没有回家。妈妈快要疯了。因为男孩是骑自行车去上学的，她确信他一定是被汽车撞了。她刚准备给当地的医院打电话，丹尼就进来了，他的裤子和鞋子都湿透了，手里拿着一罐看起来很脏的水。"丹尼！你到底去哪儿了？现在都五点半了！我都快急疯了。快告诉我你去哪儿了？""我去了我们之前在公路上看到的那个池塘。看，我抓了一些蝌蚪。""我告诉过你多少次了，放学后要直接回家，必须让我知道你去了哪儿！"妈妈生气地说，"你没有权利让我这么担心！"妈妈继续着她的长篇大论，丹尼的脸上则毫无表情。第二天，妈妈和一个朋友去了一个指导中心，讨论中出现了类似的问题。妈妈有主意了。现在，每当丹尼按时回家，她都高兴地迎接他。但有一次他回家晚了，那天她就不见了！

对孩子过度的担忧和关心是不必要的。更糟糕的是，他们也意识到了这一点，并把它作为一种工具来吸引我们的注意力，激起权力竞争，或者对我们进行报复。担心那些可能发生的灾难并不能阻止灾难的发生。我们只能在麻烦发生之后才能去处理它。我们最好的慰藉就是对孩子的信心，放轻松，直到真正需要应对灾难的时候再去发挥我们的才能也不迟。

妈妈有她自己的问题。比利十六个月大的时候，由于离婚带来的混乱以及妈妈工作的需要，她不得不把比利安置在一个寄养家庭。后来，在他两岁的时候，妈妈再婚了，就把他带了回去。当他三岁时，她又把他暂时安置在寄养家庭，因为她又生了第二个宝宝。现在，五岁的比利似乎非常不开心。无论妈妈多么努力地表达她的爱，他都不相信。每当妈妈不得不说"不"或拒绝比利想要的东西时，他就会可怜地抽泣着说："你不爱我。"妈妈急疯了。比利似乎想要很多超出他们能力范围的东西，或者那些对他实在不好的东西。她绞尽脑汁地想要安慰他。

问题就在于妈妈对把比利送到寄养家庭这件事感到内疚。虽然在当时的情况下这是唯一明智的做法，但她还是觉得自己辜负了他。现在她非常担心这一经历带给他的影响。她认为比利觉得自己被抛弃了。

比利回应了妈妈的态度，甚至利用它来达到自己的目的。他很清楚她的弱点，将它当作一柄利剑，让她深深地为他操心。这为他提供了一个永无止境的控制源泉。只要他对她的爱表示怀疑，她就会竭尽全力地去证明给他看。

妈妈知道自己很爱比利——比利也知道这一点。她可以不再被他的"怀疑"所迷惑。只要她能满足眼前的一切需要，她就是一个好妈妈。妈妈必须学会不再害怕比利。一旦意识到他行为背后真正的目的，她就有办法使之失效了。每当比利抽泣时，妈妈都可以漫不经心地回应说，她很抱歉他会那样想。

表现出嫉妒心的孩子也会出现类似的问题。我们大多数人都在寻找家中的大孩子对新生儿产生嫉妒的蛛丝马迹，并且总是很快就找到了！于是我们努力去消除孩子心中这种痛苦的感觉，却在实际上帮助他发现这种感觉是多么的有用。不知不觉中，我们教会了他去嫉妒！只要我们对孩子的嫉妒大惊小怪，孩子就会发现嫉妒是有用的。面对这种令人不快的情绪，我们最好的防御就是保持随意，不要去怜悯。我们可以确信，孩子能够学会从容地处理不愉快的情况。新生儿出生后，妈妈自然不能花那么多时间单独和大孩子待在一起。但是，如果妈妈不为他感到难过，也不试图弥补他"失去"的东西，他就会调整自己以适应他的新角色。

有些孩子有时可能会比其他孩子获得更多的优势，但这也是生活的一部分，必须泰然处之，不必大惊小怪。孩子只会在有好处的情况下才会去嫉妒。

令人惊讶的是，我们总能在孩子身上发现各种值得关注的事情。我们观察他们是否有沾染坏习惯的迹象，询问他们是否有坏想法，担心他们的道德态度，为他们的健康问题忧心忡忡，把我们对发生在他们身上的任何事情的见解投射在他们的身上。我们不去了解他们对某些情况的看法，而是自认为很清楚他们对这种情况的感受。我们督促他们在学校好好表现，这样他们就会成为我们的荣耀，推搡着他们去参加那些能够"发展身心"的活动。我们总是疑虑重重，每时每刻都想知道他们到底在做些什么。我们表现得就好像我们相信孩子生来就是坏的，必须被强迫才能成为好孩子。我们花费了大量的时间和精力，试图替孩子们去过他们的生活。如果我们能够放松下来，对孩子抱有信心，给他们一个为自己而活的机会，那么对所有人来说都将大有好处。

我们的很多担忧其实都是基于这种感受：我们实在不知道该做些什么。然而，我们其实没有必要去"处理"每一个生活中出现的小问题。如果我们放轻松，很多问题就会自行消失。原因很简单，孩子们提出许多问题，其实只是为了获得我们的关注。努力打造完美生活是徒劳的，根本就不可能成功！

如果我们知道孩子出现不良行为时该做什么或不该做什么，我们就会自信地认为我们可以有效地控制孩子的行为，从而得以放松下来。放轻松，享受孩子的陪伴，这并非不可能。

第三十四章
别把"坏"习惯看得太严重

四岁男孩马克的妈妈正在晾衣服,突然发现马克和两个玩伴站在一起,半个人藏在隔壁空地的杂草中。仔细一看,她发现他们都脱下了裤子,正在小便。她立马冲了过去,把另外两个男孩打发回家,把马克拖回家里。马克哭了起来。"我要让你知道做这种坏事的后果,"妈妈一边狠狠地打他的屁股,一边尖叫着说,"你永远不要再做这种事了。要小便就得回家,去洗手间。现在回你的房间去。三天之内你都别想出去玩了。"然后,妈妈打电话给其他两个男孩的妈妈,告诉她们发生了什么。

几天后,当马克再次被允许出去玩时,妈妈接到了一个愤怒的邻居打来的电话。马克在前面的人行道上小便,一群孩子,包括两个女孩在内,就站在旁边眼睁睁地看着。妈妈冲了出去,把马克拽回家,又把他暴打了一顿,比之前打得更凶。当天晚上,她把这件事告诉了丈夫。爸爸骂了马克一顿,并威胁他说:"如果再让我听到你做这种事,你就等着挨揍吧,我保证让你终生难忘。"整个夏天,同样性质的事件不时地发生。每次马克都会被暴打一顿,然后被关在家里好几天。

很明显,惩罚并没有阻止马克随地小便。相反地,只会让这种行为变得更有趣,要是能不被抓到的话更别提多好玩了。

面对这种性质的问题,我们不能和孩子正面对抗。如果我们这样做,就只会让事情变得更糟。

对妈妈来说,最明智的做法是悄悄地把马克叫进来,不带任何情绪波动或道德说教,只需要告诉他,既然他不知道如何在外面好好表现,就得待在家里。每次发现马克在外面小便时都要遵循这个程序。他很清楚这样做是不对的。现在是行动的时候,不是解释的时候。

面对孩子的"坏"习惯,我们越是大惊小怪,就越会使其变本加厉。这类行为包括各种形式的性游戏、尿床、吮拇指和咬指甲。我们故意把"坏"这个词加上了引号,其实这些行为都不比任何其他形式的不良行为"更坏"。就像其他行为一样,它们服务于孩子无意识的目的。只有在成年人的头脑中,这些特殊的习惯才会具备更为严重的内涵。因此,处理这些问题的第一步就是要降低它们的重要性。一旦孩子发现他做了比平时更让爸爸妈妈烦恼的事情,他就拥有了一个更加强大的武器来打击爸爸妈妈。在这种情况下,同样地,只要我们不为所动,就能从他的风中撤走我们的帆。

每一位心理学家都知道，儿童的多数性游戏都很幸运地未曾引起成年人的注意，因此也没有造成任何伤害。如果我们确实发现孩子正在手淫或参与和他人的性游戏，最明智的做法就是表现得好像我们没有发现一样。除非我们主动制造冲突，否则手淫是不会带来任何伤害的。这和吮吸拇指一样，都只是一种简单的娱乐而已，表明孩子还没有从生活中其他有用的方面找到满足。如果我们试图阻止他，就只会使他更加满足于这种乐趣。孩子只会更加坚定地保持这种乐趣，绝不允许别人夺走他的快乐。这样一来，这个习惯的第二个目的就此确立——打败专横的大人。我们最好的做法就是完全忽略这个问题，尽量拓展孩子的兴趣和活动范围，让他体验到生活中有用的一面，从而间接地解决这个问题。

> 三岁的玛丽吮吸着拇指，与众不同的是，她还用另一只手挡着自己的脸，似乎是为了掩盖自己的所作所为。

玛丽从周围的环境中撤出，把快乐发展成一件私事。她自己一个人就能足够快乐，完全不需要别人。

> 晚饭后，妈妈密切注视着六岁的杰克，以确保他只喝很少量的水。每天晚上午夜左右，爸爸妈妈睡觉前总会把男孩叫醒，带他去洗手间。可即便是这样，早上妈妈叫醒杰克时还总会发现他尿床了。她恳求他再努力一下，不要尿床了。有时她也会因为洗床单而生气。她和

爸爸试过了所有他们能想到的惩罚和劝导方式，但似乎没有任何帮助。杰克仍然长期尿床。

尿床的孩子通常是一个为所欲为的孩子。他确信他无法控制自己。事实上，他是不愿意接受任何特定情况的需要。爸爸妈妈给予他的所有额外关注都证实了他的信念：他无法让自己不尿床。责骂、惩罚和恳求只会对他造成更多的打压。在他看来，他无法控制自己，最重要的是，他受到了惩罚和羞辱。

杰克要学会去做那些必须做的事情。爸爸妈妈可以把问题交还给他自己，以此来帮助他。这是他自己的事。爸爸妈妈可以明确告诉他，他们不再关心他是否尿床了，当然他们必须真心这么想。"我们不会再半夜叫你起来上厕所了，你自己决定该怎么做吧。如果你觉得尿湿的床让你不舒服，你可以自己来换床单。"然后爸爸妈妈要坚持到底，真正地做到不去操心。尿湿的床单带来的不适是一种自然后果。让孩子改变对自己的看法，对自己照顾自己的能力产生信心是需要时间的。不要期待奇迹降临。

咬指甲的孩子通常是在表达愤怒、怨恨或对秩序的蔑视。同样地，习惯是一种症状，习惯本身并不是问题。责骂、羞辱或采取预防措施都是徒劳的。我们不能强迫孩子停止这些习惯。我们只能从原因上入手。

撒谎或偷窃的孩子通常是在试图"掩盖一些东西"。如果孩子故意让我们发现他的过错，我们就可以肯定，他的目的是引起我们的注意。然而，如果他试图否认，那么我们或许可以推断，他是在试图展示自己的权力。孩子可能会觉得他有权得到他想要的任何东西，为此他可以不择手段。或者他可能会因为偷东西不被抓住而感到极大的快乐。撒谎或偷窃行为是更深层次的潜在叛逆的症状。当然，被盗的物品必须归还或赔偿。但我们也必须"降低"这类事件的严重程度——表现得随意一点，不要大惊小怪。对于那些认为自己有义务"教"孩子不要做这些事情的爸爸妈妈来说，这可能很困难。但他们的轻蔑、批评和惩罚并不能教会孩子不去偷窃。恰恰相反，这样做只会为他提供更多的弹药，让他更想为了获得权力和打败爸爸妈妈而去做坏事。孩子不需要任何的"指导"，他很清楚撒谎和偷窃是不对的。在不知不觉中，他更喜欢去做这些错事，因为这会产生令他满意的结果。

五岁的苏珊和邻居家有自行车的孩子一起玩耍。回来后她请求爸爸妈妈给她也买一辆自行车。爸爸妈妈解释说他们现在还买不起。后来有一天，妈妈在自家的炉子后面发现了邻居家孩子的自行车。她表现出了非同寻常的睿智。"好吧，"她想，"我还是再等一两天，看看会发生什么吧。"她注意到苏珊似乎很烦恼。自行车依然半藏不藏地放在那里，妈妈没有对此发表任何评论。第二天下午，妈妈问苏珊："你为什么不把露西的自行车推出去骑一骑呢？"苏珊沮丧地回答说："那样的话她就会看到，我就不得不把自行车还给她了。""那么把它带回家也并没有什么好处，是不是？"苏珊哭了起来。"为什么不把自行车还给她呢？这样至少你们俩还能再骑着玩。"妈妈赢得了露西妈妈的合作，把这件事小事化了了。苏珊也得到了教训。

真正的问题在于，苏珊觉得她有权得到自己想要的任何东西。妈妈则帮助她认识到，偷窃是行不通的。

当一个孩子咒骂或说脏话时，他仰赖于这个词产生的震撼力。如果我们像他所希望的那样做出回应，感到震惊或对此大惊小怪，就是在鼓励他继续说脏话。而如果我们装聋作哑，就能从他的风中撤走我们的帆。"你刚才说了什么？我不明白，是什么意思呀？"孩子很可能会就此放弃这种让他处于尴尬境地的策略。

表现出"坏"习惯的孩子需要的是帮助和理解。习惯是一种症状。攻击症状不会产生任何成果。想一想潜在的原因到底是什么。很多时候，我们可以通过友好和随意的交谈来达成谅解。或许在睡觉前，当妈妈和孩子都心情愉快的时候，妈妈可以和孩子玩一个游戏，问他："今天有什么让你开心的事情吗？"在孩子回答之后，妈妈也可以给出自己的答案。然后她可以继续问："今天有什么让你不开心的事情吗？"这时候，她也许就能发现孩子讨厌什么了。妈妈可以将她获取的信息作为行动而非语言的基础。她不做评论，不要试图为孩子讨厌的东西辩解。但她可以问他觉得可以做些什么。这是一个倾听的机会。如果孩子什么也不说，妈妈可以继续游戏，告诉孩子她不喜欢的东西——但大多是与孩子无关的东西；否则就不再是游戏，而会变成批评。我们必须非常小心，不要去试探。这会使得孩子封闭起来，阻止进一步的沟通。我们可以不时地重复这样的游戏，把它变成一种间接交流的手段。

我们不能指望孩子一夜之间改掉坏习惯。与此同时，如果经过几天的努力纠正，当发现孩子依然我行我素时，我们自己也会容易气馁。我们和孩子似乎都相信他永远也改不掉这个坏习惯了。但停下来想一想，真的是这样吗？现在——他已经上高中了，他还会吮拇指或尿床吗？当然不会！我们的悲观是没有根据的。我们很清楚他总有一天会改的。在给自己的勇气打了一剂强心针之后，我们也要巧妙地向他传达我们的信念。改掉坏习惯是一个长期的过程，需要在积极的方面进一步地增加鼓励。我们可以肯定的是，他最终会做出回应。一旦我们从自己的沮丧中解脱出来，我们对孩子的信心就可以为他提供额外的激励。最重要的是，如果我们不太介意，如果我们能放轻松，如果我们愿意让一些事情不完美地进行下去，我们就会发现，紧张的局面烟消云散了，坏习惯也变得不那么重要了，对孩子和对我们来说都是如此。

第三十五章
和孩子一起欢闹吧

在大家庭存在的"旧时候",孩子们因环境而被迫相互依赖以获得乐趣。这种习俗代代相传,直到后来,广播和电视进入大众娱乐。所有人都喜欢一家人团结一致热热闹闹的故事。《胡桃夹子》芭蕾舞剧中最吸引人的场景之一,就是孩子们和大人们一起围着圣诞树跳民族舞。可悲的是,今天的许多家庭竟变得如此分裂,以至于孩子们抛开爸爸妈妈,自顾自寻找乐趣。爸爸妈妈为孩子提供了玩乐的条件,却没有参与其中。这种状况部分源自文化变化导致儿童与成人对立,部分源自我们缺乏民主共处的技巧。爸爸妈妈全心全意地想为孩子提供最好的东西,却忘了加入他们。

另一个因素是爸爸妈妈和孩子之间失去了共同利益,这源于孩子对成人世界的排斥,以及爸爸妈妈无法以平等的身份进入孩子的世界。在许多家庭中,孩子们压根儿不想让爸爸妈妈和他们一起玩!当家里存在一种不宣而战的状态时,一起欢闹显然是完全不可能的。而事实上,一旦爸爸妈妈开始和孩子一起玩游戏,敌意就会减少,和谐的大门得以打开。

爸爸妈妈有责任通过和孩子玩耍来营造一种团结的氛围。通过这种方式，我们或许能改变大人总是挑剔孩子或与孩子争执的画面，让一家人成为一群拥有共同目标和共同兴趣的人。

我们都能很容易地和婴儿玩耍，但当孩子长大后，我们似乎就失去了和他玩闹的能力。然而，孩子其实迫切需要这种参与方式。游戏时间可以成为爸爸妈妈和孩子之间和谐与理解的焦点。在家玩游戏可以成为乐趣的源泉，而不是激烈的竞争。这时候，孩子们可以学到，一个人不一定要赢，一个人可以只享受玩游戏的乐趣。这确实是艰难的一课，因为大多数成年人并没有意识到，许多孩子已经习惯了无论做什么都要赢。每个家庭都应该准备一些适合孩子年龄的游戏。固定的家庭游戏时间可以成为日常生活的一部分。训练孩子的时间就可以在他长大后变成一起玩耍的时间。当然，这一事情是可变的，以便其他家庭成员也能加入进来。

> 五个孩子（三个男孩，两个女孩）的爸爸是一个狂热的棒球迷，在当地的业余球队打球。每年春天，只要天气允许，他就开始和孩子们一起"训练"。即使是三岁的孩子也拥有迷你尺寸的棒球棍。爸爸会调整自己的投球姿势，让小孩子也能击中球。随着孩子们逐渐长大，他也随之调整投球的姿势，以配合他们日益增长的击球技能。年龄较大的孩子也对年龄较小和技能较差的孩子采取了和爸爸一样的宽容态度，以便所有人都能参与进来。就像爸爸一样，大孩子也对最小的孩子越来越熟练

的技能感到高兴。爸爸从不批评谁球技差或谁丢球,他总是不断地大声给予鼓励。毫无疑问,他玩得非常开心,孩子们也一样。

八岁的休对棒球十分狂热。只要有比赛在步行距离内举行,他就必定到场。爸爸妈妈坚持要他获得他们的允许之后才能去,这样他们就能知道他在哪儿了。一天晚上,休不见了。天都黑了,爸爸差点就要报警的时候,休大大咧咧地走进了家门,毫无愧疚。于是焦虑变成了愤怒,爸爸准备暴揍他一顿。"等一下,爸爸,"休恳求道,"让我告诉你发生了什么吧。"原来他和一群大一点的男孩去一万六千米外看比赛了。"爸爸,你从来都不带我去看球赛。我问过你几百次了。但是你总是说你很忙,要么就是有别的事情要做。"

这对爸爸来说是一个启示。休希望爸爸能和他一样喜欢棒球,于是爸爸就照他的想法去做了。现在,爸爸妈妈都对当地的比赛和球员产生了真正的兴趣,一家三口常常一起去看比赛。

所有的孩子都喜欢"演戏"。爸爸妈妈不必总是充当观众。他们也可以和孩子一起演!孩子们总是特别喜欢在故事中扮演大人,让爸爸妈妈扮演孩子。任何一个众所周知的童话故事或传说都可以被改编为一场即兴表演。不需要什么观众,大家一起来"演戏"吧!

各种各样的事情都可以成为家庭活动。圣诞节前，一家人可以在晚上聚在一起为圣诞树制作纸质装饰。五一节前夕，一家人可以为餐桌制作可爱的纸篓。每一个可以使用纸制装饰品的场合都可以展开一场家庭创意会。

有一个家庭总是"假装"环游世界。每个家庭成员都在收集数据、建立旅行文件夹或整理信息，这些信息被制作成每个国家的剪贴簿。每个暑假的旅行计划都是全家人共同研究的课题。

这些家庭活动都是各个家庭的兴趣使然。爸爸妈妈的热情是有感染力的，而孩子们也常常表现出非凡的聪明才智。他们常常明确说出他们可能感兴趣的东西。一个家庭在孩子们参加了学校的实地考察后，建立了一个"博物馆"。任何有迹象表明是来自旧西部的物品都会被贴上标签，放在博物馆的架子上。家里的每个人都睁大了眼睛寻找任何可用的零碎物件。一块来自教堂遗迹的破碎彩色玻璃变成了宝贝。在树林里散步时发现的一根羽毛变成了印第安人帽子上的纪念品。一个孩子用玉米皮做了一个娃娃。等等。

一起唱歌总会让整个家庭以一种美妙的方式凝聚起来。在一个八口之家，每天晚上的洗碗时间对于全家人来说是十分欢快的，因为这是全家人都能参与的"歌唱时间"。孩子们在家里学习歌曲，也把他们从学校学的歌曲带回家。随着年龄的增长，他们开始和声，甚至还分成了两个小组，一起唱两首不同的歌曲，营造出一种牧歌的效果。

如果爸爸妈妈学会倾听，就会发现孩子们感兴趣的各种各样的事物。发挥他们的想象力，这些事物都可以发展成一个个的家庭娱乐项目。

共同的乐趣让人们走在一起。在游戏和活动带来的乐趣中，家庭团结的氛围得到发展。团结对于促进平等与轻松和谐的气氛是必不可少的，这种气氛可以成为家庭生活的一部分。

第三十六章
直面电视的挑战

几乎在每个家庭中，电视都会产生许多问题，总有关于看什么节目的争吵。爸爸妈妈担心孩子们会从电视节目中获取一些错误的印象。他们对这项被动的娱乐感到担心，认为孩子把太多的时间花在了"垃圾节目"上。当孩子们醉心于"极好的"晚间节目时，就会忘记写家庭作业。睡觉时间被忽略，因为"最好"的节目总是很晚才播。吃饭时间也根据电视节目而定，许多家庭甚至改变了他们的用餐习惯，都在电视机前吃饭了，每个家庭成员都各自沉浸在节目中。爸爸妈妈因为共同用餐不再是一项促进家庭团结的日常活动而烦恼。有多少妈妈常常恨不得一脚踹进电视机显像管里！事实上，她们只能"下定决心"对孩子看电视严加管控。争斗和纠纷随之而来。有些爸爸妈妈甚至不买电视机，结果孩子们要么去邻居家看电视，要么不停地抱怨，觉得自己被剥夺了"其他孩子"都拥有的东西。

电视还将继续存在。我们必须学会解决它所带来的问题，而不是报以怨恨。当孩子们为谁能看什么节目而争吵时，爸爸妈妈要么不干涉，要么关掉电视机，直到孩子们达成一致为止。当争吵涉及爸爸妈妈和孩子双方时，情况就变得更加复杂了。但这不是爸爸妈妈是否有权看晚间节目的问题，也不是他们是否该让步于孩子们看电视权利的问题。这是一个家庭问题，必须由全家人一起解决。问题变成了"我们大家该怎么做"，而不是妈妈或爸爸说"我该怎么做来管管孩子看电视"。所有的家庭成员都必须达成一致。这通常是家庭会议中该讨论的议题。如果分歧非常严重，爸爸妈妈可以拔下电视机的插头，在达成协议之前，包括爸爸妈妈在内的任何人都不能看任何电视节目——这很像企业罢工，其间除非争议得到解决，否则什么工作也不做。

关于不写家庭作业的问题，我们可以通过讨论与孩子达成共识。他可以自己选择什么时间写作业，什么时间看电视。妈妈必须保持坚定，确保孩子遵守约定——用行动，而不是言语。或者，如果他长大了一些，问题就变成了："现在该怎么办呢？"让大孩子自己提出解决方案。

如果孩子想在规定的睡觉时间之后看电视，爸爸妈妈必须坚定地维持日常规范。如果孩子还小，我们就一言不发地带他上床睡觉。只要"让他听话"与妈妈个人没有利害关系，就不存在权力斗争。只要妈妈坚定地维持秩序，服从形势的要求，她就只是在确保他按时上床睡觉而已。如果孩子比较大了，我们就必须和他达成协议，然后按照他同意的内容去做。如果我们未能与孩子建立信任与合作的关系，那么做到这一切都不会是易事。事实上，电视机本身并不是问题的根源，它只是突出了爸爸妈妈和孩子之间缺乏合作的问题。

电视节目的质量和内容是全国关注的话题。但是，我们不能坐等国家来为我们解决问题。电视机就在我们的家里，我们必须在家里采取行动。

> 十一岁的琼恩、八岁的莫娜和七岁的罗伯特都特别喜欢看奇怪的恐怖悬疑类节目。爸爸妈妈觉得这"不是为孩子准备的节目"。他们越是抗议，孩子们就越是坚持。"有什么问题吗？这个节目真的很棒。别的孩子都在看！"每星期全家人都要为此吵上一架。

当我们坚持不让孩子看某个特定的节目时，我们就引发了一场权力斗争。孩子赢了。没有比"别的孩子都在看"更有力的论据了。如果我们仍然拒绝这项活动，孩子就会以其他的方式来寻求报复。该怎么解决这个问题呢？首先，我们不能保护孩子不受电视节目或从电视节目中获得的印象的影响。但是，我们可以帮助孩子培养对不良品位和不良判断力的抵抗力。这不是靠说教就能做到的！在今天的文化中，语言更多地被用作武器，而不是交流的手段：爸爸妈妈一开始说教，孩子就选择性失聪。但其实，爸爸妈妈提出问题然后倾听孩子回答的讨论是非常有益的。爸爸妈妈可以和孩子一起观看节目，然后在游戏般的氛围中分享他们的感想。"你觉得这个节目怎么样？这个人的做法明智吗？你觉得其他人会怎么想？为什么呢？你认为他们还能做些什么呢？"通过这种方式，爸爸妈妈可以帮助孩子真正地进行独立思考，对自己看的节目进行批判性的审视。如果爸爸妈妈能用心倾听，孩子就会发现自己拥有提出想法的能力——这是再令人满意不过的发现了。爸爸妈妈不能去试图"纠正"孩子表达的内容，这样做只会破坏这个"游戏"。我们可以接受孩子所说的一切。随着时间的推移，我们可以看到孩子取得的进步，让他自己发展出批判的眼光！如果爸爸妈妈偶尔也想贡献一下自己的想法，就可以提出一些具有启发性的问题，例如："我想知道如果……的话会怎么样呢？"或者："你认为如果……的话会发生什么呢？"听完牛仔的故事后，我们可以问孩子："你认识一些'好人'吗？他们一直是那么'好'吗？殴打和折磨别人真的很有趣吗？受害者会是什么感觉呢？"在这样的讨论中，我们不要强行加入自己的想法，要引导孩子自己去思考，逐渐建立融洽的亲子关系。如果我们为孩子们准备好一切，并把现成的东西投喂给他们，他们就永远学不会独立思考。只要良好的亲子关系存在，孩子就会坦诚地回答，会告诉我们他真正的想法——前提是这不会为他招来一顿责骂。我们可能会为孩子所表现出来的对正确事物和对公平竞争的敏锐判断和认知感到震惊。

遵照以上的做法，我们会发现，大多数孩子对看电视都能泰然处之。只要看电视不再是权力斗争的源头，他们对它的兴趣往往就会减弱。如果我们能确保全家人一起享受其他形式的乐趣，那么我们对于过多的被动娱乐的担忧就会减少。我们不能夺走孩子拥有的东西，这是把我们的意志强加给孩子的一种形式。我们需要为他提供一些更令他感兴趣的东西来刺激和影响他,让他自愿离开那些他不太想要的东西。

只要我们明确自己该做些什么,并对自己处理电视问题的能力有信心,就没有必要为电视感到忧虑了。

第三十七章
明智地利用宗教信仰

无论我们的宗教信仰是什么,它在我们的家庭中都占有重要的位置。对大多数人而言,宗教为我们对美好生活的追求提供了灵感。我们的理想、道德价值观以及最高的愿望都源自宗教。因此,我们很难看出利用宗教来育儿有时竟也会对孩子有害。确实,宗教有可能被滥用。

五岁的文森特整个上午都心情不好。妈妈的建议似乎没有一个能让他满意。她渐渐失去了耐心。最后,她给了他一本杂志和一把剪刀,建议他坐在书房里剪一些图片,她继续去做家务了。后来,她发现文森特竟然把书架上够得着的书全都拿了下来,扔得满地都是。书桌的抽屉打开着,里面的东西都被倒在地板上。她愤怒地把男孩拽过来,抓住他一边摇晃一边喊:"你到底是怎么了?一整个上午都在捣蛋。现在你给我乖乖坐在厨房的椅子上,直到吃午饭为止,否则我就把你绑在椅子上。

难道你不知道如果你不学好的话,上帝就会惩罚你吗?上帝可不喜欢坏男孩。"

文森特不是一个快乐的男孩。他很生气,他想要报复。妈妈惩罚得越多,他就越想要报复。他不想做坏孩子,他想做好孩子。他也不知道自己为什么要做这些坏事。

每当爸爸妈妈以"上帝会惩罚你"威胁孩子时,他实际上是在承认自己的失败,把整个问题推给一个更高的权威。孩子发现了这一点,甚至感到有些骄傲,因为没有人能对他做任何事情。由于上帝的惩罚不会马上到来,他对这样的威胁自然是嗤之以鼻。因此,作为一种训练方式,如此利用宗教是完全无用的。

> 女儿撒了一个十分拙劣的谎,被妈妈抓了现行:"唐娜,你明知道说谎是不对的。说谎的人最终会无法诚实和坦率。他们的灵魂会变得悲惨和卑劣。你认为上帝和他所有的圣徒要这样的人有什么用吗?上帝希望我们诚实坦率。做错事的人在天堂是没有容身之处的。你必须永远说实话。真实的才是好的。你要是撒谎,你就是不好的。"

对一个孩子来说,做好孩子是很容易的,所以他没有必要变坏,除非他在环境中遇到了障碍,使他受挫,让他把不良行为作为摆脱困难的一种方式。由于孩子的不良行为总有目的,所以道德说教起不到任何的作用，也不能消除孩子遇到的障碍，只会进一步对他造成打压。当我们举起大家都为之奋斗的理想大旗，指出他还差得有多远时，只会使他原本就有的挫败感雪上加霜。孩子根本不需要道德说教中内涵的谴责，他们需要的是鼓励和帮助，来帮助他们摆脱困境。

孩子知道他必须做个好孩子，并不知道自己为什么会"变坏"（因为他不清楚自己行为的目的），他对实现自己的理想感到绝望。他该做的事情和他实际在做的事情之间产生了矛盾。既然他不能同时走向两个不同的方向，他就必须学会假装。当他的真正目的远非良好时，他就学会了隐藏在良好的意图背后。每当我们试图用道德说教来刺激良好行为时，我们都会发现孩子戴上了假面具。在任何情况下，他们都试图表现出最高尚的道德。他们产生了一种可怕的恐惧，害怕毫无价值的真实自己总有一天会从面具后面展露出来——他们错误的自我概念对他们自己来说是非常真实的！他们花在"表象"和恐惧上的精力越多，真正得以成长和发展的时间就越少。

那些坚持让孩子去主日学校而自己却留在家里的父母给孩子呈现了一幅奇怪的画面。就好像世上存在两种道德标准似的——一种适用于儿童，另一种适用于大人！孩子必须去主日学校学习如何做个好人，而爸爸妈妈已经学会了，就不再需要这种训练了。但孩子明明也经常觉得爸爸妈妈对他做了一些不好或不公平的事情，他不明白为什么他们可以拥有不参加宗教活动的特权。他对平等的理解受到了冲击。这更让他觉得大人是在压迫他了。同时这也使去主日学校成为一件令人讨厌的苦差事，违背了宗教训练的根本目的。

如果孩子已经大到对死亡有概念了，父母再用来世的惩罚来作为威胁的话，他就有可能会对死亡、未来以及看不见的东西产生一种病态的恐惧。这种恐惧并不能"矫正他的错误"，只会束缚他的人格，剥夺他成长的自由和承担责任的力量。事实上，他已经遇到麻烦了，否则他是不会做出那些不良行为的。现在好了，除了那些麻烦之外，他还得面对某个看不见的食人魔，因为他的不快乐而惩罚他。他甚至可能对惩罚他的上帝产生一种无法言说或无法承认的仇恨。由于这种感情无法表达出来，孩子就会变得更加虚伪。他的真实意图和伪装之间的这种矛盾只会导致进一步的适应不良，甚至一些神经疾病。

宗教教义可以用来告诉孩子，很久以前人们是如何发现某些行为是错误的，因为它们破坏了人与人之间美好、快乐的关系。爸爸妈妈和孩子可以以讲故事的形式进行讨论——永远不要以孩子自己为例——探索解决冲突的各种可能性，从而使友谊与和谐得以恢复。我们都会遭遇困境！孩子们需要知道，我们和他们在同一条船上，而我们也必须寻求恢复和谐的方式。和谐才是终极的好，无论我们为之冠以什么名号。

第三十八章
和孩子交谈　不要发号施令

在本书中，我们多次建议爸爸妈妈与孩子讨论他们共同的问题。在我们的工作过程中，我们发现很少有父母知道该如何与孩子交谈。事实证明，爸爸妈妈常常以一种友好的方式对孩子说话，这是真的，尽管如此，孩子听到耳中的还是说教。

青少年与成年人之间最突出的困难就是缺乏沟通。如果父母在孩子很小的时候就与之建立了一种同情的关系，沟通之门就可以在青春期依然保持敞开。这在很大程度上取决于我们尊重孩子的能力，即使有时我们并不同意他的观点。当我们停下来思考这个问题时，我们会惊讶地意识到孩子思考能力的发展是多么神奇。孩子会自发地，常常是无意识地，去观察，获得印象，将这些印象组织成一个系统，然后根据他得出的结论采取行动。他有自己的想法！可我们这样说的时候通常是用一种轻蔑的语气，将孩子定性为不服从或反叛。我们不断地抨击这些"越轨行为"，并试图用我们的想法来影响孩子。我们想要"塑造"他的性格，他的思想，他的人格，就好像他是一块软黏土，我们的行动就应该"塑造"他似的。从孩子的角度来看，这就是专制——事实也确实如此。当然这并不意味着我们不能也不应该去影响或引导孩子。这仅仅意味着我们不能把他"强行塞进"我们的模子。

每个孩子都有自己的创造力；每个孩子都会对他在生活中遇到的事情做出自己的反应。每个孩子在塑造自己的人格方面都有自己独特的一面。

既然为人父母的工作是为孩子提供指引，那么明确我们要指引的内容以及如何去指引就是明智的选择。在观察孩子的行为并发现其真实目的的过程中，我们可以学到很多东西。如果我们愿意去了解他们的想法，就能获益匪浅。这一点不难做到，真的，因为小孩子在表达自己方面是十分坦率的——见鬼！然而，如果我们责备他们，批评他们，告诫他们，或者对他们的想法吹毛求疵，他们很快就会注意不让自己暴露在这种不舒服的体验中。慢慢地，沟通之门就被我们给关上了。

反过来，如果我们能自由地接受孩子的想法，和他一起来检验这些想法，和他一起探索可能发生的结果，不断地提出问题，例如："接下来会发生什么呢？""这会让你有什么感觉呢？""对方会有什么感觉呢？"孩子就会在解决生活问题的过程中找到一种陪伴的感觉。提出引导性问题仍然是传达思想的最佳方法之一。

指望孩子只产生"正确"的想法是荒谬的。告诉孩子他是"错的"，我们是"对的"，只会让他关闭心门——对我们来说也是一样——这其实就是在发号施令。

"比利！你知道恨你妹妹是不对的。你真是可耻。你必须得爱她。你是她的哥哥啊。"这就是在对孩子发号施令。相反地,"我不明白为什么一个男孩会恨他的妹妹,你知道为什么吗?""因为她挡了我的路!""那么男孩除了恨她还能做些什么呢?"这就是一场讨论。我们承认比利对他妹妹的仇恨,并不对其好坏做任何道德评价。这种恨是真实存在的。恨什么以及为什么恨——从孩子的角度来看——才是我们需要去关注的。

作为父母,我们总是太过倾向于假设我们清楚孩子的感受。"我还记得小时候,我妹妹因为太可爱而吸引了奶奶所有的注意力时我的感受!我才不会让这种事情发生在我的孩子身上。"事实上:"我女儿可能不会让她可爱的小妹妹得到所有关注。她也许不会像我对我妹妹那样产生怨恨,她有可能会把妹妹比下去——以一种不那么令人愉快的方式。我的孩子可能对类似的情况产生与我完全不同的观点。也许我最好去弄清楚她的感受——不要想当然地认为她的感受和我一样,试图表现出一副善良和优越的样子。"

我们必须承认,世界上存在不同的观点——我们看待事物的方式并不是唯一的。

当我们发现孩子对事物的看法与我们不同时,就必须格外谨慎。如果我们说了任何让他丢脸或感到不光彩的话,进一步信任的大门就会立即被我们关闭。我们需要时刻准备好承认和接受与我们不同的观点也有其优点。"也许你说得很对。我们必须考虑一下,看看还会发生些什么。"我们也可以向孩子承认:"我不同意你的观点。"然而,我们应该继续说:"但如果你愿意的话,你也有权利这么想,让我们看看结果如何吧。"在平等的情况下,每个人都必须有意愿重新评估自己的想法——不是根据"对"和"错"的刻板观念，而是根据实际的结果。如果我们想让孩子改变他们的观点，就必须引导他们去发现，另一种方式也许会产生更好的效果。我们需要接受孩子，把他们当成家庭和谐事业的合作伙伴。他们的想法和观点很重要，尤其是因为他们总是按照他们的想法行事！这些想法形成了孩子的"个人逻辑"——他无意识地做出一些行为的原因。告诉一个孩子不要去做他已经知道错误的事情是徒劳的，因为干坏事就是他达到错误目标的手段。这样的训诫只会让他更加坚定自己的决心，让他觉得他的想法是对的。这是无法用逻辑来反驳的。一个人必须看到这样的心理逻辑：即便某种体验是不愉快的，但只要它能为孩子带来父母的关注、权力或强化他错误的自我概念，这种体验就会变得十分可取。倾听孩子的心声就意味着发现他的个人逻辑。帮助孩子就意味着引导他从一个不同的角度来看问题，让他看到他以前没有从中发现的优势。一个渴望权力的孩子可能也渴望被人喜欢。在这种情况下，我们可以和孩子讨论两者兼得的困难。他会逐渐明白，如果他利用权力去欺负别人，就不会有人喜欢他，那么他就不得不决定自己更喜欢成为哪一种人了。直接告诉他，"如果你是个恶霸，别人就不会喜欢你"，只会激起他进一步的敌意。"人们对恶霸是什么感觉呢？如果一个恶霸想要被人喜欢的话，他能做些什么？他还有别的选择吗？"诸如此类的问题会引导孩子去看清正在发生的事情，以及他在其中所扮演的角色。他甚至不得不承认事情的走向其实完全取决于他自己的选择！

妈妈无意中听到，两个儿子因为其中一个在打牌时作弊而打架。她决定置身事外。后来，在一个安静友好的时刻，她想要讨论一下作弊的问题。"你们都知道作弊是不对的。你们玩得好好的，如果有人作弊的话，就会破坏所有的乐趣。那么为什么不遵守游戏规则，还去作弊呢？"

妈妈说得很好，态度十分友好。但这并不是讨论。这是一场说教。这符合逻辑，但不符合孩子的心理。

如果妈妈等到一两天后才对她的儿子们说："我在想一件事。"那么两个孩子都会感到十分好奇。妈妈在想什么呢？她成功地引起了他们的注意。现在她开始迂回前进。"假设两个人在玩游戏，其中一人作弊了，你们猜会发生什么呢？"他们会打起来。""你们觉得为什么有人要作弊呢？"从这时起，孩子的答案将提供他们如何思考的证据。一个孩子会说："因为他想赢。"或者："因为他想当老大。"另一个孩子可能会说："因为我不喜欢总是落后。"每当妈妈问另一个孩子对他弟弟的回答有什么看法时，她都在搜寻信息，同时也想让男孩们认识到他们自己的脑子里都在想些什么。最后，她可能会问："游戏的乐趣到哪里去了呢？作弊的人对被他欺骗的人是什么感觉呢？你们认为这两个人能学会公平竞争吗？要怎样才能学会公平竞争呢？他们各自能做些什么呢？他们怎样才能维持所有的乐趣而不破坏它呢？"在这一系列的问答之后，妈妈对这场竞赛有了深入的了解,这时她可以说:"我很高兴能了解你们的想法。这对我帮助很大。"

妈妈播下了思考的种子。她根本不需要明确说出她认为孩子们应该做些什么。孩子们被引导着自己去看清问题所在,以及可能的解决方案。让他们好好琢磨一下吧,然后静观其变。

无论是孩子还是成人,没有人喜欢面对一个可能是他的错的问题,尤其是当这个问题一开始就被当作一种指责时。如果我们笼统地谈论困境——说"人"而不是两个男孩或两个女孩,更不是直接说"你和他"——我们就创造了一种距离感,能够促进思考的客观性。所有人都更愿意去探讨别人的问题!当我们和孩子讨论困境时,如果我们假装是在讨论别人的问题,谈话往往会容易得多。

另外,有时候直截了当的表达也会有所帮助。"我有个问题,想知道你是怎么想的?如果我在做晚饭,而你又想让我帮你做家庭作业的话,我一个人分身乏术,你觉得我们该怎么办呢?"

我们在讨论中得到的任何信息都可以成为未来行动的基准。如果我们试图通过道德说教来纠正一个明显错误的想法,就不会得到任何有用的信息,这只会将我们打败。如果我们让孩子知道他们错得有多离谱,他们就无法对我们敞开心扉。就算他们提出了一个显然不能被接受的意见,我们也必须暂时接受。"你说得有点道理,但我想知道,如果每个人都这样做的话,会有什么结果呢?"如果孩子表现出不愿意继续讨论,因为我们暗示他的想法行不通,那就暂时把这个问题放在一边。"让我们好好想想,过几天再来讨论吧。也许到那时我们会有其他的想法。"

对孩子发号施令意味着告诉孩子，我们希望事情如何完成，表达了一种服从的要求，要求他们和我们想的一样。

与孩子交谈则意味着我们和孩子一起寻找解决问题或改善状况的方法。这样，他们在家庭和谐的建设中就扮演了创造性的角色，也能意识到自己为这个集体做出了贡献。当然，这并不意味着他们有权按照自己的想法来管理这个家庭。讨论是一个过程，在这个过程中，我们考虑到各方利益，努力为我们面临的问题找到最佳的解决方案。许多人认为，"新心理学方法"意味着对孩子让步，完全放弃成年人的领导权。事实恰恰相反。如果我们不能坐下来和孩子谈论当前的问题，如果我们不能让孩子表达自己的意见、倾听他们的想法，那才是真正地任由孩子为所欲为，让我们对他们的行为失去所有的影响力。合作是赢得的，而不是要求的。赢得合作的最佳方式是自由地谈论每个人的想法和感受，共同探索更好的相处模式。

第三十九章
家庭会议

家庭会议是以民主方式处理棘手问题的最重要手段之一。顾名思义,家庭会议就是一场所有家庭成员讨论问题、寻求解决方案的会议。每周的某一天,一定要留出一个小时来做这件事,这应该成为家庭生活的一部分。未经全家人同意,会议时间不得更改。每个成员都应该出席。如果一个成员不愿意参加,他仍然必须遵守会议的决定。因此,他会觉得出席会议是有必要的,这样他才可以发表自己的意见。

每个家庭都可以根据各自的需要来制定家庭会议的细节,但基本原则是一样的。每个成员都有权提出问题。每个人都有被倾听的权利。一家人共同寻求问题的解决方案,最终以多数人的意见为准。在家庭会议中,爸爸妈妈的声音并不比每个孩子的声音更具重要性。一次会议做出的决定可以维持一周。会议结束后,就要按照讨论结果来行事,在下次会议之前不允许进一步的讨论。如果到了下一次会议时,有人发现上周的解决方案不太奏效,就可以寻求新的解决方案,提出类似这样的问题:"我们对此可以怎么办呢?"同样,这也由一家人一起来决定!

在一次家庭会议上,一位八个孩子的妈妈(孩子的年龄从四岁到十六岁不等)提出了一个令人烦恼的晚餐时间问题:孩子们总是迟到。爸爸对他们的拖拖拉拉和不礼貌感到烦恼和愤怒。敌意与争吵造成了极不融洽的家庭氛围。其中一个孩子建议,每个人都在自己的房间里吃饭,不需要聚在餐桌前一起吃。其他的孩子也接受了这个主意,认为这很好玩。妈妈接受了这个主意,爸爸则咆哮着表示反对。妈妈问到要怎样上菜。"我们可以自己拿自己的食物。""那脏盘子怎么办?""我们会把脏盘子端回来的。""我只愿意洗厨房里的脏盘子。"妈妈说。由于投票结果为九比一,爸爸不得不同意这个计划。当天晚上,晚餐准备好了,爸爸妈妈把自己的晚餐拿到了卧室,没有理会家里的其他人。一小时后,妈妈洗了放在厨房水槽里的盘子。

四天后,孩子们开始抱怨。有一些脏盘子没有拿去厨房,导致他们并不是每次都能拿到干净的盘子。其中一人抱怨说,他的室友没有归还盘子,剩菜都放臭了。面对所有的抱怨,妈妈统一回答:"下次开会时再提。"在接下来的一次会议上,带晚餐回房间吃的主意被迅速取消了。这根本就行不通。大家都想再次回到餐桌上吃饭。孩子们在父母的引导下对接下来一周在餐桌上要遵循的程序提出建议。

即便很小的孩子也可以参加家庭会议。主席的职位应该轮换，这样就不会有人"独霸"会议。主席必须确保每个家庭成员都有机会发表意见。如果爸爸妈妈发现，一项决议的实施过程让孩子感到不舒服，他们仍然必须遵守这个决定，忍受这种不舒服，让后果自然地发生。孩子们从这些经历中学到的比他们从言语或爸爸妈妈的强迫中学到的要多得多。

> 妈妈提出了两个孩子——十岁的珍妮和七岁的杰瑞——在放学后邀请朋友来家里做客所造成的问题。当两个孩子在同一天请客人来家里时，混乱接踵而至。孩子们在房子里跑进跑出，在楼梯上跑上跑下，一会儿追狗，一会儿做爆米花，喝可乐，在钢琴上玩"筷子游戏"，把电视音量开到最大。妈妈表达了她的不满后说："我认为你们应该轮流带朋友回家，怎么样？"珍妮同意了，并说她想要星期一和星期五。杰瑞则瘫坐在椅子上，用手指描画着图案，什么也没说。妈妈问他星期二和星期三对他来说是否合适。杰瑞漫不经心地点了点头。"你要怎么处理他们打打闹闹的问题呢？"爸爸开口了。"他们的朋友们需要学一学礼貌规范！""我认为你们应该和你们的朋友谈谈我们家的规则，怎么样？"妈妈提道。珍妮同意了，杰瑞仍然闷闷不乐。

接下来的星期一，珍妮带了一个朋友回家，他们一起安静地玩耍。杰瑞也带了一个朋友回家。"对不起，杰瑞。今天不是你招待客人的日子。""我们能在院子里玩吗？""可以。"在接下来的半小时里，杰瑞来敲了四次门，问他们是否能进来看电视，喝点牛奶和吃点饼干，或者拿点钱。每个请求都被拒绝了。几分钟后，妈妈碰巧向窗外望去，发现杰瑞竟站在栅栏上小便。妈妈喊道："很抱歉，杰瑞。你的朋友必须回家了，你给我进来。"杰瑞喊道："都是你的错，不让我进屋上厕所。"

杰瑞对他的"好"姐姐和妈妈之间的联盟感到不知所措。他在家庭会议上什么也没提，因为他觉得自己没有任何机会得到自己想要的。然而，他也同意了她们的提议，虽然闷闷不乐的，然后选择用不良行为来表达他的怨恨。

如果妈妈能提出她的问题，并征求孩子们的意见，问他们认为可以做些什么，那就更好了。第一次尝试时，孩子们可能会不知所措，想不出什么解决方案。稍等片刻后，妈妈可以提出她的建议。把想法作为问题提出来总是很好的，例如："你们认为错开日子邀请朋友来做客的话会有帮助吗？"或者："如果……的话会怎么样呢？"

既然杰瑞已经表明了他的想法，那么这件事就应该在下次会议上讨论。如果妈妈表示理解，她就可以引导杰瑞加入讨论。"杰瑞似乎觉得他没有表达的机会。他好像不太喜欢这样的安排。你是怎么想的呢，杰瑞？"接下来要做的是进一步的讨论，也许只是一小会儿，杰瑞应该是第一个被要求提出解决方案的人。一开始他可能不愿意这么做，但如果妈妈继续真诚地关心他的想法，他可能会克服自己的错误信念，开始参与进来。

如果只有爸爸妈妈提出问题并提供解决方案，这就不能被称为家庭会议了。必须鼓励孩子们尽自己的一份力。

一个由受过大学教育的父母和三个女儿组成的家庭开了一场家庭会议。女孩们提出家里应该买一栋新房子。最大的孩子拿出了十五美元，老二拿出了十美元，最小的孩子拿出了五美元。这完全把爸爸妈妈难住了。他们能做些什么呢？他们感到困惑不解，于是前来寻求帮助。

爸爸妈妈以为女儿们不知道房子的价格是多少。但当孩子们被问到这个问题时，她们估计一套房子大概是三万美元。爸爸妈妈非常惊讶，这是一个准确的猜测。现在他们又该怎么办呢？专家建议，爸爸拿出五十美元，让女儿们去买新房子。

爸爸照做了，事情就这样结束了。然而，如果女孩们坚持要求他补上全部的金额，他就可以拿她们对公平的概念说事。"为什么呢？我只是五个人中的一个而已，为什么要我拿出买房子的大头呢？"爸爸甚至可以表示自己也很想买新房子，并要求女孩们去筹集资金。

如果我们发挥想象力，考虑一下，如果提出这些想法的不是孩子，而是我们的成年朋友的话，我们会怎么做，这样一来，我们就不会那么一筹莫展了。爸爸妈妈总是可以先表明自己愿意在一个计划中付出多少，然后把问题抛回去，让孩子们进行进一步的讨论。

家庭会议成功的秘诀就在于，家庭中的所有成员都愿意把一个问题当成整个家庭的问题来处理。毕竟，如果妈妈在监督孩子看电视方面遇到困难，爸爸和孩子们就会在反抗妈妈方面遇到困难。这是一个家庭问题，因为生活在一起就意味着多方互动。解决方案必须是一个家庭共同的程序，就像困难也是一个家庭共同的困难一样。这种方式能培养相互尊重、相互负责的氛围，也能促进家庭成员间的平等。民主的家庭生活必须建立在平等的基础之上。

育儿新原则

1. 鼓励（第三章）

2. 惩罚与奖赏的谬误（第五章）

3. 利用自然后果和逻辑后果（第六章）

4. 坚定而不专横（第七章）

5. 尊重孩子（第八章）

6. 引导孩子尊重秩序（第九章）

7. 引导孩子尊重他人权利（第十章）

8. 不作批评　少提错误（第十一章）

9. 维护日常规范（第十二章）

10. 花点时间训练孩子（第十三章）

11. 赢得合作（第十四章）

12. 避免过度关注（第十五章）

13. 避免权力之争（第十六章）

14. 从冲突中撤离（第十七章）

15. 去行动！多说无益（第十八章）

16. 不要赶苍蝇（第十九章）

17. 取悦孩子须谨慎：要有说"不"的勇气（第二十章）

18. 克制第一冲动：要出其不意（第二十一章）

19. 避免过度保护（第二十二章）

20. 激发孩子的独立性（第二十三章）

21. 远离孩子的争端（第二十四章）

22. 不要被孩子的恐惧打动（第二十五章）

23. 管好自己的事（第二十六章）

24. 不要为孩子感到难过（第二十七章）

25. 提要求要合理　不要太频繁（第二十八章）

26. 坚持到底——始终如一（第二十九章）

27. 将他们置于同一条船上（第三十章）

28. 去倾听（第三十一章）

29. 注意你的语气（第三十二章）

30. 放轻松（第三十三章）

31. 别把"坏"习惯看得太严重（第三十四章）

32. 和孩子一起欢闹吧（第三十五章）

33. 和孩子交谈　不要发号施令（第三十八章）

34. 家庭会议（第三十九章）

附录

运用你学到的新技能

我们建议你逐一阅读以下实例,仔细研究,弄清楚个中缘由,看看其中的父母违反了或遵守了哪些原则,可以做些什么来改善这种情况。我们的目的是帮助父母更有效地养育孩子,尤其是当孩子出现不良行为时,知道自己该做什么,不该做什么。这些实例都可以有多种解读方式,我们也可以用多种方法来处理这些问题,不存在一个"唯一正确"的答案。每个实例后面都附上了我们的评论。

实例一

三岁的安把沙拉打翻到了桌上。"快打扫干净,安。"妈妈说。孩子噘着嘴不动。"快点,是你把桌子弄得一团糟的,你自己来收拾。"妈妈等待着。安依然噘着嘴。妈妈于是自己把沙拉收拾干净了,没有再说什么。

评论

当妈妈要求安"快打扫干净"时，就引起了一场权力斗争。后来她又让步了，其实是在赶苍蝇。最后，她还给孩子提供了过度的服务。

妈妈应该克制自己的第一冲动，不要发号施令（18，5）[1]。"我们现在能做些什么"之类的语言或许能激起孩子的某种反应。安或许会自己提出把弄脏的地方打扫干净。如果安表示她不打算做任何事情，那么妈妈就可以表现得坚决一些，甚至拉着安的手来清洁桌面。如果安仍然拒绝，就可以要求她离开餐桌（11，3，6，4）。

实例二

八岁的拉尔夫把他的好衣服扔得到处都是。很长一段时间以来，妈妈都一直试图让他自己收拾东西。那天她气急败坏地把一地的衣服都收了起来。到了星期日，他发现好衣服都不见了。"嘿，我的礼服呢？"他喊道。

---

[1] 括号内的数字表示所涉及的原则，都列在"育儿新原则"一章。

当他被告知礼服都被收起来了,而他必须穿平时上学的衣服去主日学校时,他突然大发脾气。"我告诉过你,叫你把衣服挂起来,拉尔夫。现在让这件事成为你的一个教训吧。""那我就不去主日学校了。"拉尔夫尖叫着说。"哦,这可不行。现在穿好衣服,你的时间不多了。""我不,我不,我不。"拉尔夫坚决不肯穿衣服,妈妈终于放弃了和他的斗争。"好吧,如果我把礼服还给你,你能答应我回家后就把它们挂起来吗?""当然。"妈妈于是取出了礼服,拉尔夫赶紧穿上。当他回来时,他像往常一样把它们扔得到处都是。

评论

一开始,妈妈的行动是正确的,她让逻辑后果自然发生。但后来她卷入了一场权力斗争,并最终屈服,输掉了这场斗争。

妈妈可以和拉尔夫讨论,看看如何在整理衣服的问题上达成一致,以及如果拉尔夫不整理衣服的话会发生什么(33,6,11)。让拉尔夫发脾气吧,什么也不要说:必要时可以去洗手间(14,15)。在这之后,要么平静地带他去主日学校,要么就让他自己一个人待着。

实例三

三岁的露丝在一家人惯常的睡前兜风活动前磨磨蹭蹭，不愿出门。最后爸爸妈妈上了车，对她说："显然你不是真的想去兜风，但我们想去。再见，亲爱的，我们一会儿就回来了。"他们开着车出去转了一会儿。当他们回家时，没有发表任何评论。第二天晚上，露丝提前做好了准备。

评论

爸爸妈妈从露丝的过分要求中成功撤出。他们没有采取任何方式来强迫露丝（13），只为他们自己的行为承担责任（4）。他们维持了日常规范，利用了逻辑后果（3，9）。

实例四

妈妈把三岁的玛丽莲裹得严严实实，准备让她出去玩雪。出门不久，玛丽莲就站在后门哭了起来。妈妈前去查看，发现她脱下了手套，双手被冻得又红又冷。妈妈连忙把手套给她戴上，解释说："亲爱的，只要你戴上手套，你的手就不会冷了。这就是手套的作用。现在好点了吗？当然啦，现在去玩吧。"几分钟后，妈妈往外一看，发现玛丽莲又把手套摘掉了。这次爸爸出去为她戴上了手套。这一过程重复了好几次，终于，爸爸生气了。"让她自己在外面把手冻个透吧，"爸爸说，"这样她才能得到教训。""多么可怕的想法啊！"妈妈抗议道，"她的手会冻僵的！"妈妈于是一次又一次地为玛丽莲戴上手套。最后，她也被激怒了，把玛丽莲拉进屋里打了一顿。

评论

玛丽莲用无助来获得服务，并引起同情。爸爸妈妈都应该避免给予玛丽莲过度的关注（12）。没有必要向她解释那些她已经知道的事情：戴上手套可以让她的手保持温暖！爸爸妈妈都不应该对此表现出担心（30），只需任由自然后果发生（3）。当玛丽莲哭泣时——利用无助来博取同情——他们要避开这个陷阱，可以简单地回答："很遗憾看到你的手这么冷，我相信你知道该怎么做。"（20）如果这种恼人的行为再次发生，玛丽莲将不得不待在室内。

实例五

在海滩游完泳后,四岁的南希和妈妈走进淋浴间。南希表示她不打算洗澡了。妈妈刚洗完澡,回答说:"好吧,亲爱的,但你可不能全身沙子、湿漉漉地坐在车里。"她关掉了淋浴器,擦干身子,没有再多说什么。南希也保持了沉默。突然,她准备好了,洗了个澡。

评论

妈妈激励孩子做出了合作行为。首先,她设立了边界(6),然后避免了权力斗争(13),并且坚定地执行(4)。她利用了逻辑后果,赢得了合作,让孩子服从于秩序(6,11,3)。

实例六

九岁的斯坦没洗手就走到餐桌前。"你这副样子来吃饭是什么意思?"妈妈问,"你们这些男生!手总是脏兮兮的。看看你的头发,你从来不梳头的吗?还有你的衬衫，脏死了。手帕也脏得不行！"斯坦的眼里充满泪水，说："你还有什么要挑剔的吗？"

评论

斯坦不顾秩序，采用了一种错误的方式试图找到自己的位置。至少，妈妈注意到了他。妈妈用一连串的批评打压了孩子。当斯坦没洗手就准备吃饭时，妈妈可以简单地说："你不得体，所以不能上桌吃饭。"（15，6）当斯坦干干净净地出现时，妈妈可以说："我很高兴看到你知道如何照顾自己。"或者："我很高兴你今晚把自己收拾得干干净净的。"（1）

实例七

"到我身边来，玛丽。"妈妈一边在银行柜台填写表格，一边对她两岁半的女儿说道。玛丽朝另一个方向走了几步。"快回来！"妈妈叫道。玛丽站着不动，妈妈继续填她的表格。突然，玛丽朝开着的门跑去。"玛丽，快回来！"玛丽表情严肃，眼睛却左看右看，直朝着门口走去。"随便你，就等着被车撞吧。"妈妈威胁道。她转向银行柜员的窗口，让玛丽一个人站在门口。

评论

玛丽在和妈妈玩一个游戏。她让妈妈坐立不安——让她围着自己转。妈妈话太多了，总是试图用一些她永远不会允许的威胁来控制她的孩子。妈妈应该牵着玛丽的手，让她待在自己身边，无须多言（12，14，15）。

实例八

妈妈已经付完了钱，正准备走出商店时，突然发现五岁的格雷格手里拿着一包拆开的糖果。"你从哪儿拿的？"她质问道。格雷格哭了起来。"那边。"他指了指。"你这个坏孩子！你到底为什么要做这种事情？你不知道这是偷窃吗？现在我必须得把它买回家，家里已经有各种各样的糖果了。"妈妈一边说一边打格雷格的屁股。然后她回到柜台，付掉了糖果的钱。

评论

格雷格想要什么就拿什么,妈妈负责承担后果。妈妈不应该用批评和辱骂来打压孩子(1),也不要把惩罚作为训练孩子的方法(2),话要少说。她可以坚持让格雷格自己去柜台付钱,然后从他的零用钱中扣除。

实例九

妈妈和其他几位带着婴儿的妈妈一起坐在游乐区。两岁的迈克从一部婴儿车跑到另一部婴儿车,一会儿拽一把,一会儿推一把,就差没把婴儿车弄翻了。他每走到一部婴儿车前,妈妈就会对他喊:"迈克,别这样。"然后继续她的谈话。迈克继续我行我素,完全不理会妈妈。最后,另一位妈妈站了起来,把她的婴儿车推到自己身边,紧紧抓住了侧边。迈克的妈妈终于站了起来,抓住他,在他背上打了几下。"我说了,住手!"迈克坐到沙堆里玩了起来。

评论

迈克让妈妈围着自己转，导致她不得不中断她的谈话。妈妈可以避免给予过度关注和驱赶苍蝇的行为（12，16）。她可以闭上嘴，开始行动。一旦迈克做出不良行为，她就可以把他抱回婴儿车里。当他尖叫表示抗议时，她就应该从他的挑衅中退出，任由他号叫。当他安静下来时，可以再放他自由。一旦他做出不良行为，就必须立刻把他抱回婴儿车（3，10）。

实例十

还有几分钟就要睡觉了，南希的玩具依然丢得满屋子都是。妈妈说："快到睡觉的时间了。你想让我帮你收拾玩具吗？还是你想自己收拾？"这在以前总是奏效的。可今晚，三岁半的南希说："我不打算收拾玩具，我太累了，你去收拾吧。""不，南希。我现在想读会儿书。"妈妈撤退到了书本后面。一分钟后，南希说："我现在想收拾玩具了，你能帮帮我吗？""好的，亲爱的。"母女俩一起干活时，妈妈谈论着第二天要做的事情。

评论

南希在试探妈妈。妈妈从挑衅中退出（14），避免了权力斗争（13），赢得了合作（11），也没有进行批评（8）。她提出帮助南希，但拒绝为她收拾玩具。

实例十一

"妈妈，我想要一些糖果。"五岁的朱迪在杂货店收银台排队时抱怨道。一排漂亮的糖果引起了她的兴趣。"不，"妈妈说，"家里已经有很多糖果了。"妈妈的声音有力而坚定。"但我现在就想要一些糖果。"朱迪更大声地抱怨。妈妈偷偷地瞥了一眼排队等候的其他人。"我没有足够的钱给你买糖果。"妈妈有点绝望地回答。"我现在就要这块糖果！"朱迪一边尖叫一边选了一块糖果。"多少钱？"妈妈问。然后，她站在那儿对着价签发呆。过了一会儿，她叹了口气，说："好吧，给你买。"朱迪高兴地打开糖果包装，咬了一口，用包装纸把糖果包回去，然后把它放进了购物车。

评论

朱迪觉得她有权利得到她想要的一切。她不仅想要礼物，还想要控制妈妈的权力。

妈妈不必给朱迪她想要的一切，尤其是在形势不需要的时候。她应该在取悦孩子时保持谨慎，拥有说"不"的勇气（17），然后从朱迪的挑衅中退出（14），并保持坚定（4）。

实例十二

由于十二岁的艾伦、十岁的维吉尼亚和八岁的迈克总是因为谁该做家务而争吵不休，妈妈都"快要疯了"。最后，她和爸爸想出了一个办法。爸爸在厨房里挂了一块布告栏。每个孩子都被分配了特定的职责和工资等级。做得好的工作比做得一般的工作报酬高。如果工作做得不好或没有完成，就没有报酬。良好的行为可以赢得奖金，不良行为则意味着挨骂，违反规定也是如此。每天晚饭后，一家人聚在布告栏前计算分数。一周结束时，每个孩子都根据分数领取奖金。家庭摩擦减少了许多，妈妈感到情况有了明显的改善。

评论

孩子们争吵不休,让爸爸妈妈为他们忙得团团转。即使是新的安排也使他们得到了爸爸妈妈的持续关注。爸爸妈妈用奖惩来控制孩子,是在教育孩子去期望从自己提供的服务中得到物质补偿,而不是从参与和合作中获得满足感。

爸爸妈妈应该停止奖励制度(2),让孩子们在家庭会议中明确工作职责(34),然后坚定地要求孩子们必须完成他们各自负责的工作(4,9)。一旦出现争吵的迹象,爸爸妈妈就应该离开现场(21)。

实例十三

六岁的唐尼、四岁的帕蒂以及小狗,全都满脚是泥地冲过厨房。"啊,你们这些小坏蛋!"妈妈尖叫起来,"我刚擦洗完地板。你们把我当什么呢?看看你们都做了些什么。我跟你们说过多少次了,进屋前要把鞋擦干净?快坐下,把鞋脱了。现在我还得再拖一遍地!"妈妈把鞋子丢到外面,准备过会儿去洗,然后又拖了一遍地板。孩子们穿着袜子在家里到处跑。

评论

孩子们为所欲为,妈妈则承担所有的后果,被像仆人一样对待,于是她通过责骂来惩罚孩子。

妈妈应该停止使用语言作为武器(15),她应该把拖把交给孩子,创造一个逻辑后果(3)。既然厨房里满地是泥,她要怎么做饭呢?

实例十四

妈妈正试着教一岁的凯西放弃奶瓶,用杯子喝奶。她把凯西抱在膝盖上,给她喝了一口牛奶。凯西僵住了身子,推开了杯子。"看到那边的小鸟了吗?"妈妈试图分散她的注意力。凯西坐起来看,妈妈于是又把杯子放到她的唇边。每次凯西都会僵住,表示抗拒,然后妈妈就又会说些别的。每次凯西都会多喝一点点牛奶,然后再次拒绝。

评论

妈妈太努力想做一个"好妈妈"了。她对自己缺乏信心,所以她认为凯西一定会抗拒新的体验(5)。妈妈应该把凯西放在她的宝宝椅上,对她的学习意愿抱有信心。她可以更随意地对待训练,而不用太担心。她可以每天在同一时间把一杯牛奶和其他食物一起提供给凯西,不需要任何的哄骗或干扰。这次喂食时不能提供奶瓶(9,10),过不了太久,凯西就会愿意用杯子喝牛奶了,毕竟这总比挨饿好。

实例十五

每当六岁的乔治感到低落或沮丧时,他就会蜷缩在客厅的椅子上吮吸拇指。妈妈为这个问题担心了将近五年。她试过苦药、胶水、夹板和打屁股等各种方式,都没有奏效。乔治的门牙已经开始显现出不断吮吸拇指的影响了。每当妈妈看到乔治这样坐着时,她就觉得糟透了,因为她知道他又不开心了。"怎么了,乔治?"她带着明显的同情问道。"别吮吸大拇指了,亲爱的。这真的没有什么帮助。现在告诉妈妈是什么让你不开心了。"有时乔治会回答,有时他只是继续吮吸拇指,直到妈妈把拇指从他嘴里拿开。然后他会生闷气,拒绝回答。妈妈苦苦哀求,想知道是怎么回事。如果他最后回答了,妈妈一定会尽一切努力来"解决问题"。

评论

乔治在追求一种简单的快乐。此外,他还用他的"不快乐"让妈妈感到糟糕——惩罚她。妈妈落入了怜悯的陷阱,试图摆平一切,只为让儿子快乐。

当乔治悲伤地坐在椅子上吮吸拇指时,妈妈应该忽视吮吸拇指的行为(31),真心地不被其打动(12,24)。当乔治高兴的时候,妈妈可以和他聊天,找到他不喜欢的事情。通过鼓励,她可以帮助他变得积极而有用起来。

实例十六

七岁的莎莉在三个孩子中排行老二,她想帮妈妈把新买的玻璃杯搬进屋里。"不,莎莉。我自己来搬。你可能会把它们摔碎的。""求你了,妈妈。我会小心的。""好吧,好吧。但看在上帝的分上,别把它们摔碎了。"妈妈搬起几个包裹跟在女儿后面。莎莉上楼时不小心踩到了外套,失去了平衡,抱着箱子一块儿摔倒在地。她大哭起来。妈妈绝望地放下了手里的包裹,打开莎莉搬的箱子,发现只有两个杯子没碎,其他全碎了。她大发雷霆,开始长篇大论。"我说过你可能会把杯子打碎的!你为什么总想做一些自己做不到的事情呢?为什么总是笨手笨脚的?你以为我们有钱买杯子来让你打碎吗?去你的房间吧,不用吃晚饭了。就该给你个教训,让你不要这么粗心。"

评论

莎莉的行为满足了妈妈对她失败的预期。妈妈怀疑莎莉的能力,对她造成了打压,然后还给了她一通批评。妈妈一开始就应该对莎莉有信心,避免强化孩子错误的自我概念(1,5)。妈妈应该不做任何批评,轻松地接受孩子的错误(8)。莎莉已经够痛苦的了。如果莎莉滑倒打碎了杯子,妈妈更应该关心的是孩子的情况,而不是杯子。鼓励也是必要的,妈妈可以说:"我很抱歉发生了这样的事情,我知道你不是故意的。"

实例十七

爸爸回到家,发现他的工具散落在草坪上,九岁的比利把他的旧推车做成了一辆"赛车"。爸爸气坏了。他从街上找到比利,命令他回家。从爸爸的语气中,比利知道自己有麻烦了。他战战兢兢地走近爸爸。"我想知道这是怎么回事。"爸爸指着那些工具说。比利沉默了。"我一次又一次地告诉过你,用完我的工具就把它们收起来。你为什么不听我的话?"比利仍然默默地站在那里看着地面,缩成一团。"好了,年轻人,你不打算说点什么吗?""我不知道,爸爸。""好吧,看来我必须得揍你一顿才行。也许下次你就会记得把我的工具收起来了。"爸爸让比利转过身来,打了他的屁股。比利抽泣着,拿起工具,把它们拿进屋里放回了原处。

评论

爸爸用愤怒来恐吓比利,因为比利不尊重秩序,不尊重他人的权利。爸爸错误地认为言语和惩罚是有效的训练手段。这种情况清楚地表明需要进行适当的训练。爸爸应该和比利进行一系列的讨论，就工具的使用和维护问题达成一致（6，7，33）。也许他可以给比利提供一套他自己的工具，让男孩对自己的工具负责。然后，如果比利丢失或损坏了其中任何一件，爸爸一定要保持坚定，绝不能给他买新的。如果比利想要买新的，他可以动用自己的零花钱——否则他就没得用了。

实例十八

爸爸妈妈带着两岁的杰克去拜访朋友。"我们为杰克感到骄傲，"妈妈宣布，"他不再需要穿尿布了。在过去的两个星期里，他甚至一次都没有尿裤子。"在接下来的一个小时里，妈妈问了杰克六次他是否要去洗手间。最后，他不得不回答"是"。爸爸对此大做文章，催促着杰克上楼去卫生间。

一周后，朋友们来拜访了这家人。吃饭时，杰克跟爸爸说了三次他要去洗手间。每次爸爸都和他一起去，每次杰克都能成功尿出来一些。

又一周后，爸爸对他的朋友说："我们无法理解，杰克竟然又开始控制不住大小便了。他现在又得穿尿布了，而且他甚至不告诉我们他什么时候需要换尿布。"

评论

爸爸妈妈把如厕训练包装成了一个"伟大的成就"。他们对正常的学习过程表现出了过度的关心,又由于自己的荣誉受到威胁,而促成了一场权力竞争。

爸爸妈妈应该相信杰克会有所长进(1,5),并采取一种更加随意的态度(30)。要明白,是形势要求杰克学会上厕所,而不是让爸爸妈妈为了他不尿湿裤子而感到骄傲。

实例十九

妈妈需要在早上工作,于是这段时间她雇了一个保姆。一天,当她回到家时,她发现三岁的丽塔用她的蜡笔在门上、沙发上和椅子上都画了画。那天下午,妈妈原本打算带丽塔去海滩玩。午饭后,她说:"我们得先把门上和家具上的蜡笔印擦掉,然后才能去海滩。如果你愿意的话,你可以帮我擦。"丽塔看了妈妈一会儿,然后拿起抹布,照着妈妈教的样子擦了起来。妈妈不慌不忙地干着活。每隔一会儿,女孩就会问:"我们什么时候去海滩呀?"妈妈都会回答说:"等我们把这些地方都擦干净了就去。"最后，妈妈不得不承认，当蜡笔印全被清理干净时，去海滩已经太晚了。丽塔接受了这一点，并没有发表任何意见。

评论

妈妈对女儿进行了一次训练。她并没有强制丽塔清理蜡笔印，从而避免了权力竞争（13）。她保持了坚定（4），但也邀请孩子来帮忙，从而赢得了合作（11）。最后，她让逻辑后果自然发生（3），并向丽塔展示了满足形势要求的必要性（6）。

实例二十

"莉莉，我说过你这星期不能和简一起去看电影了，因为你上次在外面待得太晚了。"妈妈轻声对她九岁的女儿说道。女孩的眼里充满泪水。她沮丧地转过身去，没有进行任何辩解。妈妈感到很难受。莉莉是那么的难过。"莉莉，这周演什么电影呀？""演什么都没有用，妈妈，反正我去不了。"她含着眼泪回答。"你之前告诉我这周要演迪士尼的电影，对吗？""是的。"妈妈想了想："如果这次我让你去，电影结束后你会直接回家吗？"莉莉仍然含泪回答:"会的,妈妈。""好吧,那你就去吧。但如果你不按时回家,我下周就不让你去了,不管到时候演什么电影都不行,明白吗?""明白了,妈妈。"

评论

莉莉发现了"泪水"的价值,为了得到她想要的东西,她刺激妈妈同情自己。妈妈掉入了陷阱。她缺乏说"不"的勇气,而且言行不一。

妈妈可以不被莉莉的眼泪、受伤和沮丧所打动(24)。如果莉莉不知道如何遵守按时回家的约定,那么逻辑后果就是下次她不能再去了(3)。妈妈应该保持坚定(4),维持秩序(6,26)。

实例二十一

傍晚时分,给四岁的蒂米洗完澡后,妈妈和他一块儿来到后院放松。这时有朋友来访。"别把衣服弄湿,蒂米。"和朋友一起坐下聊天时,妈妈告诫儿子。后院里有一个小水池。蒂米玩了一会儿他的玩具。不一会儿,他就跑到水池边去玩他的小船了。"蒂米,小心别弄湿了,你最好离水池远点。"男孩噘着嘴,站在水池边,然后跪在地上，把他的小船放进水里。"如果你把衣服弄湿的话就会被爸爸打一顿。"妈妈叫道。蒂米继续在水池边玩他的小船。突然，他手伸得太远，不小心整个人掉进了水里，把衣服弄湿了。爸爸冲过去把他拉了出来。蒂米哭了起来。妈妈责备道："我告诉过你不要在水边玩。现在你又把自己搞得一身水。"爸爸把男孩带进屋里去换衣服。

评论

蒂米一听见妈妈说话就变聋，对她的要求不理不睬。"别把衣服弄湿"引发了一场权力斗争。妈妈指望蒂米在水边玩耍而不弄湿衣服，这是一个过分的要求。然后她又威胁要惩罚他，但并没有付诸行动。

妈妈应该避免权力斗争，不要替蒂米决定他该做些什么（13）。她可以根据形势的需要来确定是否让他远离水池。如果那天晚上很暖和，那么衣服弄湿也没什么关系。如果妈妈不通过种种控制的言行来刺激他，蒂米也许就不会掉进水池。妈妈应该提出合理的要求，然后安静地维持秩序（25，26，6）。

实例二十二

七岁的约翰在外面玩耍。没过多久,妈妈听到了打斗的声音,决定出去看看。约翰从邻居家的孩子们手里抢走了所有的玩具并囤积起来。显然,他很高兴让别的孩子气得大喊大叫。妈妈叫约翰过来,他拒绝离开他的宝藏。于是她向他走去:"约翰,说真的,亲爱的。你必须和其他孩子分享玩具。"约翰怒视着站在一旁围观的孩子们,想看看会发生什么。妈妈伸手想把玩具拿走。约翰咆哮道:"别动!""约翰!你到底是怎么了?这绝对不是你该做的事情。你给我进屋睡觉去。"妈妈把约翰拖进屋里,让他上床睡觉。他哭着睡着了。

评论

约翰调皮捣蛋,使妈妈忙得不可开交。首先,妈妈卷入了约翰和邻居孩子的争吵,然后试图通过道德说教来教育约翰,最后又以惩罚作为训练手段。

妈妈应该管好自己的事(23),让其他孩子来教训约翰。他们会的!她可以和他谈论(33)该怎么与朋友交往。

实例二十三

"玛莎!你给我起来!"妈妈摇晃着她八岁的孩子,"再不快点起床的话上学就要迟到了。快点,现在就给我起床。这是我第三次叫你了。"玛莎从床上滚了下来,妈妈回到了厨房。"玛莎,快起床!"过了一会儿,妈妈又喊她。"我警告你,今天早上我不会送你去上学了。你必须学会自己起床去上学。"终于,玛莎来到了桌边。一边吃早饭,一边看漫画。"把那东西放下,专心吃早饭。已经很晚了!"电话铃响了,妈妈开始和她的姐姐进行长时间的谈话。突然,玛莎打断了她:"妈妈!我只有十分钟了。求你了,快开车送我去学校吧。""不,玛莎。你自己去上学。""可是妈妈!就算我一路跑着去也不可能及时赶到了。求求你了,妈妈,送我去吧。""我说了不行,玛莎。""可是妈妈,我今年一次也没有迟到过。求你了,就这一次。我不想破坏我的出勤记录,你也不想的,对吧?""唉,好吧。"妈妈告诉她的姐姐,稍后给她回电话,然后开车送女孩去学校了。

评论

玛莎让妈妈承担所有的责任，为她提供过度的服务。妈妈缺乏保持坚定的勇气，让良好的出勤记录影响了她的训练计划。

妈妈应该给玛莎准备一个闹钟，让她自己负责按时起床和上学（20，23）。无论孩子如何花言巧语，妈妈都应该保持坚定，绝不开车送她上学（4，26）。

实例二十四

妈妈在洗衣房。八岁的罗丝、六岁的乔伊丝和两岁半的苏珊在卧室里玩耍。突然，妈妈听到苏珊的尖叫声，但声音很模糊。她立刻冲向卧室，发现罗丝和乔伊丝把苏珊关在壁橱里，手还抵着门。因为尖叫声，她们没有听到妈妈进来。"快给我住手！"妈妈一边喊一边伸手去拉门，两个女孩跳了开去。她一下拉开壁橱的门，把苏珊搂进怀里。当苏珊终于安静下来后，妈妈问两个姐姐："你们这样做到底是什么意思？你们明知道她怕黑！""我们只是闹着玩而已，妈妈。""折磨你们的妹妹有什么好玩的？"妈妈大怒，带着苏珊离开了房间。

评论

罗丝和乔伊丝结成了联盟,让妈妈忙于保护苏珊,而苏珊则通过恐惧来控制妈妈。

妈妈应该认真听一听(28),试着解读尖叫声的含义。她可以听见尖叫声中的恐惧,但仍决定管好自己的事(23),不要被苏珊对黑暗的恐惧所打动(22)。她可以避免卷入女孩之间微妙的争斗(21)。很有可能,如果妈妈没有冲过来帮助苏珊,两个大女孩很快就会把她从壁橱里放出来。或者,如果妈妈实在受不了,她也可以平静地走进房间,把苏珊从壁橱里放出来,然后什么也不说,马上继续去做自己的事情。此外,在家庭会议上,妈妈可以对姐妹的角色进行一系列的讨论。"罗丝和乔伊丝为什么这么喜欢取笑苏珊呢?对此我们能做些什么呢?"

实例二十五

六岁的简正在吃晚餐,她的朋友叫她出去玩。她立刻从桌边跳起来,向门口跑去。"快回来,简。你还没吃完饭呢!"爸爸命令道。女孩仍然站在门口和她的朋友说话。爸爸走到她身后,把她抱回桌边,让她坐在椅子上,说:"你还不能走,把你的晚餐吃完。"简瘫坐在椅子上,噘着嘴,不想吃东西。爸爸不耐烦了,开始痛骂起来。最后妈妈问:"你吃完了吗,简?""是的。""那你就可以出去玩了。"爸爸说:"既然你妈妈说没关系,那就去吧。"简从桌边冲了出去。爸爸妈妈一言不发地吃完了饭。

评论

简把爸爸妈妈卷入了一场权力斗争,然后利用它来加剧他们之间的不和。"快回来"的要求引发了一场权力斗争。爸爸还忽视了简对朋友表示礼貌的需求。

既然爸爸在"对付"简,妈妈就应该管好自己的事(23)。一家三口必须就餐桌礼仪达成一致(9,34)。但即便已经事先规定好,没吃完饭就不能离开餐桌,简对朋友表示礼貌的权利也需要被优先考虑,她可以先去告诉她的朋友,他们现在正在吃饭,之后再去找她玩(5,7)。

实例二十六

突然一阵风把窗帘吹进了客厅,打翻了一大瓶花。

妈妈急忙把水擦干，希望地毯不会被弄脏。"阿黛尔，请帮我在烤肉上涂点油，好吗？""我不知道怎么弄，妈妈。"女孩呜咽着说。"你已经见过我这么做几百次了。就像我那样做吧。"阿黛尔走进厨房。几秒钟后，妈妈听到一声撞击，接着是一声喊叫。她冲进厨房。烤肉、土豆、平底锅和果汁洒了一地，阿黛尔在哭，因为她的手被烫伤了。"阿黛尔！你真是不可理喻。我从没见过这么没用的人。为什么你连最简单的事情都做不好？现在给我滚出去！""可是我的手，被烫伤了。""涂点药膏吧。""我怎么涂呀？烫伤的是右手。"绝望的妈妈找到了药膏，在孩子烫伤的地方涂了一些，然后回到厨房收拾残局。

评论

阿黛尔确实证明了她的无用。

妈妈可以拒绝接受阿黛尔错误的自我评价，为她提供一些成功的经验，以此来鼓励她（1）。她应该完全不做任何批评，忽略阿黛尔的诸多错误（8）。在当时的情况下，既然妈妈不能同时出现在两个地方，她就应该决定哪一个是最必要、最亟须处理的。她不应该要求阿黛尔去做一些她完全没有经验的事情（25）。妈妈可以花点时间，教阿黛尔如何做一个有用的人（10），先让她在实践中学习，然后才能对她提出一些稍微超出她能力范围的要求。

实例二十七

妈妈的两个朋友来串门。四岁的帕齐站在那儿看着八个月大的比利在地板上爬。妈妈和她的朋友们都对聪明的比利表示赞赏。突然，帕齐冲过去咬了比利的胳膊一口。妈妈立刻跳了起来，抓住帕齐，一边打她的屁股一边喊："你什么意思，咬你的弟弟？现在给我回你的房间去，直到你准备好好表现为止。"妈妈又打了帕齐几下，把她推出了房间，抱起比利安慰他。

评论

帕齐是在嫉妒小弟弟，同时报复妈妈。妈妈回应了帕齐的报复行为。

帕齐咬也咬了，再做什么也于事无补了。妈妈的任何行动都是在强化帕齐的信念，即她必须为弟弟得到的所有关注而报复。妈妈可以出人意料地拥抱帕齐，说："我理解你，亲爱的，我很抱歉你这么生气。"（18）

实例二十八

一岁半的露茜发现了家里高起的炉台，就爬了上去。每次她一爬上去，妈妈就把她抱下来，说："不行，不行。"露茜一挣脱出来，就又蹒跚地走向壁炉，爬上炉台。妈妈总会再次把她抱下来，说："不行，不行。你会受伤的。"重复了五次之后，妈妈打了孩子的屁股，把她带出了房间。

评论

露茜是在测试自己的力量和勇气。妈妈对孩子过度保护，实际上对孩子造成了打压。她先是用"不行，不行"来赶苍蝇，然后用打屁股作为训练手段。

妈妈应该相信露茜有能力发展出掌控自己身体的技能，不要去管她（5）。如果妈妈不把爬炉台当成一件大事（12），露茜在发现自己的技能后就会失去兴趣。或者，如果妈妈把爬炉台看作一种违反秩序的行为（6），那么每次露茜一爬炉台，妈妈就可以安静地把她从房间里带走（2，15）。

实例二十九

六岁的杰瑞在姨妈进门时向她打招呼:"嘿,苦瓜脸!"妈妈狠狠地打了他一巴掌。"别再让我听到你说这样的话。你要尊重你的姨妈。现在给我道歉!"杰瑞愤怒地流着泪道了歉。

评论

自作聪明的杰瑞想给人留下深刻的印象。妈妈一时冲动,打了男孩一巴掌。

杰瑞是在和他的姨妈说话,因此,妈妈应该少管闲事(23)。姨妈可以做出一些出人意料的举动,例如,像往常一样回话,或者把这当成一个游戏,用同样的语气来回答杰瑞。

实例三十

六岁的桑迪站在那里围观工人们为防风栅栏挖洞。没过多久,他开始抬腿把土踢回洞里。工头喊道:"嘿,伙计，够了。"桑迪顽皮地把更多的土踢进洞里。妈妈听到了喧闹声，走到门口。桑迪不顾工头的斥责，继续踢土。妈妈站在一边看着。最后，工头去找妈妈了："你不打算阻止那孩子吗？""我怎样才能阻止他呢？我又不可能整天站在外面不让他玩土。"桑迪继续踢土。工头非常生气，威胁说要把男孩揍得找不着北。桑迪哭着跑进屋里。没过多久，他又回来了，开始骚扰每一个挖洞的工人。这种情况一直持续到爸爸回家，他把桑迪带回家，禁止他出门。

评论

桑迪是一个力量无穷的"坏"男孩。妈妈接受了他的错误行为，任由他为所欲为。

妈妈可以停止无助，不要害怕桑迪。她必须激励孩子尊重他人的权利（7）。必要时，妈妈可以把男孩带进屋内。如果妈妈的行为意味着维护秩序和尊重，而不是为了"让"桑迪听话，就不涉及权力斗争。

实例三十一

五岁的琼是家里唯一的孩子,也是唯一的孙女和侄女。一天,她和妈妈被邀请到隔壁家的露台上吃晚餐。因为琼和邻居家的女孩露西和玛丽一起玩,所以就给孩子们单独摆了一张桌子。当大家坐下开始吃饭时,琼突然哭了起来。"我想坐在妈妈身边。"她流着泪恳求道。"好了,亲爱的。你看,你跟露西和玛丽坐在一起多好啊。来吧,吃你的晚餐。看看这里的一切都有多好啊。"琼继续抽泣着,一遍又一遍地重复:"我想坐在你身边。"妈妈有点生气了:"你再不听话,我就带你回家!"

琼继续哭。最后,妈妈让步了,她把琼的椅子从孩子们的桌边挪过来,放在了她的身边。

评论

被宠坏的琼必须被取悦,完全不顾形势的需要。妈妈和琼"讲道理",试图赢得她的合作,然后威胁要把她带回家,但没能做到。最后,她屈服于"泪水的力量"。

妈妈可以这样维持秩序:"孩子都坐小桌,琼。"(6)如果琼继续哭，妈妈就可以说："琼，你是想和玛丽、露西一起吃饭，还是想回家？"（11）无论琼做出哪种决定，妈妈都必须贯彻执行（26）。

实例三十二

八岁的罗伊打了三岁的珍妮特一巴掌，因为珍妮特把他的玩具牛仔拿了出来。妈妈责备他："你怎么了，罗伊？你为什么就不能放过她呢？""因为她总是乱动我的东西。""她还小，罗伊。你没有权利打她。现在回你的房间去吧。""你不能强迫我。"罗伊反驳道。"我们走着瞧吧。"妈妈把罗伊拖到他的房间，把他推了进去，关上门。他立刻打开了门。妈妈又把他推了进去，关上了门，用力握住门把手。罗伊奋力推开了门。最后，妈妈累坏了。她放开门，抓起一把梳子打了男孩一顿，任由他在床上又哭又踢。

第二天，罗伊和珍妮特一起玩。妈妈走进房间，正好看见罗伊用绳子紧紧勒住珍妮特的脖子。"罗伊！"她尖叫着冲向他们，一把拽开罗伊，解下珍妮特脖子上的绳子。珍妮特没有抱怨，一句话也没说，只是严肃地看着妈妈抽打罗伊。

评论

这是一场权力斗争，随之而来的是一场复仇。

妈妈无法阻止各种形式的报复。每次她惩罚罗伊，都让他更加坚定了报复的决心。妈妈可以管好自己的事（23），远离孩子们的争斗（21），让珍妮特照顾好自己（19），忽略每个孩子的挑衅。当然，她必须解开珍妮特脖子上的绳子！但要安静地做，不要像男孩期待的那样戏剧化。他可能并不是真正地想去伤害他的妹妹，但他很清楚如何打击妈妈的痛点。妈妈可以做一些意想不到的事情，例如给罗伊一个拥抱或一个吻、一个微笑。（他肯定会不知所措的！）然后她必须继续努力去纠正所有的关系。

实例三十三

四岁的杰伊在买完杂货之后死活不愿坐进车里。妈妈拽着杰伊的胳膊，他在地上撒泼打滚，大喊大叫。最后妈妈松了手，杰伊扑通一声坐在汽车旁边的柏油路上。"好吧，你就待在那儿吧。"妈妈生气地哼了一声。她上了车，装模作样地准备离开。杰伊用眼角的余光看着她，继续生闷气。过了一会儿，因为旁观者的关注而感到尴尬，妈妈从车里跳了出来，抓住杰伊，把他拖进车里，狠狠地打了他一顿。他尖叫着，抗议着，在后座上跳上跳下。

评论

妈妈说："你要听话。"杰伊说："我不要。"妈妈使用了武力，并用她根本不可能做的事情来威胁孩子。

妈妈应该从杰伊的风中撤走她的帆。离开商店后，她可以顾自上车，假装杰伊和她一起。当杰伊看到妈妈拒绝满足他的要求，没有强迫他上车时，他就会跟上去了。如果他拒绝上车，妈妈就可以说："那我就只好等你准备好了再走。"她就那样坐着等待——不要生气，也不要争执。杰伊很快就会觉得，"哦，这也没什么用嘛"，然后钻进车里（11，13，14，15）。妈妈的第二种选择是认识到杰伊必须遵守秩序。如果她考虑到这种需要，而不是出于让杰伊听话的欲望，她就完全没有生气的必要。她可以安静地把他抱起来放进车里，表现出完全的冷静和超然。他会感觉到她的坚定，这要求妈妈在面对杰伊持续的发作时做出精神上的撤退。

实例三十四

三岁的露易丝闷闷不乐地走到桌边。作为四个孩子中最小的一个,她总是能得到她想要的一切。妈妈把饭菜端给她,她却拿起盘子扔到了地板上,然后又踢又叫。妈妈于是把她抱出房间,和她一起坐下来谈话。"你怎么啦,露易丝?"她不回答。"是什么让你做出那样的事情?你真可耻。"还是没有回答。"好吧,那你就坐在这儿吧。"妈妈转身要走。"对不起,妈妈。我不会再那样做了。""好吧,你可以回来吃饭了。"露易丝在盘子里挑挑拣拣地吃完了晚饭。当甜点端上来时,她又把它扔到了地板上。"露易丝!你答应过要守规矩的。看来我还是得打你屁股。"

评论

这个小公主证明了她的观点。一开始,妈妈把露易丝带出去是对的,但后来她"对孩子发号施令",得到一个承诺,最后惩罚了孩子。

妈妈可以让露易丝离开餐桌,不要多说什么。她想凭借一个空口的承诺就让妈妈原谅自己的不良行为,妈妈当然应该不予理睬。如果妈妈足够勇敢,就应该把露易丝和其他孩子置于同一条船上。"既然你们不懂得餐桌礼仪,就都不用吃饭了。"(27)其他什么也不要说,拜托(15)。

实例三十五

两岁半的葛丽塔把她所有的衣服都从她房间的抽屉里拽了出来。妈妈发现后,骂了她一顿,把衣服都捡起来放回原处。最后,妈妈责骂道:"因为这个,你今天下午不用吃冰激凌了。"下午,冰激凌车来了,葛丽塔跑了出去,喊妈妈拿钱。"你今天不可以吃冰激凌,葛丽塔。"女孩尖叫起来,跺着脚。妈妈把她抱起来,带她进了屋里。

评论

葛丽塔调皮捣蛋,让妈妈围着自己转。妈妈则试图通过责骂和剥夺乐趣来训练她的女儿。

冰激凌和从抽屉里拿出来的衣服之间有什么关系呢?妈妈可以问:"要我帮你把东西放回去吗?"(11)如果葛丽塔表示让妈

妈一个人去收拾，妈妈就可以安静地退出（14）。

实例三十六

四岁的威利和三岁的玛琳都有严重的食物过敏。妈妈眼见着爸爸因花粉热而遭受的痛苦，现在她的孩子们居然也过敏了！她为他们感到非常难过，因为他们小小年纪就得经历这么多，还不能吃自己想吃的食物。她严格遵照医嘱，为两个孩子分别准备饭菜，因为他们对不同的食物过敏，很少能吃同样的食物。尽管有她的悉心照顾，他们还是经常出荨麻疹，一阵阵地犯恶心，或者感觉不舒服。每当孩子们出现这些症状时，她都会原谅他们的任何不良行为，理由是："可怜的孩子，他们不舒服了。"她也没有要求他们做任何家务。似乎如果她坚持让他们做任何事情，比如在睡觉前收拾玩具的话，就会让他们心烦意乱，变得更难受。所以，她更愿意自己去做所有的事情，并希望他们能像医生说的那样，长大后就不再过敏了。

评论

事实证明,过敏反应是有用的!孩子们促使妈妈怜悯他们,逃避所有形势要求他们做的事情。妈妈必须避免落入怜悯的陷阱(24),帮助孩子接受过敏的问题,减少他们通过过敏获得的好处。该维持的秩序还是要维持(6),孩子们也必须为家庭事务贡献自己的一份力量。如果他们身体感觉不错,不耽误玩耍,就也不耽误收拾玩具。如果他们感觉难受,就应该躺在床上,获得病人的待遇,而不能享受那些身体健康的人才能获得的好处(3)。

实例三十七

四岁的亚历克正在屋前的台阶上玩耍,突然,他发出一声刺耳的尖叫。"妈妈,妈妈。"妈妈向他冲去。亚历克缩成一团靠着纱门站着,惊恐地哭了起来。一条狗沿着前面的人行道边跑边嗅。妈妈打开纱门,把亚历克带了进来。"亲爱的,来吧。那狗不会伤害你的。"她把男孩抱在怀里,再三安慰,终于使他安静下来。但是,只要能看到那条狗的影子,亚历克就拒绝再次出门。

评论

亚历克对狗的恐惧深深地打动了妈妈,使她一直为他担心。

妈妈可以不再被亚历克的恐惧所打动(22)。她可以轻松地鼓励他,"你会发现那条狗其实不会伤害你的",然后不再过问(1)。

孩子：挑战

作者_[美]鲁道夫·德雷克斯　　译者_鲁梦珏

产品经理_赵鹏　张晓意　　装帧设计_肖雯　　产品总监_陈亮
技术编辑_丁占旭　　责任印制_刘淼　　出品人_毛婷

果麦
www.goldmye.com

以 微 小 的 力 量 推 动 文 明

图书在版编目（ＣＩＰ）数据

孩子：挑战 ／（美）鲁道夫·德雷克斯著；鲁梦珏译. -- 西安：太白文艺出版社，2025.4. -- ISBN 978-7-5513-2940-8

Ⅰ．G782

中国国家版本馆CIP数据核字第20250MK960号

孩子：挑战
HAIZI:TIAOZHAN

编　　著	[美]鲁道夫·德雷克斯	
译　　者	鲁梦珏	
责任编辑	张　鑫	
装帧设计	肖　雯	
出版发行	太白文艺出版社	
经　　销	新华书店	
印　　刷	北京盛通印刷股份有限公司	
开　　本	880mm×1230mm　1/32	
字　　数	255千字	
印　　张	12.25	
版　　次	2025年4月第1版	
印　　次	2025年4月第1次印刷	
印　　数	1—5,000	
书　　号	ISBN 978-7-5513-2940-8	
定　　价	48.00元	

版权所有 翻印必究
如有印装质量问题，可寄出版社印制部调换
联系电话：029-81206800
出版社地址：西安市曲江新区登高路1388号（邮编：710061）
营销中心电话：029-87277748　029-87217572